2022

南开日本研究

NANKAI JAPAN STUDIES

第1卷

南开大学日本研究院

教育部国别和区域研究基地南开大学日本研究中心

刘岳兵 主编

主办

天津出版传媒集团

天津人民出版社

图书在版编目（CIP）数据

南开日本研究.2022.第1卷/刘岳兵主编.－－天
津：天津人民出版社,2022.7
ISBN 978-7-201-18660-3

Ⅰ.①南… Ⅱ.①刘… Ⅲ.①日本－研究 Ⅳ.
①K313.07

中国版本图书馆CIP数据核字(2022)第129512号

南开日本研究 2022 第1卷
NANKAI RIBEN YANJIU 2022 DI 1 JUAN

出 版	天津人民出版社	
出 版 人	刘 庆	
地 址	天津市和平区西康路35号康岳大厦	
邮政编码	300051	
邮购电话	（022）23332469	
电子信箱	reader@tjrmcbs.com	

责任编辑	岳 勇	
封面设计	卢炀炀	

印 刷	天津市宏瑞印刷有限公司	
经 销	新华书店	
开 本	787毫米×1092毫米 1/16	
印 张	19.5	
插 页	2	
字 数	300千字	
版次印次	2022年7月第1版 2022年7月第1次印刷	
定 价	68.00元	

编辑委员会

目 录

"大选后的日本政局及外交走向"笔谈

日本农业振兴与中日经贸合作

井上哲次郎研究

日本政治与社会

日本思想与学术史

史海钩沉与翻译

书　评

附　录

"大选后的日本政局及外交走向"笔谈

【编者按】

2021 年 11 月 6 日，教育部国别和区域研究基地南开大学日本研究中心举办了以 "大选后的日本政局及外交走向" 为主题的日本研究论坛，来自中国社会科学院、北京大学、复旦大学、日本庆应义塾大学等国内外高校与科研单位的 30 多位学者，以线上线下相结合的方式，围绕刚刚结束的日本大选后的政局特征及其外交走向，特别是对中日关系的影响，进行了深入的研讨，提出了不少富有新意和建设性的观点。本刊特选取了其中的 3 位与会专家的发言，与读者分享。

对日本第 49 届众议院选举结果的综合评估

杨伯江

　　2021 年 11 月 1 日凌晨，日本第 49 届众议院选举结果揭晓。在众议院 465 个席位中，自民党获得 261 席，比选前减少了 15 个议席，但超过半数议席。公明党获得 32 席，增加了 3 席。两党组成的执政联盟共获得 293 席，确保了"绝对稳定多数"，大幅度超过了日本首相、自民党总裁岸田文雄在选前设定的 233 席的"胜负线"。由于在上一次（2017 年）众议院选举中，借助"安倍热"（Abe Boom），被称为"安倍的孩子们"的自民党年轻议员严重"超生"，这次选举前媒体曾普遍预测自民党将丢掉 30～60 个席位。所以自民党在众议院中减少 15 席，这一结果对岸田而言无疑是一大胜利。与此同时，日本维新会增加了 30 席，从选前的 11 席，增加至 41 席。日本共产党则减少了 2 席，只获得 10 席。

　　本次选举中，自民党凭借比例代表选制获得了空前多的议席，这说明选民对自民党的执政经验还是认可的。相比之下，在野党拿不出指引日本未来、能引发国民共鸣的有效政策主张。与此同时，选民对陈腐的自民党政治严重不满，要求变革的诉求越来越强烈，受此影响，自民党内部要求变革的声音高涨。例如，此前自民党总裁选举之际，无论是河野太郎，还是小泉进次郎，都曾提出要进行"世代交替"，并且成立了所谓的"党风一新会"，这说明社会的诉求显然已经传导至自民党内部。另一方面，这种年轻议员的"造反"，让选民看到了自民党内仍然具有要求变革的内在动力，反而促使一些选民仍对自民党抱有希望，投票给自民党。

　　从本次众议院选举结果来看，有几个问题值得进一步跟踪和深化研究。

　　第一，日本的政治格局问题。在 20 世纪 90 年代，小泽一郎提出"保守两党制"之后，日本的政治实践反而距离两党制渐行渐远。从目前来看，自民党一党独大的政治格局还会继续存在下去。为什么日本无法形成像美国那样相对明显的两党制度？这个现象背后的经济、政治和社会因素又是什么？这些问题非常值得关注，需要从社会、政治的更深层次跟踪研究。

　　第二，日本社会的政治倾向问题。有评论认为，透过这次选举，能够看出日本政治整体偏向右倾，依据之一就是以维新会为代表的保守势力得票非常多，其票数几乎增加了 3 倍。首先，这一论断是否符合实际还有待验证。维新会究竟是靠什么赢得了如此多的选票？其次，与此相关，如何界定"保守"概念需要斟酌。长期以来，中日学界在"保守"概念的定义上是存在一定差异的。

　　第三，政界大佬的落选问题。本次选举的一大"亮点"，就是多位自民党大佬意外落马，这反映出日本国民对"世代交替""政治一新"的渴望。除党内元老、

对日本第49届众议院选举结果的综合评估

前自治大臣野田毅，"石原派"领袖、石原慎太郎之子石原伸晃外，还有"经济安保"的积极鼓吹者甘利明在小选举区落选，成为自民党66年历史上第一个落选的现任干事长。尽管甘利明借比例代表选制勉强"复活"，但随着他辞去干事长职务，其在党内的影响力会由此大打折扣。

第四，执政联盟的结构问题。本次众议院选举结束后，不少评论预测自民党—公明党执政联盟会解体，为自民党—维新会联盟所取代。从目前来看，这种情况发生的可能性有限，因为自民党和公明党的执政联盟在结构上具有互补性，即公明党在吸引一些社会阶层、群体的支持方面，能够有效弥补自民党的不足，而维新会与自民党缺乏这种结构上的互补性。

第五，如何看待日本维新会。目前无论是媒体，还是研究者，通常将维新会定义为右派势力，甚至是强硬右派势力。外界对于维新会的认知依据通常是它的宣传口号，这一认知方式是否科学、可靠？维新会以前是一个区域性政党，即过去的大阪维新会，从区域性政党发展成为一个影响国家政策的全国性政党，恐怕还有很长的路要走。据说维新会在本次选举前，最初推出了90名候选人，但最终获胜的主要集中于大阪等关西地区。从上述两点来看，维新会的强硬主张尚未得到政治实践的检验，此次之所以能够在大阪等关西地区获胜，主要依靠的仍然是其较为扎实的执政业绩。因此，本次维新会的胜选，是否能够反映出日本政治整体右倾化？选举中，是选民主动选择了右倾化政党，还是选项有限——反感自民党、又不信任在野党，"不得而为之"？这些都值得进一步研究。

从基本方针来看，维新会主张修改宪法，实行首相公选制，通过众参两院合并，实行一院制，同时支持"小政府"设想。在对外政策方面，维新会主张与具有自由主义和"法的支配"价值观的各国进行合作，推行现实主义外交安保政策，为世界和平做出贡献，同时将国际司法机构作为解决国际争端的手段。维新会党首曾在记者采访中表示支持修宪，并且要从正面探讨修宪问题，而且在2022年7月参议院选举的同时，实施修宪，进行国民投票。由此可见，维新会的政策主张和言论确实具有强硬右派的风格，但究竟如何，不仅取决于它说了什么，还要看它做了什么。这一问题涉及对日本国内政治生态、政治走向的判断，包括对未来日本政治格局以及对执政联盟的判断，值得关注。

岸田能够赢得本次选举，主要有两方面原因。首先，新冠肺炎疫情的迅速降温客观上帮了自民党。日本每日确诊病例从两个月前的2.5万例下降至200多例，自民党强调这是它防控得力的效果。但根据日本国立遗传研究所与新潟大学研究团队最新发表的研究成果，德尔塔病毒自身发生变异，导致病毒无法及时完成修复。换言之，是新冠病毒的"变异错误"导致其"自我灭绝"。不管原因如何，在日本大选投票前日，东京都新增感染 23 人，连续 14 天低于 50 人，全国新增感染者也连日维持在 300 人以下，疫情降温确实帮了自民党的忙。

其次，岸田宣示的经济政策吸引了选民，是更具根本性的原因。相比于前任菅义伟政府，岸田政府更加精准地抓住了日本国民最关心的议题，即贫富差距问题。10 月 8 日，岸田发表首次施政演说，主张通过"增长和分配的良性循环"来实现所谓的"新型资本主义"。过去 20 年来，在所谓"新自由主义改革"的冲击下，贫富差距问题不断加剧，曾经的所谓"一亿总中流"社会结构现在已经被"格差社会"所取代。在这种背景下，岸田敏锐地把握住了国民最关心的问题，其新经济政策打动了一些选民，获得了民众的认可。

需要强调的是，岸田在赢得机会的同时，也迎来了更大的挑战。从执政地位来讲，经此一选，岸田在自民党内地位得到了巩固。安倍在任期间在党内享有"一骑绝尘"的"独大"地位，原因就在于他领导自民党先后赢得国政选举"五连胜"。同样，岸田目前初战告捷，政治威望也得到提升，由此站稳了脚跟。自民党在国会的优势，可以使它掌握所有常任委员会委员长的职位，并且委员人数占到半数以上，从而能主导众议院议程安排，确保政府法案顺利通过。但是从宏观来看，岸田具有"经济治国"色彩的施政方针将受到两大方面的牵制。首先，岸田需要重视党内的派系平衡问题，既不能无所作为，又不能太过激进。如何在保持派系平衡、巩固政权基础的同时，向外界展示自民党的改革姿态，改善自民党在选民心中的形象，这对于岸田而言，无疑是一大挑战。其次，如何应对来自美国的压力和要求。继特朗普政府退出《中导条约》(INF) 之后，拜登政府将日本作为强化同盟的首要目标，要求日本政府接受在日本本土部署中程和短程导弹，促使日本加入对华多边压制。如何平衡对美和对华关系，将是岸田面临的又一大挑战。

岸田未来的施政重点同样值得关注。11 月 4 日，岸田发表了就职"满月"讲话，他将新冠对策、经济政策以及外交安保三项工作作为主要的政策议题。就三项工作的优先次序而言，首要课题无疑是经济与民生。安倍执政期间，"安倍经济学"让大企业获益，而未能惠及中小企业和基层选民；受新冠肺炎疫情的冲击，日本社会贫富差距进一步拉大，如何解决这一社会问题无疑是当务之急。第二紧要的是疫

对日本第 49 届众议院选举结果的综合评估

情防控。新冠肺炎疫情暴发至今，日本经历了大小五波疫情的冲击，有分析认为，目前的疫情缓解也许只是第六波疫情袭来前的过渡期，因此防疫依旧是重中之重。在第三项工作，即日本的外交安保政策当中，讨论最多的就是日本的修宪问题。尽管从岸田本人的表态、维新会等保守政党的言论来看，日本新政府似乎要将修宪推进到实际操作的阶段，但从现实看，现阶段修改宪法仍存在一定难度。例如，维新会主张在 2022 年 7 月参议院选举投票的同时，实行国民投票，这并不现实，因为不仅国会的宪法审议会，就连自民党内部都尚未形成统一意见。因此，对于岸田政府而言，如果要进一步解除安全政策方面的限制，其所能使用的手段不是正面修宪，而是像过去一样，继续扩大宪法解释。与此同时，安保政策也是对岸田政府的一大考验。岸田上台以来，在一些场合发表针对中国的强硬言论，包括在 10 月底东亚峰会上的强硬言论。这究竟是为了国内选举，在众议院选举投票前的政治作秀，还是其真实想法、未来会付诸实践，需要密切关注。

（作者：杨伯江，中国社会科学院日本研究所研究员）

中日关系结构性矛盾的维度与日本政治生态及走势

胡令远

中日关系结构性矛盾的维度与日本政治生态及走势

2021 年 9 月 29 日，岸田文雄当选自民党总裁，并于 10 月 4 日就任日本第 100 任首相。前此，虽是临危受命、但靠密室政治上位的菅义伟主动宣布不谋求自民党总裁连任，是因为这次的总裁选举目标指向是 10 月份的大选。菅义伟由于应对新冠肺炎疫情不力，经济业绩乏善可陈，未得到党内主要派阀的支持，实际上成为"弃子"，菅义伟内阁也成为执政仅仅一年的短命政权。岸田首相于当月解散众议院举行大选，并领导自民党获胜，遂于 11 月 10 日再次当选日本首相。

这次大选，给日本的政治生态带来重大变化，影响深远。自民党所获议席数超出预料，虽然减少了 15 席，但仍获得远超半数 233 席的 261 个席位，赢得了大选。加上公明党的 32 席，执政联盟在众议院达到"绝对稳定多数"。而一直以来在包括修宪在内的重大政治议题上对自民党形成最大制约的第二大政党立宪民主党却遭遇"滑铁卢"，席位大幅度减少至 96 席，致使枝野幸男不得不辞去党首职务。而以大阪地区为基本盘、带有地方特质、保守色彩浓厚如积极推动修宪的维新会成为最大赢家，获得 41 个席位，暴增 4 倍，从而取代公明党成为众议院第三大党。其他主要政党所获席位数为：公明党 32 个，国民民主党 11 个、共产党 10 个。这次大选结果显示，自民党虽然因为抗疫不力、政治丑闻、密室政治等引发国民不满，但根基并未动摇。而随着维新会席位大幅扩张并有与国民民主党合并趋势，在众议院保守势力得以增强。与此相对，由于立宪民主党席位大减，不言而喻在国会对自民党的制约能力明显弱化。同时，还引发了公明党的危机感，其在执政联盟内对日本右翼势力的牵制作用将被削弱。此外，在国政选举中主要在野党联手应对自民党机制受到质疑，陷入解体困局，这会对明年 7 月份的参议院选举产生重大影响。

另一方面，无论是自民党总裁选举，还是众议院选举，日本政治家都将中国问题作为助选因素，这说明中日关系的现状对日本国内的政治生态投射非常浓重。此外，近几年来，日本在野党的对华态度同样值得关注。在国内政治当中，在野党和执政党之间存在博弈，在野党之间也有博弈，但多数政党在总体的对华负面看法上却保持一致，说明中日关系的严峻性。

与这次大选所显示的日本政治生态的右倾化趋势形成对照的，是自民党内"宏池会"力量趋于中心地位。在政治理念上与大平正芳、宫泽喜一等重视中日关系有渊源的岸田文雄，在日本被视为稳健、对华持积极态度的政治家。本次大选，巩固了岸田的执政地位。从中日关系的视角，可以说这次大选的结果显示出一种日本政坛的某种复杂的微妙平衡。

　　岸田首相 10 月 8 日在与习近平主席电话会谈中表示，要致力于建构建设性的、稳定的中日关系。但同时我们也看到他在诸如安保方面一再强调"先发制人"、设置经济安保担当大臣、首相人权辅佐官，乃至宣示要把"修宪"作为明年参议院选举的看板等的言论举措，显示出一种看似十分矛盾的状态。可以说，推进建设性、稳定性的中日关系应该是其本心，但这又谈何容易。在外部面临美国拜登政府同盟战略的巨大压力，在党内又有来自最大派系会长安倍前首相的掣肘。如果说对此他还可以竭力应对的话，那么近年不断加剧的中日之间国民感情的恶化、日益凸显的中日之间的"安全困境"，则构成制约岸田对华外交的深层要素。

　　2021 年 10 月"北京—东京论坛"发布的"中日关系舆论调查"结果显示，有 90% 以上的日本受访者对中国持有负面印象，而 66.1% 的中国受访者对日本持有负面印象，这一结果意味着中日两国的国民感情降至新低。在共同抗击疫情的特殊背景下，两国国民本应守望相助，增进感情，但为什么却出现了相反的结果，这当中的结构性因素不容忽视。具体而言，阻碍中日关系最主要的结构性问题就是安全困境，而安全困境是中日之间的结构性矛盾之所致。这种安全困境其实战后以来一直存在，而它的张力根据不同时期国际格局的变化，时而舒缓时而高涨。

　　此外，此次舆论调查结果还显示，中日两国的受访者都认为中美关系的变化对中日关系造成了非常深刻的负面影响，有 70.3% 的中方受访者认为美日同盟给中国的安全带来了威胁。众所周知，中日关系曾在 2017—2019 年一度得到改善，所谓"重回正轨"。特朗普执政时期，曾对中国采取极限施压的举措，对中美关系造成巨大伤害。但也正是在这一时期，中日关系却获得了改善。因此可以说，虽然中美关系对中日关系有着重大影响，但中日关系的发展方向，最终仍然是由中日两国所决定的，美国只不过是外因而已。

　　就中日之间的安全困境而言，日本精英集团的基本共识是认为中国崛起会给日本的国家安全带来不确定性。因此，日本媒体经常报道的"安全威胁"，并不一定都是基于意识形态和社会制度所产生的战略疑虑，实际上仍然是基于原始的传统的现实主义的考量。日本作为一个岛国，同时又与近邻中国有很深的历史恩怨。因此，基于中国崛起对于日本的国家安全具有不确定性之基本认识，那么日本就不能把自己的安全寄托在中国自己所宣示的"和平崛起"上面。这种不安全感和不信任感促使他们要做多手准备，应对未来的不确定性。

　　中日两国的安全困境，主要体现在海洋方面。首先，中国发展海上力量是一种

中日关系结构性矛盾的维度与日本政治生态及走势

内生的需求。随着中国经济的不断发展，对外需求的基数不断增加，中国需要保护日渐扩大的海外利益、海外侨民以及能源运输。中国建设海洋强国，不言而喻对于日本来说，其地缘政治意义上的辐射效应客观存在，但非中国的主观故意。同时，日本是一个岛国，从自然禀赋的意义上，对于海洋通道具有天然的敏感性，而中国处于日本海上生命线之要冲。一方面中国发展海上力量系因内生需求难以逆转，另一方面日本出于自然禀赋对海洋安全的诉求同样难以改变。因此，这种源于内在逻辑的因素最终在特定的时空背景下，就形成了中日两国之间安全困境的主要结构性因素。其次，美国利用中日之间的安全困境大做战略文章，加剧了中日之间获得战略互信的困难。

冷战后特别是近年东海、南海、台海问题，乃至印太地区的诸多地缘政治问题，都与这种安全困境有着密切联系。为了解决这一问题，在宏观方面，我们应该致力于构建契合新时代要求的中日关系，同时处理好中美关系，使中日两国逐步建立战略互信。在微观方面，我们要从细处着手，渐进积累，推进基于善意和平实的中日关系。而对于中日两国学界而言，所要努力的，就是要建立一个长线的、机制化的对话平台，钩深致远，为妥善解决上述结构性难题贡献智慧。

（作者：胡令远，复旦大学日本研究中心教授）

从日本大选看中日关系未来走向

段瑞聪

从日本大选看中日关系未来走向

2021 年 11 月 1 日，日本国会众议院选举结果揭晓。在本次大选中，各党派共推出 1051 名候选人，争夺众议院的 465 个席位。其中，自民党和公明党的执政联盟共获得 293 个席位，确保了"绝对稳定多数"，对于岸田文雄执政而言，这一结果无疑是非常有利的局面。

需要注意的是，自民党获得 261 席，单独过半数，对公明党造成了一定压力。关于公明党和自民党未来能否继续维持执政联盟，就目前来看，自—公执政联盟在短期内不会解散，但是未来可能会存在一些问题。这两个政党在执政理念上呈现"貌合神离"的特征。自民党偏向保守，而公明党主张和平，两个政党之所以能够结成联盟，很大一部分原因在于两党在权力基础方面具有互补性。例如，在竞选过程中，一位公明党候选人曾在街头演讲时，呼吁选民在小选举区投票给自民党，在比例代表区投票给公明党。这就是一种两党之间的"互相帮助"，因为公明党的支持团体是创价学会，该团体共有 800 多万个家庭，如果每个家庭有 2 个选民的话，公明党就能够获得大约 1600 万张选票。在 2017 年众议院选举中，公明党共获得大约 700 万张选票。由于公明党在小选举区推出的候选人较少，当公明党在自己选区没有候选人时，就会呼吁选民支持自民党。因此，公明党和自民党之间是一种互补的关系。因为这种互补性，在短期内，两党不会解散执政联盟关系。

当前中日关系的严峻形势在本次日本众议院选举中有所体现。首先，虽然自民党的选举公约没有直接提及"中国"，但其外交和国防部分的内容仍然指向中国。例如，自民党在选举公约中多处提及"台湾"，公约还提到中国的少数民族问题、香港问题以及周边的钓鱼岛和南海问题。在国防方面，自民党主张将国防预算支出占比提高至 GDP（国内生产总值）的 2%，要求加强对敌基地的打击能力，同时还呼吁建造航母。因此，从选举公约的内容来看，自民党在外交和国防方面主要针对中国。自民党的这些主张仅仅是服务于选举活动，还是将来会付诸实践，值得密切关注。其次，公明党的选举公约与以往不同，除强调中日关系的重要性以外，还提到了钓鱼岛问题、海警法以及人权问题。公明党选举公约的变化，可能是因为受到执政盟友自民党的压力，也可能是创价学会内部出现一些激烈的声音，公明党为了获得支持，不得不将有关中国的内容写入选举公约当中。总之，自公联合政权能够维持到何时，主要取决于今后两党在政策方面，能够在多大程度上达成共识。同时，创价学会近年来与公明党的关系也发生了一些变化，这种变化同样值得关注。

另外，《读卖新闻》对 1051 名候选人进行了一份舆论调查。调查结果显示，关于"是否应该加强对敌基地的打击能力"，77%的自民党候选人表示赞成，83%的公明党候选人表示反对，这体现出两党在政治理念方面存在较大差异。同时，日本维新会有93%的候选人赞成加强对敌基地的打击能力。有学者指出，"对敌基地打击"的假想敌正是中国。关于"防卫预算是否应该增加至 GDP 的 2%"，79%的自民党候选人和 89%的维新会候选人都认为"应该增加"，而公明党和立宪民主党，分别有 69%和 59%的候选人认为应该维持现状，继续保持当前 1%的水平。共产党的候选人都认为应该减少防卫预算。另外，关于"中日的经济关系"，在接受调查的候选人当中，61%的候选人认为应该继续维持现在与中国的经济关系。值得注意的是，也有 61%的候选人认为应该就少数民族地区问题，对中国实行经济制裁。但是 86%的公明党候选人认为应该同中国继续保持对话。从《读卖新闻》的舆论调查结果来看，公明党对今后的中日关系发展非常重要，因为它在与自民党合作的过程中，可以发挥制衡的作用。

东京大学谷口将纪教授与《朝日新闻》合作，同样对 1051 名候选人进行了舆论调查。调查结果显示，在这些候选人当中，"对中国没有亲近感"的比例增加。例如，与 2019 年相比，41%的自民党候选人对中国缺乏亲近感。这一比例增加幅度较大的还有日本共产党，由 2019 年的 3%增加至 21%，维新会也在增加。值得注意的是，2009 年时，公明党和社民党内认为"对中国没有亲近感"的比例为零，但现在也分别增加至 6%和 7%。整体来看，本次众议院选举的候选人对中国的亲近感相比过去有所减少。另外，关于"与中国今后的关系"，48%的候选人认为中国是威胁，只有 7%的候选人认为中国可以作为伙伴。针对这一现状，日本前首相福田康夫曾在东京发表演讲。关于增加防卫费，他表示日本应该做的是不要树敌，如果邻国都是敌人的话，怎么努力都没办法保护自己，不制造敌人才是必要的。同时，福田康夫曾在一次采访中表示，中日应该为制定第五个政治文件展开协商，第五个政治文件的主要内容应该从两个方面着手，即中日如何开展合作，以及建立一个怎样的国际秩序。前首相鸠山由纪夫曾经在接受凤凰卫视采访时，批判日本政府对中国的包围政策。这两位前首相的发言在日本社会具有一定影响力，应该值得关注。

关于修宪问题，从本次选举结果来看，除了自民党、公明党和维新会，立宪民主党同样支持修宪，4 个政党在众议院共占 352 个席位，几乎达到了众议院总议席的 3/4。尽管如此，日本难以在短期内启动修宪程序，因为自民党、公明党和日本维新会对于"修宪"的理解并不一致。从过去的选举结果来看，2012 年众议院中

从日本大选看中日关系未来走向

支持修宪的比例已经超过了 2/3，在 2013 年的参议院也超过了 2/3，但修宪程序一直没有启动。日本维新会代表松井一郎曾表示，自民党并不是真正想要修宪。因此，尽管松井呼吁在 2022 年参议院选举的同时举行公投，但最终能否实现，仍然有待观察。另外，虽然维新会在本次选举中获得了 41 个议席，但从过去的选举历史来看，维新会的胜选难以被称作"跃进"。例如，在 2012 年第 46 届大选中，维新会获得了 54 个议席；在 2014 年第 47 届选举中，同样获得 41 个议席。此次维新会胜选的党员仍然集中于大阪近畿地区，比如在小选举区一共获得了 16 个议席，其中 15 个位于大阪，还有一个位于兵库县，比例代表区一共获得了 25 个席位。因此，维新会仍然具有地方性政党的性质。此外，维新会暂时缺乏人才。尽管维新会此次有 41 人当选众议员，但是其中 27 人是首次当选，缺乏一定的经验。从人才的角度来看，维新会若想左右国家政策决定可能还需要一段时间。

此外，下一任外务大臣的人选同样引人关注。为了协调党内事务，为 2022 年的参议院选举做准备，岸田将茂木敏充从外务大臣转为自民党干事长，这意味着自民党将党的利益置于国家利益之上。外界认为的林芳正最终担任了新外务大臣，此前他一直担任"中日友好议员联盟"会长，由此，中日关系有可能迎来一些转机。

最后，有几个不稳定因素可能会影响未来的中日关系。第一，近年来，日本频繁介入台湾问题，挑动中国底线，严重损害中日关系。第二，关于钓鱼岛问题，如果中日双方能够保持克制，就能够避免冲突，但也应该预防突发事件的发生。第三，如果日本将国防预算提高至 GDP 的 2%，整个东亚地区将陷入军备竞赛，严重损害地区安全与稳定。

就未来中日关系的发展趋势而言，中日双方应该朝以下几个方向努力：在领导层方面，双方要建立信赖关系，管控分歧，不让分歧转化为危机；在政治家层面，要与执政党建立联系，中方要重视公明党的作用；另外，关于对日政策，中方应该坚持原则，保持一贯性，不要忽冷忽热；在学者层面，双方应该加强交流；在民众层面，双方应该思考如何改善民众对于对方的好感度，这里涉及信息的问题，如果信息不对称的话，双方就容易产生误解，甚至误判。最后，也是最重要的，中国要专注自身，继续发展经济，增强国力。

（作者：段瑞聪，日本庆应义塾大学商学部教授）

日本农业振兴与中日经贸合作

【编者按】

2021 年 9 月 26 日，第二届南开大学日本研究青年高端人才论坛（日本东芝国际交流财团资助）在日本研究院举行，本届论坛的主题是"日本深层竞争力再认识与中日合作的可行性——日本农业振兴与中日合作"。由于疫情原因，本次论坛采取了线上与线下结合的方式进行。来自全国各地的青年日本研究学者以及我院师生共计 60 多人参加了论坛。论坛邀请了多位日本及中日农业问题专家就中日经贸关系与农业合作、中日经济关系结构转型及农产品贸易、日本农业减灾防灾对策、日本乡村振兴与农业战略转型、日本农业协同组合的作用等议题做了精彩的报告。现选取部分报告介绍给读者。

中日经贸关系与农业合作

吕克俭

非常高兴在南开大学和大家相聚，畅叙友谊，共谋发展。首先对"第二届南开大学日本研究青年高端人才论坛"的成功举办表示热烈祝贺！同时也感谢主办方的盛情邀请。现在主要向大家分享中日经贸关系现状，以及在后疫情时代中日两国如何在区域全面经济伙伴关系协定（RCEP）机遇下深化以农产品贸易为龙头的农业领域全方位合作，进一步助力中日经贸关系在新时代实现新发展、实现新跨越。

一、中日经贸关系克服疫情影响，实现可持续发展

中日两国是一衣带水的邻邦，友好交往始终是两国关系的主旋律，两国的经贸往来也克服了各种困难与障碍，实现了长足发展。2007 年以来中国连续 12 年成为日本第一大贸易伙伴，而日本是中国第二大贸易伙伴国和重要外资来源国。中日经贸合作规模的不断扩大、合作关系日趋紧密，为促进两国经济发展和改善人民生活都带来了实实在在的利益。

2020 年以来，中日双方共同抗疫、两国人民守望相助，不仅拓展了两国的合作领域及互助空间，也有助于进一步推动两国经贸领域的长期稳定合作。尽管受疫情影响，习近平主席原定的访日延期，但两国成功举行新一轮中日高级别政治对话，双方就抗击新冠肺炎疫情，强化信息共享和深化在广阔领域的合作达成一致意见。2020 年 11 月，中国国务委员兼外长王毅访日，双方达成了五点重要共识和六项具体成果，一致同意增进互信、正向互动、努力构建契合新时代要求的中日关系；同时就合作推进两国经济复苏，适时举行新一轮中日经济高层对话，就继续加强在科技创新、节能环保、医疗康养、电子商务、第三方市场等重点领域的合作达成共识。2020 年 11 月，RCEP 正式签署，中日双方首次达成了双边关税减让安排，实现了历史性突破，有利于共同维护和强化以规则为基础的多边贸易体制，也为今后双方加强互利合作指明了方向。

具体到中日贸易，2020 年中日双边贸易额为 3175.38 亿美元，日本是中国第二大贸易伙伴国、第二大出口对象国和第一大进口来源国。2021 年 1 月至 7 月，中日贸易总额 2119 亿美元，同比增长 22%；同期日本在华新设企业 538 家，实际使用金额 18.6 亿美元，同比增长 29.6%。截至 2021 年 7 月，日本累计对华投资 54171 个项目，实际投资额 1209.4 亿美元，在中国利用外资国别排名中居首。日本对华投资的重点集中于零售业、运输机械业及金融保险业，占日本对华投资总额的 71%。

另一方面，中国企业对日本全行业直接投资存量 50.3 亿美元；在日承包工程累计完成营业额 53.8 亿美元。截至 2021 年 7 月，中国在日技能实习生总数 7.1 万人。

中日邦交正常化 50 年来，作为世界第二与第三大经济体，两国间"全方位、宽领域、多层次"的经贸合作已形成了互补、互惠、互利的伙伴关系。在全球经济发展遭遇困难、世界经济环境持续恶化的大背景下，中国坚持实施更大范围、更宽领域、更深层次的对外开放，受到包括日本企业界在内的世界各国有识之士的广泛关注。随着全面建成小康社会的目标的实现、"十四五"规划的制定与实施，中国的产业结构将进一步优化升级、国民收入将继续快速增加，并形成更多新的投资与消费增长点，将为日本企业等外资企业带来巨大商机。中日邦交正常化特别是改革开放以来，日本通过对华贸易、直接投资、开发援助、科技合作等方式对中国现代化建设给予了宝贵支持，同时，日本也获得了巨大市场和丰厚收益。这是两国长期以来共同合作的结果，双方应当倍加珍惜。互惠互利的经贸合作关系符合中日两国根本利益，既促进了两国的经济发展，为两国人民带来福祉，也推动了中日关系的改善和持续健康稳定发展，同时为东亚乃至世界经济的发展做出了积极贡献。

二、RCEP 协定的签署意义重大、影响深远

（一）RCEP——全球最大自由贸易协定

RCEP 由东盟十国和其他五国（中、日、韩、澳、新）组成。早在 2011 年东盟就提出 RCEP 的构想。2012 年"10+6"国（包括印度）领导人发布《启动〈区域全面经济伙伴关系协定〉谈判的联合声明》。此后的谈判先后历经 3 次领导人会议、19 次部长级会议和 28 轮正式谈判。尽管 2019 年 11 月印度决定退出该谈判，但在其他 15 国的共同努力下，2020 年 11 月 15 日，15 国正式签署协定。

1. 协定的主要内容

总体看，RCEP 是一个现代、全面、高质量、互惠的大型区域自贸协定。协定由序言、20 个章节、4 个市场准入承诺表附件组成，既包括货物贸易、服务贸易、投资等市场准入，也包括贸易便利化、知识产权、电子商务、竞争政策、政府采购等大量规则内容，涵盖了贸易投资自由化和便利化的方方面面。

2. 协定的主要特点

（1）RCEP 是一个现代化的协定。它采用区域原产地累积规则，支持区域产业链、供应链发展；采用新技术推动海关便利化，促进新型跨境物流发展；采用负面清单做出投资准入承诺，大大提升投资政策的透明度；协定还纳入高水平的知识产权、电子商务章节，适应数字经济时代的需要。

（2）RCEP 是一个高质量的协定。货物贸易零关税产品数整体上超过 90%；服务贸易和投资开放水平显著高于原有的"10+1"自贸协定。同时，RCEP 新增了中日、日韩两对重要国家间的自贸关系，使区域内自由贸易程度显著提升。

（3）RCEP 是一个互惠的协定。RCEP 成员有发达国家，有发展中国家，更有一些最不发达国家，成员间经济体制、发展水平、规模体量等差异巨大。协定最大限度兼顾了各方诉求，在货物、服务和投资等市场准入和规则领域都实现了利益的平衡。协定专门设置了中小企业和经济技术合作两个章节，来帮助发展中成员加强能力建设，促进本地区的包容均衡发展，共享 RCEP 成果。

3. 协定生效时间

根据规定，RCEP 协定需 15 个成员中至少 9 个成员批准后方可生效，其中要至少包括 6 个东盟成员国和中、日、韩、澳、新在内至少 3 个国家。中国、新加坡和日本等已完成协定核准程序，泰国等也完成国内批准程序，其他各成员国都在致力于尽快完成核准工作。在第 18 届中国—东盟博览会开幕式上，中方领导人提出"推动区域全面经济伙伴关系协定早日生效实施，高质量共建一带一路"，上述倡议得到各界高度评价和积极回应。从 2022 年 1 月 1 日起，RCEP 开始正式生效。

（二）RCEP 带来巨大新商机

RCEP 自贸区的建成将为我国在新时期构建开放型经济新体制，形成以国内大循环为主体、国内国际双循环相互促进新发展格局提供巨大助力。RCEP 涵盖地区经济规模约 25.6 万亿美元，约占全球经济体量 29.3%；区域内贸易额达 10.4 万亿美元，约占全球贸易总额 27.4%；辐射人口约 22.6 亿人，约占世界人口 30%。

1. RCEP 将有效提升区域贸易投资水平

中国与 RCEP 成员贸易总额约占中国对外贸易总额的三分之一，来自 RCEP 成员实际投资占中国实际吸引外资总额比重超过 10%。RCEP 一体化大市场的形成将释放巨大的市场潜力，进一步促进区域内贸易和投资往来，这将有助于中国通过更大范围、更宽领域、更深层次对外开放，进一步优化对外贸易和投资布局，构建更高水平的开放型经济新体制。

2. RCEP 助力中国形成双循环新发展格局

RCEP 将促进中国各产业更充分地参与市场竞争，提升在国际国内两个市场配置资源的能力。将有利于以扩大开放带动国内创新、推动改革、促进发展，不断实现产业转型升级，巩固在区域产业链、供应链中的地位，为国民经济良性循环提供有效支撑，加快形成国际经济竞争合作新优势，推动经济高质量发展。

3. RCEP 有助于构建安全、稳定的产业链、供应链

RCEP 成员之间经济结构高度互补，域内资本要素、技术要素、劳动力要素齐全。RCEP 使成员国间货物、服务、投资等领域市场准入进一步放宽，原产地规则、海关程序、检验检疫、技术标准等逐步统一，将促进区域内经济要素自由流动，强化成员间生产分工合作，拉动区域内消费市场扩容升级，推动区域内产业链、供应链和价值链进一步发展。

4. RCEP 有助于深入推进高水平制度型开放

RCEP 协定签署，区域内将形成统一的经贸规则和便利的跨国营商环境，有利于区域内商品、技术、服务、资本、人员的便捷流动，促进成员国之间的贸易投资并增强对域外投资的吸引力，形成显著的贸易创造、投资创造以及域外"溢出效应"，将进一步促进东亚、东南亚地区的贸易投资往来，加强区域产业链、供应链合作，实现地区国家优势互补、互惠互利。

三、RCEP 给以农产品贸易为龙头的中日农业合作带来诸多利好与新机遇

（一）中日农产品贸易现状

日本人口众多，经济发达，由于耕地等农业资源紧缺且农业劳动力价格较高，日本成为全球重要的农产品进口市场。近年来日本农产品进口额保持在 700 亿美元以上，是全球前五大农产品进口国之一。日本主要进口农产品为鱼类、生猪产品、牛产品、禽产品、玉米产品等。在农产品出口方面，日本在农产品深加工品及和牛、清酒等高端特色农产品上具有一定优势。

中日地理位置相邻，饮食习惯相似，中国农产品出口日本具有得天独厚的条件。中国加入世贸组织后，中日农产品贸易曾快速增长，但随着日本与泰国、越南等东盟国家的自贸协定对我国造成贸易转移，加之日方实施技术性贸易措施等其他因素影响，中国对日农产品出口近年来徘徊不前。根据中国海关数据，中国对日农产品出口额从 2001 年的 57.4 亿美元增至 2012 年的 120.2 亿美元，随后出现下降，2019 年降至 103.8 亿美元，2020 年进一步下滑至 96.4 亿美元。自日农产品进口额基数较小但增长迅速，2001 年尚不足 3 亿美元，2020 年已达 12.8 亿美元。中国对日出口的主要是蔬菜、禽产品、鱼类、贝类及软体动物等，自日进口的主要是水产品、酒、膨化食品等。日本为中国最大农产品出口国，中国则是日本第二大农产品进口来源国，中日农产品贸易对双方均具有重要意义。

（二）RCEP 生效后中日农产品市场开放情况

RCEP 生效后，随着两国之间零关税产品覆盖率大幅提高以及区域累计原产地规则的实行，将进一步扩大两国的农产品贸易规模，拓展更广阔的农业服务贸易市场。中日两国农业领域跨境投资门槛将进一步降低，开展第三方市场合作也将迎来更多机遇。

在农林渔业产品领域，中国对从日本进口的清酒、威士忌、扇贝、自热米饭等产品的关税在 RCEP 生效后逐步下降，并最终降低至零。目前，中国对清酒征收 40% 的关税，对威士忌酒征收 10% 的关税。根据日本农林水产省的数据显示，中国已经成为日本清酒第二大进口市场，在 2019 年上半年对华出口日本清酒金额达到 28.9 亿日元，同比增长 49%。随着相关产品的关税下降，日本农林水产品有望进一步扩大中国市场，前景十分可观。同时，这类产品由于都明显带有日本独占生产的特点，因此此类降税不仅不用担心中国同类产品生产商会造成损失，还由于与此类产品密切相关的日本料理店、日式居酒屋等相关餐饮服务行业的繁荣，给中国消费者带来更多福利。

多年来，日本一贯对农业实行高保护，其签署的自贸协定项下农业开放水平普遍较低。但值得注意的是，在 RCEP 项下，日方承诺对中方 1400 多个农产品税目最终取消关税，占中方农产品税目总数的大约 60%。其中立即降零税目数 717 个，占农产品税目总数的 29.3%，主要是未焙炒的咖啡、茶、玉米、食用高粱、大豆、甘蔗蜜糖、口香糖等；2011 年降零税目数 318 个，占农产品税目总数的 13%，主要是鲜冷冻鱼、冷冻甜玉米、干蘑菇、梨、桃、谷物粗粉团粒、鱼子酱、豌豆罐头等；2016 年降零税目数 373 个，占农产品税目总数的 15.3%，主要是西红柿、花椰菜、牛蒡、橘子、樱桃、人参、鲍鱼罐头、海参罐头、饼干、大蒜粉等；2021 年降零税目数 5 个，占农产品税目总数的 0.2%，主要是发酵饮料、酒精饮料、动物生皮等。此外，日方对其 1032 个敏感农产品税目采取例外处理不降关税，占农产品税目总数的大约 40%，主要是谷物、植物油、奶制品、牛肉、猪肉等。

（三）借力 RCEP 深化中日农业贸易的相关建议

除了关税减让，RCEP 在原产地规则、贸易便利化、服务投资、非关税壁垒等方面均有高水平承诺，为拓展和深化中日农业贸易合作创造了条件。农业贸易企业可结合自身情况和 RCEP 相关规则进行综合分析和发展战略设计，以充分利用优惠政策。

一是建议积极扩大对日农产品出口。关税减免政策对贸易企业而言是"立竿见影"的"红利"。农产品贸易企业可深入了解 RCEP 项下日本农产品降税情况、原产地规则等内容，相应调整输日产品结构，开展面向日本市场的营销促销，以最大限度利用日方对华农产品关税优惠，扩大对日农产品出口。

二是适当扩大日高端农产品进口。随着居民收入水平的持续提高以及消费结构升级，我国对高端、特色农产品的需求将扩大。企业可借 RCEP 的东风，加强同日本供应商的沟通对接，将日本优质农产品"引进来"，增加国内消费者选择，满足人们日益增长的美好生活需要。

三是积极开展跨国农业产业链合作。日农产品加工业较为发达，产品精深加工程度高，种类繁多，包装设计精美时尚。中国可借助 RCEP 签署契机，扩大引入日农产品加工、检测、包装、设计等领域的优秀企业和技术，助力我国农业实现高质高效，并利用协定宽松的原产地规则开发 RCEP 区域大市场。

（四）推动中日两国农业领域全方位合作

中国正致力于实施乡村振兴战略，巩固全面建成小康社会的奋斗成果。在保障粮食安全的基础上，中国正不断扩大投入，坚持农业的科技化、集约化发展，大力发展现代、生态、高效、特色农业，培育多层次的农产品市场。乡村振兴战略的实施，也给中日两国农业合作创造出广阔的空间。日本在农业农村现代化建设方面走在亚洲前列，在体制机制上也有许多我们可以借鉴的地方。例如日本的农业协同组合，在整合、利用、分配农村金融资源方面就发挥了很好的融资功能；再有，日本的农产品质量安全保障制度、农业机械自动化技术、农产品栽培技术等也值得我们学习。双方还可以探讨在农业投资、贸易、动植物检疫、跨国经营、生物育种、生态环保、观光农业及农机装备、农产品加工及储运等领域的深度合作。中日两国还应加强在食品安全等领域的信息沟通，建立合作机制、增强互信，共同应对食品安全问题。此外，两国还应合作拓展"互联网+农业"业态，利用电商平台促进农村产业链、供应链升级重铸，以推进两国在现代农业及物流领域取得新的合作成果。

结　语

2022 年，在东京奥运会成功举办基础上，北京举办了第 24 届冬奥会，并迎来中日两国邦交正常化 50 周年。在新冠肺炎疫情肆虐全球、单边主义与贸易保护主义上升、贸易摩擦、经济动荡等众多不确定因素与挑战叠加的大背景下，中日两国作为友好近邻和合作伙伴，应以此为契机，积极扩大两国经济和人文交流，增进民众友好感情。同时，两国还应携手共担应对后疫情时代全球变局的重要责任，拓展农业等领域的全方位经贸合作，构建契合新时代要求的中日关系，实现中日两国和平友好和共同发展，为构建人类命运共同体奉献东方智慧，为全球经济繁荣增长和促进世界和平做出更大贡献。

（作者：吕克俭，全国日本经济学会副会长、中国驻日大使馆原经济商务公使）

从投资、贸易、人员往来看中日相互依存的历程和趋势

严善平

内容摘要 中日两国在经济起飞时期，经济总量以及人均收入等方面所表现出的关系交错复杂，地缘政治、历史认识、日美同盟等因素在双边关系中时隐时现，又大大增加了中日经济关系的复杂性。本文全面分析了近 40 年来中日间贸易、投资和人员往来的变化过程、主要特征及其影响因素。要点如下：第一，中日两国的产业结构具有较高的互补性。第二，包括日本政府的日元贷款，日本曾经是中国外资利用的主要提供者，为中国的经济增长做出过重大贡献。第三，中日间的人员往来长期处于非对称局面。第四，基于中日经济关系的巨大变化，日本政府的对华战略也出现了微妙的调整。中日两国的政经关系冷热不定，在拜登总统的对华政策影响下，日本又面临很多困难局面。但长远来看，中日唯有合作，才能获得共赢，而要达到如此境界，高度的政治智慧必不可少。

关键词 中日贸易 对华投资 人员往来 中日关系 好感度

The Sino–Japanese Interdependence:

from the Perspective of Investment, Trade and Personnel Exchanges

Yan Shanping

Abstract: During the period of economic take–off, the relationship between China and Japan in terms of total economic volume and per capita income is staggered and complicated. Geopolitics, historical understanding, Japan–US alliance, and other factors appear and disappear in bilateral relations, which greatly increases the complexity of Sino–Japanese economic relations. This paper comprehensively analyzes the changing process, main characteristics, and influencing factors of trade, investment, and personnel exchanges between China and Japan in the past 40 years.

First, the industrial structures of China and Japan are highly complementary. Second, including Japanese yen loans from the Japanese government, Japan was once the main provider of foreign capital used in China and made great contributions to China's economic growth. Third, the personnel exchanges between China and Japan have been asymmetric for a long time. Fourth, due to the great changes in Sino–Japanese economic relations, the Japanese government's strategy toward China has undergone subtle adjustments.

The political and economic relations between China and Japan are uncertain. Under the influence of President Biden's policy toward China, Japan is facing many challenges. However, in the long run, only cooperation between China and Japan can achieve a win–win situation, and to reach such a state, a high degree of political wisdom is essential.

Keywords: Sino–Japanese trade; foreign direct investment in China; personnel exchanges; Sino–Japanese relations; favorability rate

序　言

中日两国在经济起飞时期、经济总量以及人均收入等方面所表现出的关系交错复杂，地缘政治、历史认识、日美同盟等因素在双边关系中时隐时现，又大大增加了中日经济关系的复杂性。本文全面分析了近 40 年来中日间贸易、投资和人员往来的变化过程、主要特征及其影响因素。

第一，中日两国的产业结构具有较高的互补性。包括东亚和东南亚在内，高度

从投资、贸易、人员往来看中日相互依存的历程和趋势

有效的产业链业已形成，导致了中日双边贸易总量迅速增大。但从各自的角度来审视对方的重要性可以看出，日本在中国经济的地位不断下降，而中国在日本经济的地位却持续上升。

第二，包括日本政府的日元贷款，日本曾经是中国外资利用的主要提供者，为中国的经济增长做出过重大贡献。但随着中国经济的增长和两国经济实力的迅速变化，2000 年以来，日本政府的对华日元贷款锐减直至消失，取而代之的是民间投资总量不断增大，投资领域从制造业扩大到商业服务业。

第三，中日间的人员往来长期处于非对称局面。21 世纪以来，访华日本人的数量基本稳定，没有明显增加。访华的主要目的是商务活动，观光游客增加不多。而以观光旅游为目的访日中国人总数从 2014 年开始急剧上升，2019 年达 1000 万人，是访华日本人的 4 倍。人员互访倾向在一定程度上影响了两国民众的彼此理解。

第四，基于中日经济关系的巨大变化，日本政府的对华战略也出现了微妙的调整。近年来，日本企图构建一个既有利于本国经济发展，又不妨碍日美同盟的日中关系。同时，中国也时常利用中日经济的依存关系，企图缓解与美国的矛盾。中日两国的政经关系冷热不定，在拜登总统的对华政策影响下，日本又面临很多困难局面。但长远来看，中日唯有合作，才能获得共赢，而要达到如此境界，高度的政治智慧必不可少。

一、中日经济的增长及国际地位的变化

二战以来，日本经济经历了高速增长（1946—1973 年）、中速增长（1974—1990年）和低速增长（1991 年至今）三个阶段，在世界经济中，日本的占比从 1970 年的 6.2% 快速上升至 1994 年的 17.5%，随后逐渐下行，2019 年仅有 5.8%。20 世纪70 年代末，中国开始了以发展经济为中心的改革开放，40 多年来实现了年均 9% 的高速增长。但尽管如此，直到 90 年代初，中国的 GDP（国内生产总值）只占全世界的 2%，大约为同期日本的九分之一。日本的 GDP 在 1968 年跃居世界第二，仅次于美国，直到 2010 年被中国取代。

2010 年以后，中日经济规模的差距迅速扩大，两国在世界经济中的角色也急剧变化。2019 年，中国的 GDP 占比上升至 16.4%，为日本的 2.82 倍，与美国的差距也从 2010 年的 40.6% 缩小到 2019 年的 66.9%（图 1a）。从人均 GDP 来看，中日之间

的力量变化简直可以说具有戏剧性。如图 1b 所示，自 20 世纪 70 年代以来，日本以美元计算的人均 GDP 在 1970 年大约为中国的 20 倍，随后一路走高，在广场协议达成的 1985 年上升到 40 倍，在日元迅猛升值的 1986—1996 年期间，两国人均 GDP 的差距扩大到 70～80 倍。70 年代初，金本位体制崩溃，迫于减轻日美贸易摩擦的压力，日本政府导入了变动汇率制，日元与美元汇率从二战后长期稳定的 360 日元/美元逐步上升，直到广场协议前的 240 日元/美元。1994 年，中国政府调整外汇政策，实行人民币汇率并轨改革，实质上造成了人民币大幅贬值。此举自然地降低了按美元计算的 GDP 水平。一涨一降，把中日两国人均 GDP 的差距大大拉开了。

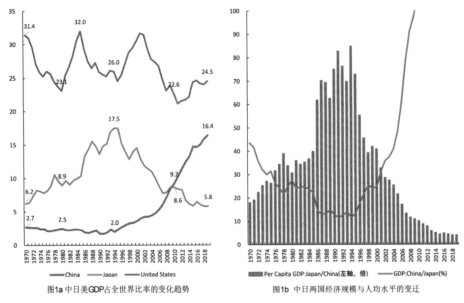

图1a 中日美GDP占全世界比率的变化趋势　　　　图1b 中日两国经济规模与人均水平的变迁

资料来源：联合国数据库（https://unstats.un.org/unsd/snaama/Basic）。

　　至 90 年代末，日本在中国人的眼里简直是遍地黄金、富得冒油。在外贸外经部门，或诸如国际旅行等对外服务行业，只要有可能与日本发生关系，人们都想方设法以留学、学日语等事由奔赴日本。在福建等沿海一带，很多人通过华侨关系来日工作。

　　在国家层面，中国政府十分青睐所谓的日本式经营、政府积极干预企业的产业政策等，还不时派遣专家访日"取经"。而日本则以成功者自居，不仅慷慨接待学

从投资、贸易、人员往来看中日相互依存的历程和趋势

生的来访，也乐此不倦地向中国派遣专家学者，现地指导国企改制、市场化改革等。

2001 年，中国加入 WTO（世界贸易组织），给改革开放插上了双翅。外资大举进入中国各个行业，有力推动了体制改革和产业升级，同时在 WTO 框架下，采取了大进大出的全方位贸易战略，实现了资源重组和比较优势。在这 10 年中，国内经济高速增长，进出口迅速扩大，外资利用、国际收支等方面均取得了质的飞跃。

2008 年，伴随北京奥运会成功举办，中国经济进入了一个全新的局面，而美国次贷危机引发的世界经济萧条越发凸显了中国经济的国际地位。由于生产年龄人口开始减少等不利因素的制约，中国的经济增长率自 2010 年开始逐渐下行，2019 年仅有 6% 多一点。但尽管如此，作为主要经济体，这个水平不仅大大高于日本，也高于欧美等主要经济体的增长速度。

由于中日两国的经济增长率差异巨大，中国出乎意料地赶上了日本，并在极短的时间内，把日本远远地摔在了后面。从 2000 年开始，人均 GDP 的差距也迅速缩小，近年来只有 4 倍左右。如果扣除两国的物价因素，以购买力平价计算的话，两国的实际收入差距则更小。如果把视点聚焦在中国沿海地区和大中城市，两国的名义人均 GDP 十分相近。

中日间经济关系的变化可谓天翻地覆，而经济实力的剧变对两国的外交关系、国民心态也产生了十分复杂的影响。中国虽然是一个拥有悠久历史的文明古国，但在鸦片战争（1840 年）以后的 100 多年中，中国遭受了包括日本在内的西方列强的侵略。在中华人民共和国成立以后的数十年中，国民经济取得了一定的发展。特别是改革开放促成了经济增长，并使中国一跃成为世界性经济大国。相比之下，此间的西方发达国家社会经济发展缓慢，各种问题层出不穷。对比中国与西方的差异，很多中国人的自豪感油然而生，有意无意地流露出今非昔比的气概。

如此一来，新旧大国之间自然地会产生一些矛盾。此时，如果处理不当，矛盾还会激化，乃至形成冲突。从某种意义上来讲，经济基础决定人的意识，也决定上层建筑，乃至国家间关系。中西方关系如此，中日关系也不例外。

二、中日贸易的快速增长与结构变化

日本是一个资源匮乏的岛国，长期以来，以贸易立国为本，实现了二战后的高度经济增长，也维持了 40 多年（1968—2010 年）的世界第二经济体地位。日本政

府的有关统计表明，1988 年至 2000 年，进出口总额的 GDP 占比（贸易依存度）基本上在稳定在 15% 左右。此后，随着经济全球化的突飞猛进，进出口总额的 GDP 占比也迅速上升，2008 年达 30%，短短 8 年翻了一番。近 10 年来，该指标上下波动，但保持了 25% 的较高水平。

从贸易收支看，在 1988—2008 年的 20 年中，日本保持了较大规模的贸易顺差。如图 2a 所示，大多年份的贸易顺差超过 10 万亿日元，相当于 GDP 的 2%。但是受 2008 年美国次贷危机的冲击，贸易顺差陡然下降，2011 年的日本东北大地震又使得经济雪上加霜，贸易收支转为逆差，并迅速扩大，2014 年入超 10 万亿日元。近年来，贸易收支基本上实现了平衡，但由于部分核电站停止运行，能源进口大量增加，恢复从前的状态难度较大。

日本对外贸易的发展过程，与中日贸易的不断扩大密切相关。据日本财务省贸易统计，在 1988—2019 年的 30 多年中，日本的对华贸易年均增长率为 8.7%，大大高于同期对外贸易增长率 3.2%。尤其在 1988—2007 年的 19 年中，对华贸易年均增长率高达 13.6%，为对外贸易总体年均增长率 5.4% 的 2.5 倍，可谓中日贸易的黄金时期。但是在 2007—2019 年的 10 多年中，受国际环境影响，尤其受中日关系好坏无常的冲击，日本的对华贸易呈现了徘徊现象，此间的年均增长率仅有 1.5%(对外贸易总体的年均增长率为负 0.1%)。

如图 2b 所示，1988 年以来，日本的对华贸易无论在扩展阶段，还是在徘徊时期，进口始终大于出口，并且逆差规模较大，在东北大地震之后的数年里，年均高达 5 万亿~6 万亿日元。在日常生活中，吃穿住行各个方面都高度依赖中国，无论超市、购物中心，还是高级商场，里面陈列的各类商品，从低层次到高端，大多印有中国制造的字样，有时甚至想找一件非中国制造的都很困难。

众所周知，贸易统计的进口总额只是商品的到岸价额，经过流通过程，这些商品的零售价大幅上升，因此，进口商品销售额的 GDP 占比会上升。就是说，人们在日常生活中切身感受的对华依存，比贸易统计的印象更加强烈。这里需要指出，日本的对华贸易长期处于入超，其根本原因是经济全球化不断进展，不同产业、行业在不同国家、地区分工协作力度加大，效率至上的全球产业链逐渐形成。其实，日本与中国台湾、香港地区的贸易长期处于顺差状态，在与"大中华经济圈"（中国大陆及港台地区）的贸易中，日本的贸易收支基本持平。

从投资、贸易、人员往来看中日相互依存的历程和趋势

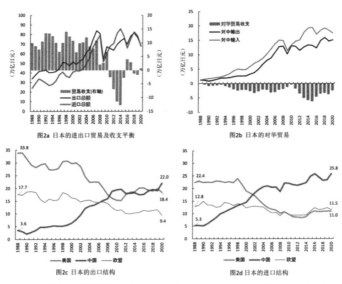

图2a 日本的进出口贸易及收支平衡　　　　图2b 日本的对华贸易

图2c 日本的出口结构　　　　图2d 日本的进口结构

资料来源：日本财务省贸易统计（www.customs.go.jp/toukei/info/index.htm）。

随着对外贸易的扩大，日本的主要贸易伙伴也发生了重大变化。在二战以后的高度增长时期，美国对日本开放市场，采用长期固定的低汇率政策（360 日元/美元），致使日本经济高度依赖美国。如图 2C 所示，在广场协议达成、日元急速升值后的 1988 年（120 日元/美元），日本的出口总额中，对美出口占比仍然高达 33.8%。随后有所下降，但一直维持在 30% 左右，直到 21 世纪的入口。在 2001 年至 2011 年的 10 年中，日本出口的美国占比从 30.0% 急速下降至 15.3%，此后有所反弹，但也只停留在 18% 的低水平。出口欧盟的占比此间也呈下行趋势，同期下降了 8 个百分点。而对华出口占比却呈现了完全相反的倾向，在 1988 年至 2010 年的 20 多年中，对华出口占比从 3.6% 上升到 19.4%，此后也保持了高位稳定，2020 年进一步上升到 22.0%。

中国 2001 年加入 WTO，加大了对日本贸易的影响，而美国和欧盟占比的下降是相对的，因为日本对美国和欧盟的出口总额并没有减少，同期的年均增长率分别为 0.9%、1.3%（对华出口年均增长率 8.4%）。就是说，不是中国取代了美国和欧盟，只是中国的相对地位上升，导致了欧美在日本出口中的占比下降而已。

在进口方面，美国的占比也呈现了与出口大致相同的三个阶段，即高水平安定（1988—1999 年）、急剧下滑（1999—2013 年）、低位安定（2013—2020 年），欧盟占比在整个期间比较稳定、略有下降，近 10 年来与美国的地位大致相同。相比之

下，对华进口的占比上升很富有戏剧性。1988 年，日本进口总额中，中国的份额才 5.3%，不足美国的四分之一。但中国占比持续上升，加入世贸组织第二年即达 18.3%，超越了美国，并且还不断地拉开了与美国的距离。近 20 年来的升速有所减缓，但基本趋势没变，2020 年达 25.8%，远远高出美国、欧盟的 11%（图 2d）。

值得一提的是，日本对华进口的占比上升，是进口总量高速增长（年均 9.0%）的结果。日本从美国、欧盟的进口总量增加缓慢，年均增长率分别只有 1.5%、3.8%。与前述的出口一样，日本对华、对欧美在进口方面发生的结构变化，主要源于各大经济体经济实力的相对变化，而非中国替代欧美，把他们从日本市场挤出。应该说，新格局的形成有一定的必然性，是经济全球化带来的产物，符合各自的经济利益。

日本对华贸易之所以能获得如此的快速增长，与两国的经济结构存有高度的互补性相关。因为，一个国家的进出口结构取决于国内的产业结构，而产业结构又取决于经济的发展阶段。日本经济二战后高速增长，到 70 年代已经是仅次于美国的经济大国，80 年代后，特别是经过了广场协议后日元升值的考验，日本经济逐步完成了产业结构的升级转型，告别了以重厚长大为特征的传统工业，打造了一批以轻薄短小为特征的现代产业，同时，也实现了从劳动集约型向资本技术集约型的转换。

70 年代末，中国实行改革开放，企图通过参与国际经济大循环，实现经济增长。具体表现为积极利用外资、采取"两头在外、大进大出"政策。该思路基于比较优势理论，用劳动换资本、换技术。在日本、"亚洲四小龙"被证明为行之有效的这些做法，在中国的对外开放中也发挥了巨大威力，推动了 GDP 的高度增长。但是在相当长的一个时期里，中国经济总体上处于工业化的初级阶段，产业结构以劳动集约型为主，技术装备相对落后。因此，中国的出口产品必然地以劳动集约型为主，产品的技术含量也必然地较为低下。

中日经济发展阶段及产业结构上的巨大差异，为两国在经贸方面的广泛合作提供了较大空间。在诸多领域，两者的互补性大于竞争性，良好的合作可以为双方带来利益，是一个可以获得双赢的近邻关系。图 3a、图 3b 表示了日本对华进出口总量及其产业别构成比的变化趋势。显而易见，对华贸易总额的变化过程与前述贸易总额的对华占比基本相同，即缓慢增加、急剧扩大、波动式缓慢增加。这意味着日中贸易在日本对外贸易中具有举足轻重的作用。

从图中还可以看出日中贸易的高度互补性。按照 WTO 的大分类，日本的对华出口长期以来保持了相对稳定的结构，1988 年，化工产品、原材料、一般机械、

从投资、贸易、人员往来看中日相互依存的历程和趋势

电器产品及运输设备的占比合计高达 92.1%，直到 2020 年也保持了 83.0% 的较高水平，而农产品、原料及矿物燃料等一次产品的对华出口极其有限，整个期间均为几个百分点。从对华进口来看，其产品结构与出口形成了鲜明的对比。1988 年，农产品、原料及矿物燃料的占比合计为 52.9%，而上述 5 大工业产品的占比仅有 26.5%，不便分类的其他产品占 20.6%。但是这种局面随着中国经济的增长，很快地出现了变化，一次产品占比下降，工业产品占比上升。据此，我们可以指出，在改革开放初期，日中之间的贸易关系，是一种非常典型的发达工业国与传统农业国之间的垂直分工协助，总体而言，日本的产业位于产业链的上端，而中国的产业位于产业链的中下端，具有传统的互补关系。

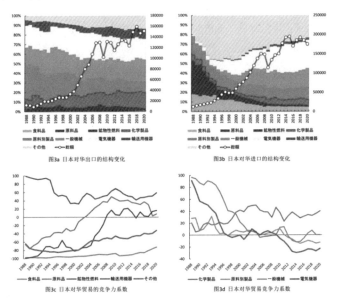

图3a 日本对华出口的结构变化　　　　图3b 日本对华进口的结构变化

图3c 日本对华贸易的竞争力系数　　　　图3d 日本对华贸易竞争力系数

资料来源：日本财务省贸易统计（www.customs.go.jp/toukei/info/index.htm）。

随着中国经济的高度增长和加入 WTO，日本的对华进口呈现了快速的扩大，并且牵引进口增大的主力是化工产品、原材料、一般机械、电器产品等工业产品，这 4 项的占比合计 1988 年仅有 26.5%，而 2020 年高达 67.9%，同期的年均增长率分别为 9.2%、7.4%、24.4%、21.6%，同时，唯有矿物燃料此间负增长（年均负 2.7%），农产品和原料的年均增长率也分别为 4.5%、1.1%。值得注意的是，日本对华出口维持了工业产品的较高占比，但同时又大大增加了同类产品的对华进口。其实，这其

中含有产业内部分工协助的进一步深化，也是全球价值链逐步形成的具体表现。一件电子产品、一家厂商的最终制品，其零部件往往分布在不同国家和地区加工生产，最后再集中某地组装成型。这也就是传统意义上的产业内分工协作，即水平分工。有意义的是，如此产业内的水平分工，在发展阶段截然不同的中日之间也是可以成立的。

在此，借用竞争力系数[（出口－进口）× 100 /（出口＋进口）]来进一步说明，日中两国各产业竞争力在过去 30 多年中发生的变化[①]。如图 3c、图 3d 所示：日中各产业的竞争力强弱有别，具有很好的互补关系；除运输设备、化工产品始终维持了稳定的强势，大多数产业的相对竞争力均发生了显著的变化；农产品、原料、矿物燃料等一次产品的对华竞争依旧处于劣势，但相对水平逐渐上升；一般机械和电器产品一路走低，从绝对强势逆转为相对弱势；日中的产业结构有趋同倾向，但在今后相当长的时间内，贸易上的互补性依然存在，因为以全球化为背景的价值链难以排除，同一产业内的水平分工也必将存续。

总而言之，在过去 30 多年中，日本经济进入成熟阶段，国民经济掉进了高收入陷阱，以致 GDP 规模长期徘徊不前。但是以进出口的 GDP 占比衡量的对外依存度却有明显上升，而带动对外依存度上升的主要力量之一，乃是中国加入世贸组织后对华贸易的迅速扩大。在对欧美，尤其是对美依存度相对下降的背景下，对华贸易在日本外贸中的作用早已举足轻重。由于日中经济的发展阶段不同，两国的贸易呈现了高度的互补性。同时，随时间推移，两国产业的相对竞争力不断变化，对华贸易从产业间的垂直分工为主，逐渐变成了产业内的水平分工为主。1988 年以来，日本的对华贸易全部为逆差，33 年累计达 78.84 万亿日元（年均 2.4 万亿日元）。应该承认，日本不仅为改革开放的中国提供了广阔的市场，也为外汇紧缺时代的中国提供了宝贵的外汇收入。

三、中国的外资利用与日本的对华投资

日本除了对华贸易，其民间企业的对华投资（FDI）及政府的开发援助（ODA）对中国经济也贡献巨大（张季风 2019）。众所周知，民间企业的直接投资，不仅可以为接受国提供免费的资金，而且这些资金伴随该企业的先进技术、管理方法、营

---

① 竞争力系数的范围为－100 ~ 100，数值越小表示该产业竞争力越弱，反之则表示越强，越接近 0 则表示竞争力相当。

从投资、贸易、人员往来看中日相互依存的历程和趋势

销战略等同时到位，具有商业贷款无法比拟的综合效应。政府开发援助的主体虽为两国政府间的贷款，但它不带有明显的营利性质，具有规模大、期限长、利息低等特征，是发展中国家乐于接受的援助方式。另外，在日本的政府开发援助中，还有占比不高但口碑较佳的技术合作和以民生为主的无偿援助，例如，在贫困地区的投资办学、建医院、挖水井都是深受当地居民欢迎的利民工程。

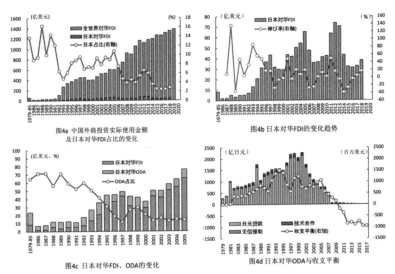

图4a 中国外商投资实际使用金额及日本对华FDI占比的变化

图4b 日本对华FDI的变化趋势

图4c 日本对华FDI、ODA的变化

图4d 日本对华ODA与收支平衡

资料来源：全世界及日本的对华 FDI 来自中国商务部《中国对外经济贸易年鉴》，日本的对华 ODA（日元贷款、技术合作、无偿援助）数据来自日本外务省和 JICA（国际协力机构）。

图 4a 反映了 1979 年以来日本对华投资的长期变化趋势，据此可以得到以下几点基本认识。第一，日本企业对华直接投资的相对重要性随时间推移而逐渐下降。中共十一届三中全会以后，中国实行对外开放政策，积极利用外资。但在起初 10 多年中，境外企业的对华投资主要集中在深圳等特区，规模较小，1979 年至 1985 年的合计才 60.6 亿美元。在直到 1991 年的数年中，外资利用从每年 20 亿美元逐渐上升到 40 多亿美元。值得注意的是，日本的占比始终较高，整个期间高达 12.5%。1992 年南方谈话之后，中国加大了对外开放的力度，西方发达国家各类企业看好中国，纷纷进入中国市场。2001 年中国加入世贸组织，进一步诱发了外企对华投资的力度。尽管 1997 年亚洲爆发金融危机，2008 年美国发生次贷危机，世界经济

陷入萧条，但对华 FDI 总体上保持了增加趋势。投资总额从 1993 年的 275 亿美元逐渐增加到 2019 年的 1381 亿美元，26 年中扩大了 5 倍，年均增长率达 6.4%。同期，日本的对华 FDI 保持了较大的规模，但每年的投资额相对较小、波动较大，以致占比急速下降。据推算，日本对华 FDI 占比 1992—2006 年为 8.3%、2007—2018 年为 4.0%。

第二，日本对华 FDI 因日中关系变化而起伏无常。如图 4b 所示，在过去 40 多年里，日本对华 FDI 有过四次热潮。第一次在 20 世纪 80 年代。由于日元升值，国内产业结构亟待调整，而同期的中国正好实行对外开放，以优惠政策吸引外资，可谓双方一拍即合。第二次在 1992—1997 年。日本企业趁南方谈话后的有利形势，把投资对象从大连等北部地区扩大到珠海三角洲、长江三角洲等沿海地区。投资领域也从传统的劳动集约型轻工业扩大到电器电子、机械等产业。第三次在 2001—2006 年。伴随中国入世、以及居民收入水平的提高，中国已不再是单纯的世界工厂，作为具有巨大潜能的消费市场，其魅力也不断增强。故此，除了各类大中小制造业，批发零售、运输、金融等第三产业也纷纷加入中国市场。第四次在 2011—2013 年。次贷危机以后，中国采取了强有力的景气对策，为世界经济走出困境做了重要贡献，也为包括日本在内的民间企业提供了巨大商机（柴生田 2009；林峰 2011；藤鑑 2014）。

如图 4b 所示，日本对华 FDI 的增长率上下波动，并且有一定的周期性。其实，在数次对华 FDI 的变化背后，都可以看到日中关系的好转或倒退。例如，在 21 世纪初期，小泉纯一郎首相多次参拜靖国神社，引起中方强烈不满，引发了中国各地的大规模反日游行；2010 年钓鱼岛附近的渔船事件、2012 年的购岛国有化闹剧等，对两国的经济关系也产生的重大影响。

第三，日本的政府开发援助(ODA)对改革开放初期的中国经济做出了不可磨灭的贡献。1979 年 12 月，大平正芳首相访华时指出：一个更加富裕的中国必将更加有益于全世界，日本明确提出协助中国实现现代化的方针，正是基于国际社会对中国的高度期待。在随后的近 30 年中，日本政府以日元贷款、技术合作和无偿援助等方式，对中国进行了大规模的开发援助。其中，新规日元贷款项目到 2007 年全部结束，技术合作和无偿援助于 2017 年走向尾声。整个期间 ODA 总额达 36568.5 亿日元，贷款、技术合作和无偿援助分别占 90.7%、5.1%、4.2%。在整个 80 年代，直到 90 年代初期为止，日本对华 ODA 的金额甚至大大多于民间企业的直接投资

从投资、贸易、人员往来看中日相互依存的历程和趋势

FDI（图 4c）。南方谈话之后，在对华 FDI 迅速增加的同时，对华 ODA 依然保持了较高的水平。对华 ODA 与中国经济的体量相比，也许非常微小，但在资金短缺，特别是外汇严重不足的那个年代，日元贷款为中国引进先进设备，加强铁路、公路、港湾、机场、地铁等基础设施建设，发挥了主导作用，也得到了中方的高度评价(长谷川等 2008；王坤 2015)。

在技术合作领域，日方通过派遣专家去中国现地指导，或接受中国全国各地各方面的科技、行政人员来日培训，为中国改革开放培养了一大批专业人才。据日本国际协力机构统计，在 1978—2011 年的 34 年中，日本接受了中国 2 万多人次的培训，其中来自中央政府的占 17%、中央直属机构的占 13%、地方政府的占 44%、其他占 26%。培训的专业包括一般行政、工商贸易、农林水产、人力资源、医疗保险、社会保障等领域，培训种类既有几个星期的短期项目，也有半年甚至一年的中长期项目，所有费用由日本政府负担。接受培训的大多为 30～40 岁的中青年干部或科技人员，可谓社会方方面面的中坚力量（国际协力机构 2013）。

第四，对华 ODA 不仅促进了中国的经济发展，也为日本自身带来了较大的经济利益。对华 ODA 的 90% 为两国政府间的贷款，而贷款到期是要归还的，并且连本带息。据日本政府统计，日中两国政府间的资金往来，截至 2009 年为出超，即流向中国的资金多于从中国的回流资金。但是从 2010 年开始，日本政府的对华 ODA 呈现了入超，即回流资金多于流出，并且纯流入的规模还在迅速扩大（图 4d）。可以预想，在今后的数十年中，大规模的资金入超将持续存在。在市场利息超低的当今社会，应该说对华 ODA 是一个收益不菲的长期投资。它既帮助了中国，也丰润了日本，是一个双赢的举措。

四、中日间的人员往来与相互理解

改革开放以来，中日两国间的人员往来也发生了巨大变化。如图 5 所示，在 1978 年至 2007 年的 29 年间，除了 80 年代末和非典型肺炎流行的 2003 年，访华日本人呈直线上升趋势，同期访华人数从 2.8 万人次猛增至 397.7 万人次，增加了 140 多倍，年均增长率高达 18.7%。随后的访华人数呈减少趋势，2018 年仅有 269 万人次，比 2007 年少 130 万人，年均减少率 3.5%。

80 年代以来，伴随对华贸易和投资的不断扩大，从事商务的访华人员相应增

加；因日元大幅升值，海外旅行十分火爆，其中部分游客前往了中国；以语言进修、攻读学位为目的的日本留学生也大批出现（张兵 2021）。在 21 世纪初，小泉首相先后 6 次参拜靖国神社，严重伤害了中国的国民感情。但是在经济交往日益频繁的背景下，包括以观光为目的的访华气氛并没有显著降温。2008 年的世界经济危机给日本带来了一定的打击，2009 年民主党执政后，日中关系因 2010 年的渔船事件、2012 年的购岛国有化而急剧恶化。在中国各大城市发生了大规模反日游行。中国政府也采取了相应的反制措施，对日本禁运稀土等物资、在钓鱼岛周边开展常规化巡逻等。当然，日中经济差距缩小、日元贬值，也是访华人数陷入徘徊局面的重要因素。

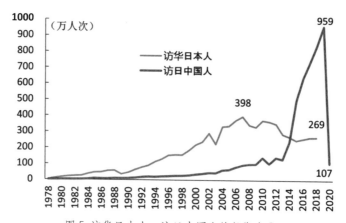

图 5 访华日本人、访日中国人的长期变化

资料来源：日本观光厅（https://www.jnto.go.jp/jpn/statistics/visitor_trends/ index.html）。

　　与访华日本人相比，访日中国人的数量变化却完全是另外一番景象。如图 5 所示，在直到 2013 年的 35 年中，虽然总量扩大了 182 倍（年均 16.0%，即 4 年翻一番），但因 1978 年的起点太低（7220 人），以致到 2013 年才达到 130 万人，为同年访华日本人 288 万的 45.7%。在此前相当长的一个时期里，访日中国人大概为访华日本人的 10%～30%。两国收入差距太大，此间的访日中国人大多因工作需要或留学，以观光为目的的游客极少。

　　2013 年，日本政府推出观光立国新政，对包括中国在内的亚洲各国放宽了入国签证条件，形成了世界性的日本观光热潮。在中国的大中城市，尤其是沿海发达地区，人均收入水平迅速提高，中产以上的富裕阶层茁壮成长。他们追求海外观光

从投资、贸易、人员往来看中日相互依存的历程和趋势

购物,在短短的数年里形成了上亿人次的旅游大军,给各国经济带来了不可忽视的冲击。日本政府也不甘落后,分期分批地对中国的富裕阶层、富裕地区实行了团体旅游、自由行等政策。

中国沿海一带与日本仅有几个小时的飞行距离,访日观光购物的潜在需求十分巨大。一旦日本政府出台新政,这种长久以来被压抑的需求便立即显现。2014 年、2015 年的访日中国人连续翻番,分别达 240 万人、500 万人,2019 年达 1000 万人次。如果不是新冠病毒影响,2020 年东京奥运会将如期举行,访日中国人一定会更上一层楼,达到一个全新的境地,并有可能延续扩大。

上述人员往来的变化,也较大地影响了两国民众的相互理解。图 6a 引自日本政府每年一次的"外交舆论调查",表示了 1978 年至 2020 年日本民众对华心态的变化过程,两条曲线分别是对中国"有亲近感""没有亲近感"的回答者占比。该调查权威性高、跨度大,时常被用来说明日本与主要国家的外交关系。

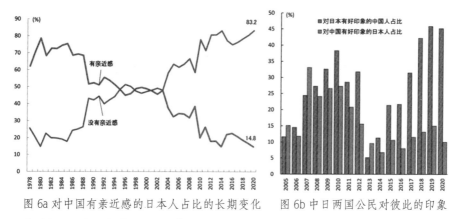

图 6a 对中国有亲近感的日本人占比的长期变化　　图 6b 中日两国公民对彼此的印象

资料来源:内閣府「外交に関する世論調査」(https://survey.gov-online.go.jp/index-gai.html)。
　　言論 NPO「世論調査・有識者調査」(https://www.genron-npo.net/matome/opinionpoll.html)。

日本民众对华心态的整体状况存有三个明显不同的阶段:1978 年至 1988 年为第一阶段,全社会四分之三的民众对华友好;1989 年至 2003 年为第二阶段,民众的对华心态呈分裂局面,有亲近感与无亲近感的占比相近;2004 年至 2020 年为第三阶段,有亲近感的占比急剧上升,而没有亲近感的占比急剧下降,2020 年两者

分别为 83.2%、14.8%。可以说，当下的日本社会充满了对中国的非友好气氛，而两次重大转折的契机分别是 20 世纪 80 年代末和 2003 年在中国各地掀起的反日游行。在第一阶段的 10 年中，尽管中国经济还非常落后，但改革开放大大改变了海外的中国观，日本也不例外。在随后的岁月里，由于后面所述的大事小事，日本民众的对华心态一路走下，近期内还难以找到反弹的材料。访华日本人呈减少趋势，无疑妨碍了广大民众全面认识中国，同时也由于情感因素的影响，致使一般民众失去了对邻邦的兴趣。

相反，伴随访日中国人的迅速增加，中国人的日本观也发生了巨大变化。图 6b 表示了著名非营利组织"言论 NPO"对中日双方民众的问卷调查结果，数字为中日两国民众对彼此的印象。近年来中国人对日本的好感度是持续上升的，对日本有好印象的占比 2013 年仅有 5%，而 2019 年以后高达 45%。日本政府出台观光立国新政后，大批中国人源源不断地来到日本，亲身体验了日本的风土文化人情。普通中国人看到了一个真实的日本：高度发达、文明、和谐、清洁。人们既加深了对日本的理解，也大大提高了对日本的好感度。

五、日本民众对华心态变化的时代背景

1998 年，江泽民主席对日本进行国事访问，在宫内厅举办的国宴上提出历史问题，并在访日期间再三提及此事，引起了日本社会的强烈不满。因为在日方看来，中日就历史问题早已做了处理，日本政府也多次对侵略中国表示了深刻反省，为什么还纠缠不休？事实上，日本社会此时已经对中国产生了潜在的对抗情绪，江主席应日方要求身着中山装出席宫内厅晚宴示好，反被媒体指责为对日强硬的表现。有专家认为，80 年代之后，中国加强了爱国主义教育，在全国各地建设了爱国主义教育基地，其中包括大量的抗日战争题材。在日本看来，少年儿童通过学校接受党史教育，实质上就是体系的反日教育。电视等媒体应势推出的抗日剧，让年轻一代潜移默化地形成了反日厌日情绪，张口便是"小日本""日寇"。日本媒体报道江主席访日的基调与此不无关系。

2001 年就任首相的小泉纯一郎是一个非常典型的保守政治家，在历史认识问题上有意无意地与中国对抗，造成了中日关系高度紧张。小泉首相不顾中方反对，在任 6 年曾 6 次参拜靖国神社。针对小泉首相的一意孤行，中方毫不手软地在国内

从投资、贸易、人员往来看中日相互依存的历程和趋势

外展开批判，民间的反日情绪也日益高涨。加上爱国主义教育及抗日神剧的影响，以年轻人为主的广大民众对两国间大大小小的摩擦十分敏感，时常将反日意识变成反日游行。而日媒对此反复报道，其中不乏添油加醋，造成了中国形象的急剧恶化。

2006 年，以保守著称的安倍晋三就任首相，但他没有继承小泉路线，而是利用公认的鹰派形象，压倒国内舆论，上任后即直奔北京，向中方示好，愿与中方相向而行，并达成了建立"战略互惠关系"的共识（张薇薇 2018；吕耀东 2018）。此举缓解了两国的对立关系，也缓和了两国民众的对立情绪。

2009 年，长期执政的自民党下野，民主党当政，伴之而来的是内政外交的急剧变化。在对华政策方面，从协调转向对立的政治倾向逐渐增强，2010 年在钓鱼岛附近海域发生的渔船事件就是一个具体表现。但是民主党政权对渔船事件的政治处理，给右翼势力提供的谩骂中国的借口，也让很多日本市民衍生了屈辱感。部分国会议员纠结右翼势力企图登岛，以示抗议，而这一举动在社会上也产生了积极的反响。

众所周知，东京都的石原慎太郎知事曾是日本右翼势力的代表性人物之一。长久以来，他在历史问题、对华政策等方面发表了大量的奇谈怪论，是中国政府和华人社会高度关注的人物。石原之流乘机向民间募捐资金，企图从岛屿所有者获得所有权，以便轻易登岛，对华示威。为了避免过度刺激中国，日本政府的一贯做法是加强海上常规巡逻，管控危机发生。当时的野田佳彦首相认为，一旦石原获得钓鱼岛的所有权，势必会大大增加对钓鱼岛管控的难度，所以要抢在石原之前，购岛国有化。2012 年 9 月 12 日，日本政府不顾中方再三反对，一意孤行地实现了购岛国有化。

这一举措诱发了中方新一轮的强烈反制，也造就了日本民众对华心态的根本转变。购岛国有化一经宣布，中国政府即限制向日本出口稀土，民间再次爆发更大规模的反日游行。众多年轻人高举反日有理、抵制日货横幅，曾经帮助中国对外开放的松下电器等日企也受到影响。这些场面经过媒体精心编辑、反复播放，给广大民众造成了难以言表的心理打击。

六、新时代下的中日关系

（一）摇摆不定的对华政策

近 20 年来，随着中日经济地位的替换，日本政府对中国的战略地位和中日关系的应有格局逐渐形成了全新的认识。经济因素在决定双边关系上的作用有所增大。安倍首相曾明确指出，日美是同盟伙伴，中国是永远的邻邦。2018 年，中日和平友好条约缔结 40 周年，中日两国首脑互访，在历史认识等问题上相向而行，有意实现和解。日本政府邀请习近平主席以国宾身份访问日本，并积极营造友好气氛（郁志荣 2020）。在 2019 年、2020 年春节之际，安倍首相特意制作录像向中国人民拜年、在春节之际发表致辞，得到了中方高度赞赏；在香港问题上，日本政府的态度比较慎重，与欧美保持了一定距离。菅义伟官房长官在记者追问下，只回应了一句话"表示关注"。

日中关系之所以如此变化，主要是因为中国经济迅速崛起，中日经济相互依存度进一步加深。图 7a 的两条曲线分别表示中日经济规模的相对变化，及《日本经济新闻》有关中国报道中涉及"中国崛起"的年间篇数。早在 1997 年至 2004 年，中国的 GDP 只有日本的 22%~41%，但日经新闻就多次刊登中国崛起的话题，并随着赶超日本的进程不断加快，相关报道的篇数也快速增加。在中国经济超越日本的 2010 年，日经新闻的相关报道达 53 篇。有趣的是，当中日 GDP 差距扩大到 2 倍以上，中国崛起成了一种新常态之后，相关主题的报道反而趋向减少。

在此背景下，日本的对华政策也出现了相应的变化。2006 年中日两国就建立"战略互惠关系"达成共识，但后来，因为在钓鱼岛问题上争执不休，这一共识不幸搁浅。取而代之的是日本与美国、东南亚等国家携手合作，共同牵制中国。据日经新闻的相关报道，从"战略互惠关系"转向"牵制中国"的转折点恰好是 2010 年（图 7b）。也就是从这一年开始，在日经新闻的相关报道里，时常出现"中国包围网"的字眼，直至今日，有增无减。在小泉纯一郎当政时期，所谓"政冷经热"的说法曾一度流行，很多人认为中日在政治上对立，但在经贸上互相依存，不必介意高层的口水战。可是这种无所谓的日本心态到 21 世纪 10 年代初基本消失，因为政治和经济密不可分，要实现经济上长期稳定的互惠合作，努力改善政治上的感情

从投资、贸易、人员往来看中日相互依存的历程和趋势

对立必然地成为中日两国的重要任务。

2020 年伊始，就在中日双方都在为习主席 4 月访日做准备的关键时刻，新冠肺炎疫情蔓延世界，形成了继西班牙流感以来的百年不遇的疫情大暴发。此间，中国积极利用顶层设计、全国一盘棋的体制优势，在战时思维的引导下，启动战时机制，采取战时行动，速战速决地控制了疫情，并为世界各国提供了大量的抗疫物资。但在西方国家，很多人认为疫情大暴发根源于武汉的应对失误，在心理上难以消除对中国的怨恨。客观地讲，中国的抗疫确实取得了巨大成功，有很多经验教训值得研究学习，但在日本，绝大多数媒体和公众人物对中国经验避而不谈，有意无意地与中国划清界限。日本政府高层在多次谈话中，不仅刻意回避言及中国，还时常拿出所谓的普世价值，要与欧美等西方国家携手合作，战胜疫情。经中日双方多年努力才得以形成的友好气氛，不知不觉地降温、淡漠，进而走向倒行逆施、背向而行。

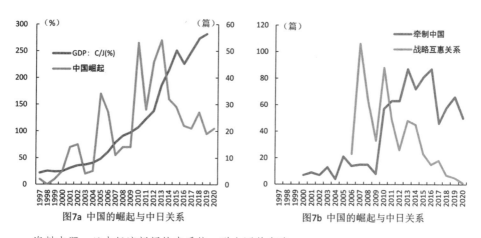

图7a 中国的崛起与中日关系　　　图7b 中国的崛起与中日关系

资料来源：日本经济新闻检索系统，联合国数字库。

2020 年中秋，安倍政权的大管家菅义伟官房长官就任首相，继承了安倍首相的外交政策。在对华关系上，一方面重申"中国是两国关系中最为重要的国家之一"，同时又反复强调"日美同盟是日本外交的基础"，前者基于经济方面的对华依存，而后者则出于国家安全的对美依赖。在中美关系相对平稳时期，这种外交战略不无合理因素，但是一旦中美关系紧张，日本将陷入脚踏两只船、两边不讨好的危险境界。在关键时刻，日本不得不做出选择，而这一选择必然带有较大的冒险色彩。

2020 年美国大选之后，民主党重返白宫，拜登一上任就着手恢复美国在国际事务中的主导地位。除了迅速返回巴黎协定、世界卫生组织等，拜登政府还高谈阔论人权外交，对包括中国在内的各国人权状况说三道四、指手画脚。在对华政策方面，拜登不仅继承了特朗普的各种制裁方针，还纠结日本、澳大利亚、印度等国家，在中国香港、新疆、台湾、南海等问题上大做文章，进一步加深了与中国的对立，而日本在很大程度上不由自主地被卷入了中美间的大国博弈。

（二）日本的对台理解

在台湾问题上，日本似乎一直存有幻想，认为与中国台湾地区心心相连。无论在官方还是民间，日本与台湾方面互相讨好，每每遇到地震、台风等自然灾害，领导人即通过社交媒体发表言论，并刻意用对方能看懂的语言来笼络人心。在心灵深处，日本常常有意无意地通过言行来强调与中国台湾的特殊关系。1895 年 4 月 17日，日本与清朝签署马关条约，甲午战争以日本胜利告终，中国台湾从此沦为日本殖民地，直到 1945 年日本投降。故此，在部分保守政治家中，"4.17"这一天被赋予了特殊的含义。比如，1996 年 4 月 17 日，日本（桥本龙太郎首相）与美国签署"日美安全保障共同宣言"，首次将中国台湾列为"周边地域"，并规定在该地域一旦发生"有事"，即可采用日美安保体制予以对应；2012 年，日本政府执意购岛国有化，导致了中日关系严重恶化，而其发端乃右翼政治家石原慎太郎（东京都知事）同年 4 月 17 日在访问纽约时发表的购岛计划；菅义伟首相 2021 年 4 月访问华盛顿，与拜登总统一唱一和地提出了台湾问题的重要性，并积极配合美国介入台湾事务，两国领导人发布共同声明的时间也是 4 月 17 日；就在同一天，防卫大臣岸信夫特意赶到位于冲绳县最西南的与那国岛，视察驻军基地，遥望百千米之外的中国台湾地区，发表所感。有分析人士指出，这么多与"4.17"相关的政府行为绝非偶然，而是精心算计的政治表演，其中隐含了日本在台湾问题上的一贯立场。

针对美国联合盟友、企图群殴中国的霸道行为，中国做出的反应是强烈的。当美国政府以各种名义派遣官方或民间组织访台、介入台湾事务，中国空军即多次实施穿越岛链、绕岛巡航，表示了捍卫领土主权的决心；当日本受美国指使，在钓鱼岛问题上做文章时，中国海警即强化在钓鱼岛周边巡航，警告日本不要小题大做；在南海问题上，不管美日澳印如何叫嚣"自由开放的印度太平洋战略"，也不管美国如何纠结英法等西方国家的航母在亚太地区秀肌肉，中国照常在该地区举行军事

从投资、贸易、人员往来看中日相互依存的历程和趋势

演习，甚至联合俄国在日本周围航行，毫不示弱。

2021 年的七国集团峰会 6 月在英国召开，拜登总统一反前任总统的做法，重视该峰会的作用，并指望通过此次峰会恢复美国在国际事务中的主导地位。本次峰会的重要议题之一，就是拜登总统提出的如何围剿中国，以实现所谓民主主义战胜专制主义的长远目标。但同时美国又明确表示，各国在如何与中国打交道方面，可以有一定的选择空间。

（三）日美对华政策的异同

其实，日本与美国在对华政策上存有较大的温度差。出于国家安全需要，日本不得不依靠日美同盟，在中国台湾、南海等问题上紧跟美国，但鉴于经济上的对华依存，对华政策往往不得不留有余地。日本还时常利用其特殊地位，在中美之间添加润滑剂，缓解矛盾进一步激化。菅义伟首相 2021 年 4 月初访美，在首脑会谈后的共同声明中，既迎合了美国的"强调台海和平稳定的重要性"，又附加了顾及中国的"敦促两岸问题和平解决"。

早在 30 多年前的政治风波之后，欧美等西方国家停止与中国高层往来，在投资、贸易等领域制裁中国，唯有日本政府采取了比较现实的对华政策，并在欧美与中国之间牵线搭桥，缓解中西方对立的进一步激化。事件后的 7 月，恰逢七国首脑峰会在法国召开，东道主为配合"法国革命 200 周年"纪念活动，把人权问题定为峰会主题，意在牵制中国，对中国形成包围网。但当时的日本政府出于以下理由，在会议准备阶段就明确提出了不可全面孤立中国的基本方针，并最终在共同声明中得到体现。当时的日本领导人认为，日本的作用就是让中国从孤立中回归国际社会，因为中国是一个重视面子的国家，处理不当只会适得其反。日本政府还强调，不能让改革开放的中国陷入孤立，明确反对七国集团共同制裁中国。1990 年 11 月，日本政府率先解除了对华经济制裁，重新启动第三期日元贷款。与此同时，中日双方还通过各种渠道，摸索天皇访华的可能性。1991 年 6 月，中方正式邀请日本天皇访华，1992 年 10 月，天皇访华顺利实现。至此，在日本政府的积极配合下，中国成功地打破了西方的封锁，为加快改革开放奠定了基础。

日本政府之所以采取了与欧美国家不同的方针，在较大程度上应合的财界的要求。中国政府曾经高度重视日本财界对本国政府的影响，对来访的财界领袖高规格接待，而日本财界对人口众多的中国市场也高度期待。他们认为，支持中国改革开

放符合西方国家的长远利益。当时，日本各界领导层的不少人有过战争体验，部分人员还有中国的经历，他们对日本的侵华战争抱有赎罪意识，而这种潜意识或多或少地影响了他们的对华姿态(冈田实 2007)。

　　2021 年 9 月，岸田文雄就任第 100 任日本首相，并任命林芳正为外务大臣。这两位政治家均生长在政治世家，分别毕业于早稻田大学、东京大学，可谓典型的精英政治家。他们同属于以稳健鸽派著称的"宏池会"，在对华政策上较为慎重。林外务大臣长期以来担任日中友好议员联盟会长，与中国朝野均有广泛的人脉。曾经为中日关系发展做出重大贡献的大平正芳也担任过宏池会的领袖，以宏池会为背景的岸田政权必然权衡各方意见，稳妥处理极为复杂的国际环境下的日中关系。2022 年伊始，岸田首相约见驻华大使垂秀夫，直接了解中国的现状以及欧美的对华政策。岸田首相、林外务大臣多次表明，在处理日中关系时要以国家利益为根本，坚持"对中国要有话直说，期求中国采取负责任行为"的一贯方针，以构筑"建设性的、稳定的日中关系"。

　　改革开放 40 多年来，中日关系好坏相间，起伏不平，变化无常。引起两国关系发生变化的基本要素有三个，第一是对历史问题的基本认识，以及与此紧密关联的台湾问题、钓鱼岛问题，第二是超越中日关系的中美关系，第三是两国经济实力的剧烈变化对两国民众心态的影响。中日是永远的邻国，和则互利，斗则俱伤，这个道理毋庸置疑。但要实现中日两国长期友好，也绝非易事。重温"中日和平友好条约"精神，只要坚守"永不再战"底线，万事皆可争论不休。

参考文献：

[1]姜跃春：《世界经济新变局与中日合作新空间》，《日本问题研究》，2019 年第 1 期。

[2]吕耀东：《日本对华政策调整及中日关系走向》，《当代世界》，2018 年第 4 期。

[3]郁志荣：《中日关系发展阶段性变化特征分析》，《公共外交季刊》，2020 年第 3 期。

[4]张季风：《全球变局下的中日经济关系新趋势》，《东北亚论坛》，2019 第 4 期。

[5]张薇薇：《深化中日经济合作，助推"战略互惠关系"》，《和平与发展》，2018

从投资、贸易、人员往来看中日相互依存的历程和趋势

年第 3 期。

[6]王坤(2015)『中国側から見た日本の対中経済協力』広島大学博士論文。

[7]岡田実(2007)「日中『戦後和解』プロセスと経済協力『1979 年体制』を巡る一考察」『アジア研究』第 53 巻第 2 号。

[8]国際協力機構(2013)『研修員受入事業の振り返り——対中国協力 開始から現在まで 1978-2011』国際協力機構。

[9]柴生田敦夫(2009)「日本企業の対中投資」RIETI Policy Discussion Paper Series 09-P-004。

[10]張兵(2021)「隣国国民の相互理解を深める道について」熊達雲編『アジア共同体の構築』日本僑報社。

[11]滕鑑(2014)「近年における日本の対中直接投資——影響要因,「脱中国」の虚実などについて」『岡山大学経済学会雑誌』第 46 巻第 1 号。

[12]長谷川純一・Eric D. Ramstetter・戴二彪(2008)「対中円借款と中国の開発政策——日本の政策、中国の政策」国際東アジア研究センターWorking Paper Series Vol.2008-10。

[13]林峰(2011)「日本企業の対中投資に関する一考察」『東アジア評論』第 3 号。

（作者：严善平，日本同志社大学教授）

日本农业灾害及防灾减灾对策研究*

穆月英　张哲晰　孟　婷

内容摘要　自然灾害风险对农业发展的影响不容忽视。中国和日本在农业生产经营格局上具有相似性，日本农业防灾减灾体系具有借鉴意义。本文在对日本农业生产和经营特征进行分析的基础上，对日本农业自然灾害发生以及多层面的农业防灾减灾体系进行了分析，主要研究结论是，日本农业生产和经营发生新的变化，农业的防灾减灾对策也进行相应的调整；日本农业各产业自然灾害及风险频繁发生；从技术设施、财政金融、紧急救援、大灾抵御、农户层面、保险保障等多层面建立起农业防灾减灾体系。

关键词　日本农业防灾减灾　农业灾害　农业自然风险

---

　　*本文系国家社科基金重大项目"我国粮食生产的水资源时空匹配及优化路径研究"(18ZDA074)的阶段性成果。

日本农业灾害及防灾减灾对策研究

Research on Agricultural Natural disasters and Associated Strategy System for Hazard Prevention and Mitigation in Japan

Mu Yueying   Zhang zhexi   Meng Ting

Abstract: The threats of natural disasters on the agricultural development cannot be ignored. Given similar agricultural production and management patterns between China and Japan, the Japanese system of prevention and mitigation against agricultural natural disasters can be used as a reference for China. Based on the analysis of agricultural production and management in Japan, this study investigates the agricultural natural disasters and associated multi-dimensional strategy system for hazard prevention and mitigation in Japan. Main conclusions include: first, with new changes in agricultural production and management in Japan, its disaster prevention and mitigation measures were also adjusted accordingly; second, natural disasters occurred frequently in various agricultural subsectors in Japan; third, agricultural disaster prevention and mitigation system of Japan has been built from multiple aspects including technical facilities, finance, emergency rescue, disaster resistance, farmers security, and insurance protection.

Keywords: Agricultural disaster prevention and mitigation in Japan; Agricultural disasters; Natural agricultural risks

日本是自然灾害频繁发生的国家，农业自然灾害对农业的影响不容忽视。过去10年，日本农林水产相关自然灾害带来的经济损失呈现逐年递增趋势，据日本农林水产省统计，从2010年的933亿日元[①]，增加到2019年的9883亿日元。农业自然灾害防灾减灾一直受到日本各界的关注，日本政府出台了相应的法律和政策来保障防灾减灾。本文主要从日本农业防灾减灾政策出台背景和具体举措出发，对日本农业防灾减灾经验进行介绍，旨在为我国更好应对农业自然灾害提供借鉴参考。

[①] 2021年10月18日的汇率：100日元=5.6元人民币。

一、日本农业生产和经营特征

（一）农业的总体变化和内部结构

日本农业产值最高值是 1984 年，之后不断下降；近几年随着需求拉动又有所回升；农业内部结构特点为，2019 年，稻米占 19.6%，蔬菜占 24.2%，畜牧业占 36.1%（以上不包括水产业和林业）。从耕地面积结构及耕地利用的角度看，日本近年来耕地面积逐年下降，从 2015 年的 449.6 万公顷，下降到 2020 年的 437.2 万公顷，其中稻田面积和其他作物面积均有所下降，并且稻田面积下降幅度较大，导致其他作物面积正在逐渐接近稻田面积。2020 年的稻田面积为 237.9 万公顷，其他作物耕地面积为 199.3 万公顷。因此，日本农业绿色发展以及防灾减灾对策也在根据种植结构变化进行相关调整。

（二）农业主产区逐步形成

东京 40% 以上的蔬菜集中来源于千叶县、茨城县和北海道。从表 1 可以看出，农业产值排前 10 位的县中，除青森为果树排第一之外，其他 9 个县排第一的是畜牧或蔬菜，可见日本农业的地域集中度在提高，而农业自然灾害也往往具有地域连片性，因此灾害一旦发生，会对农业生产区域造成较大影响。

表 1　2019 年日本主要农业主产区的产值和位次　　　　　　单位：亿日元

名称	位次	第一大部门		第二大部门		第三大部门	
北海道	1	畜产	7350	蔬菜	1951	稻米	1254
鹿儿岛	2	畜产	3227	蔬菜	532	工艺作物	299
茨城县	3	蔬菜	1575	畜产	1243	稻米	809
千叶县	4	蔬菜	1305	畜产	1248	稻米	689
宫崎县	5	畜产	2209	蔬菜	661	稻米	172
熊本县	6	蔬菜	1220	畜产	1148	稻米	368
青森县	7	果类	914	畜产	885	蔬菜	642

续表

名称	位次	第一大部门		第二大部门		第三大部门	
爱知县	8	蔬菜	1010	畜产	813	花卉	545
栃木县	9	畜产	1156	蔬菜	784	稻米	671
岩手县	10	畜产	1569	稻米	603	蔬菜	259

数据来源：日本农林水产省：《日本农业白皮书》2021 年 5 月。

（三）农业劳动力和经营规模变化

日本一直是以家庭经营为农业的基本格局，农业的防灾减灾方面政府支持农业采取相应的对策。日本农业经营在不断变化，主要表现出三个特点。一是农业劳动力数在减少，并且农业经营者出现高龄化现象。当前 65 岁以上农户所占比重接近70%，农户中兼业农户占 78.8%，因此日本的农业保险体系也在不断改革。二是农业经营规模在扩大，无论是大规模经营主体还是普通农户，每个经营者的平均种植面积不断增加，但因此一旦受灾，经营者将受到较大影响。三是针对农业经营上的新变化，诸如农业收入保险等政策，正逐步向大规模经营者倾斜。

表 2 农业经营者数量及规模

		1985	1990	2010	2010	2019
以销售为主的农户	农户数（万户）	331	297	234	163	113
	兼业农户比率（%）	——	72.3	78.6	77.9	78.8
农业经营者	农户劳动力数（万人）	346	293	240	205	140
	65 岁以上比重（%）	19.5	26.8	51.2	61.1	69.7
	规模经营主体等（万个）	——	——	15.0	24.6	23.9
农户户均面积	全国（ha）	1.33	1.41	1.60	1.96	2.50
	北海道（ha）	10.11	11.88	15.98	21.48	25.36

数据来源：日本农林水产省：《日本农业白皮书》2020 年。

二、日本农业自然灾害发生情况

（一）农业自然灾害发生情况

农业自然灾害包括台风、暴雨、干旱、雪灾、冷害、冰雹等灾害，表 3 显示了 2019 年日本农业受灾面积、金额、作物和影响地区。这些灾害造成农作物田野浸泡、大风倒伏、落果、茎叶损伤等，其中，冰雹造成果树水果损伤，对蔬菜、水稻、果树、豆类等农作物也产生很大影响；受灾面积达到 11 万公顷，占当年播种面积的 2.7%，受灾总额 226 亿日元；主要受灾地区从九州地区的福冈、长崎、宫崎和佐贺，到关东地区的千叶、茨城等主产区。

表 3　2019 年主要灾害及农业受灾统计

灾害	发生时间	受灾面积（万 Ha）	预估受灾损失金额（亿日元）	受灾农作物	主要受灾地域
8 月暴雨	8 月 26—29 日	1.440	18	蔬菜、豆类、其他作物	福冈县、佐贺县
台风第 15 号	9 月 7—10 日	2.160	67	蔬菜、果树、水陆稻	千叶县、茨城县
台风第 17 号	9 月 21—23 日	4.280	29	水陆稻、果树、豆类	佐贺县、福冈县、长崎县
台风第 19 号等	10 月 12—26 日	2.920	95	蔬菜、果树、水陆稻	栃木县、福岛县、宫城县等

资料来源：日本农林水产省：https://www.maff.go.jp/j/tokei/sihyo/data/10.html。

日本农林水产省：https://www.maff.go.jp/j/tokei/kouhyou/sakumotu/menseki/index.html。

（二）农业大灾灾害发生情况

1962 年开始，日本施行大灾相关法律，其中将大灾灾害分为两种：一种是台风、地震等受灾贯穿面大的大范围大灾灾害；另一种是局部暴雨等以市町村为单元认定的局部大灾灾害。总体上，由内阁府对大灾进行认定和补偿，而针对农业大灾灾害，日本农林水产省大臣官房也会实时发布受灾情况。

表4　2018年局部大灾灾害及适用条款

	局部大灾灾害			《大灾灾害法》适用条款			
灾害名	都道府县名	郡　名	市町村名	三、四条	五条	六条	二十四条
2018年8月20日至9月5日之间的暴风雨及暴雨灾害（台风第19、20、21号等）	新潟县	岩船郡	粟岛浦村	○			○
	鹿儿岛县	鹿儿岛郡	十岛村	○			○
	长野县	下伊那郡	大鹿村	○	○		○
	和歌山县	东牟娄郡	古座川町	○	○		○
	山形县	最上郡	鲑鱼川村		○		○
	石川县		七尾市		○		○
	石川县	羽咋郡	宝达志水町		○		○
	石川县	鹿岛郡	中能登町		○		○
	长野县	下伊那郡	根羽村		○		○
	长野县	下伊那郡	下条村		○		○
	长野县	下伊那郡	卖木村		○		○
	长野县	下伊那郡	泰阜村		○		○
	爱知县	北设乐郡	丰根村		○		○

资料来源：日本农林水产省：https://www.maff.go.jp/j/nousin/bousai/bousai_saigai/b_hukkyuu/。

（三）畜牧业经营风险和受灾情况

上述农业自然灾害和大灾灾害，对畜牧业也会造成灾害。针对自然灾害和大灾灾害，也有对应的防灾减灾措施。此外，畜牧业动物病害造成的经营风险也不容忽视。2009—2021年，在几种主要动物病害中，疯牛病发生的养殖场数最多，每年都在200个以上；病害发生数排在第二位的为高致病性禽流感，发生数量最多的年份为2020年，数量为33个养殖场；口蹄疫在2010年曾经大范围爆发，波及292个养殖场。针对动物养殖病害所产生的风险，日本主要的控制手段是农业（共济）保险中的家畜（共济）保险。

三、日本农业自然灾害防灾减灾对策

表 5 汇总了日本六大类型农业自然灾害防灾减灾对策，其中有的是政府财政支持，有的是金融贷款支持，有的是政府对农户的指导，有的是农业普及和技术指导。不同类型的对策，实施防灾减灾的具体手段、实施主体和实施时间也不同。

表 5　日本农业自然灾害防灾减灾对策

防灾减灾类型	设施和技术防灾减灾对策	农业灾害金融和资金制度	农业灾害恢复和紧急救援制度	农业大灾—灾害制度	农户的防灾减灾（农业版BCP）	农业自然灾害补偿制度
对策名称	1. 设施（园艺）技术对策 2. 农作物技术对策 3. 农业技术指导	1. 农业灾害关联资金支持 2. 农业经营改善资金支持 3. 受灾成灾时的税收减免申报	1. 设施等灾害恢复作业 2. 畜产经营灾后紧急支援事业 3. 农业灾害紧急救援	1. 局部灾害大灾制度 2. 大范围灾害大灾制度	1. 日常风险对策 2. 灾害来临前对策 3. 灾后和持续发展对策	1. 农业共济保险 2. 林业共济保险 3. 渔业共济保险 4. 农业收入保险
具体措施	1. 防风防雨防雪设施：完善新建标准及灾后加固 2. 防风干旱高温：作物、作业人员 3. 针对不同灾害进行技术指导	1. 农业安全保障资金和农林牧渔设施资金 2. 农业现代化资金和日本政策性金融公库资金 3. 受灾成灾时的税收减免	1. 农田农业设施等灾害恢复作业 2. 山林设施灾害恢复作业 3. 渔业灾害对策 4. 农林水产共同利用灾害恢复作业 5. 畜产经营灾害紧急支援事业实施纲领 6. 农业灾害紧急救援队	1. 财政补贴对象为地方公共团体 2. 针对受灾地区实施一系列特大灾害认定 3. 灾后恢复重建等财政补助，灾害贷款利息返还财政补助等	1. 指导农户日常做成风险应对核实清单 2. 指导农户做成风险控制清单 3. 在基础设施和经营生产资料等方面事先采取相应的对策	1. 弥补自然灾害对农业造成的损失 2. 政府对农业保险实施政策支持
实施手段	技术指导设施设计	融资支持税收减免	救援作业	财政补贴	农户指导信息提供	保费补贴行政事业费补贴
实施主体	各级政府机构生产者	日本农业政策金融公库、农协	生产者、各级政府相关机构	公共团体政府	生产者	农业共济组合农畜产业振兴机构
实施时间	平时预防灾后恢复	平时基础建设、平时经营主体培育灾后恢复	灾后恢复	灾后恢复	平时预防灾前应对灾后恢复	灾后理赔

日本农业灾害及防灾减灾对策研究

（一）农业设施和农业技术防灾减灾对策

日本园艺设施和农业技术防灾减灾对策包括三类。一是设施（园艺、畜牧）技术对策，具体措施为防风防雨防雪设施，包括新建标准、灾后加固等。二是农作物相关技术对策，具体措施为防风干旱高温，包括作物甚至作业人员等的对策。三是农业技术指导，具体措施为针对不同灾害应对进行针对性指导。此类防灾减灾对策实施主体以农业生产者为主，政府机构和相关团体进行技术指导，以及园艺和畜牧设施上的具体指导。在平时的灾害预防和灾后恢复上，设施和技术防灾减灾对策均发挥了重要作用。

（二）农业灾害金融和资金制度

日本农业灾害金融和资金制度包括三方面内容。一是农业灾害关联资金，即农业安全保障资金和农林牧渔设施资金。二是农业经营改善资金，即农业现代化资金和日本政策性金融公库资金，具体包括农业经营基础强化资金、经营主体培育强化资金、年轻人或新农人从事农业的支持资金。三是受灾成灾时的税收申报和减免。此类对策的最大特点是通过融资手段和税收减免，在农业防灾减灾上发挥作用。此外，该类对策特别重视农业现代化建设，也通过日常资金支持增强农业抵御自然灾害的能力。

（三）农业灾害恢复和紧急救援制度

日本农业灾害恢复和紧急救援制度主要有六项，分别是：农田农业设施等灾害恢复作业、山林设施灾害恢复作业、渔业的灾害对策、农林水产共同利用灾害恢复作业、畜产经营灾害综合对策紧急支援事业实施纲领（针对台风等自然灾害）和农业灾害紧急救援队。此类对策的实施主体是紧急救援机构，主要通过在农业田设施方面实施救援，促进灾后能够顺利恢复农业生产。

（四）农业大灾—灾害制度

大灾制度，是当大灾发生时，为了缓解地方财政压力，针对受灾地区实施的一系列特大灾害认定、灾后恢复重建等财政补助制度。补贴对象为地方公共团体，补贴资金用于灾后恢复和重建等事业。农业大灾受灾后的认定对于灾后应对至关重要。图 1 显示了大灾—灾害认定的基本流程，包括灾害发生后市町村和县一级的受灾调查，大灾认定标准，大灾类型划分，受灾地区清单制定，以及大灾补偿等。

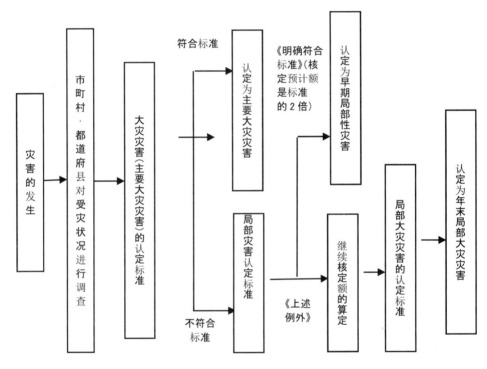

图 1　大灾灾害认定的基本流程

资料来源：日本农林水产省网站。

结合前述表 4 所示不同受灾地区大灾灾害对应《大灾灾害法》的不同条款。第三、四条为公共土木工程（灌溉、排水、农田、蓄水池等）灾后恢复事业的财政补贴；第五条为农地等的灾后恢复事业财政补贴；第六条为农林水产产业共同利用设施灾后恢复作业特别财政补贴；第十一条第二款为森林灾后恢复补贴；第二十四条为小灾害贷款利息返还财政补助。

（五）农户的防灾减灾（农业版BCP）

农户家庭经营仍然是日本农业经营的基本单元。因此，政府制定了针对农户防灾减灾的农业版BCP（主业继续计划），即农业自然灾害风险确认清单。在遭受自然灾害、病虫害、大事故的情况下，防灾减灾以及核心事业持续发展的计划。此类对策防灾减灾措施包括灾害预防、灾害来临前的对策、灾后的对策以及保证核心产业的持续发展。此类对策实施主体以农户为主，但是政府在防灾减灾指导、信息提供、特别是灾害对策上给予支持。具体举措和流程如下：

1. 日常风险对应

指导农户制定日常"风险应对核实清单"，包括风险把握和预防两大部分，从防灾减灾视角列出应对自然灾害风险所需要的具体对应事项。如种植业农药和化肥的储备、设施的点检和加固，果树的树体强化，畜牧业应对停电的发电机的准备等。此外，鼓励农户下载农林水产省面向农业生产者的智能App（MAFFApp）以及时获取灾害应对相关信息。

2. 灾害来临前的对应

指导农户制定"风险控制清单"——灾害来临前对策，比如台风来临前将稻田野外放置的机械设备搬入室内或高台，提前将塑料大棚塑料取下以免被台风损坏，果树尽量提前摘下果子，将动物和饲料安置于安全场所等。

3. 灾后对应和持续发展

为了在受灾后能够维持和继续发展核心事业，在基础设施和经营生产资料等方面需要事先采取相应的对策。针对不同的受灾情况，除了采取应急对应措施外，加入农业收入保险也是非常重要的补充举措。

（六）农业自然灾害补偿制度：农业保险

农业自然灾害往往具有涉及范围广、影响程度大的特点，农业保险的发展非常必要。而保险机制在于利用多数主体的支持弥补少数经营主体的损失，但对于农业保险而言，在暴雨、冰雹等自然灾害作用下，往往有大量的农业生产者需要补偿，商业性保险难度极大。因此，世界上许多国家往往实施政策性农业保险。

1. 日本农业（共济）保险体系

表 6 显示了日本农业保险体系，除 2019 年开始实施的日本农业收入保险外，其他均属于农业（共济）保险。长期以来，日本农业（共济）保险对应的是《农业自然灾害补偿法》（1947 年），2017 年开始更名为《农业保险法》，在原有农业（共济）保险的基础上，纳入农业收入保险。不同保险类型对应的保险标的产品以及承保机构也不同，如种植业和畜牧业自然风险由农业（共济）组合承保。

表 6　日本农业保险体系和风险管理

	保险名称	保险标的产品	承保机构	对应风险
日本农业保险体系	农业（共济）保险	种植业和畜牧业	农业（共济）组合	自然风险
	农业收入保险	不区分产品，按照主体	市町村政府专门窗口	自然风险市场风险
	森林（共济）保险	林业	林业（共济）组合	自然风险
	渔业（共济）保险	水产业	渔业（共济）组合	自然风险

2. 日本农业（共济）保险的具体做法

以农业（共济）保险为例，属于以农户互助为基础的（共济）保险制度。长期以来的农业（共济）保险的组织架构，其流程为农户先加入农业共济组合，成为组合员，然后参与到三级保险管理过程中：市町村农业共济组合（简称共济组合），县一级农业共济组合联合会（简称联合会），中央一级再保险特别账户（简称政府），是多级分散、政府兜底的保险体系。具体看，由下而上：农户向共济组合缴纳（共济）保费，得到（共济）保险金；共济组合向联合会交保费；共济联合会向政府再保险投保。由上而下：联合会向共济组合支付保险金，并且由政府（农林水产省）为联合会提供保费补贴，此外，政府为提高农户参保率，降低保险成本，通过财政对共济组合支付行政事业费、对农户直接支付保费补贴。随着日本农村地区老龄化和过疏化，共济组合之间，共济组合和共济组合联合会之间在合并。当前，基本上保持"1 县 1 组合"，即一个县只有一个县农业共济组合联合会，农业（共济）保险制度体系由原来的三个层级变为两个层级。

农业（共济）保险覆盖种植业和养殖业领域，具体按品种区分可分为五种，如表 7 所示。在农作物（共济）保险、果树（共济）保险及旱地作物（共济）保险制度下，当发生灾害时，如果与正常年景相比，农户减产达到一定幅度，就可以获得保险理赔，赔偿额根据减产的幅度确定，农户在签约时可以选择赔偿的比例。赔偿金额是减产总量与签约时的单价相乘。

表 7　农业（共济）保险的对象品种

（共济）保险名称	具体品种
农作物（共济）保险	水稻、陆稻、小麦
家畜（共济）保险	牛、猪、马
果树（共济）保险	橘子、苹果、梨、葡萄、梅、桃、柿子、猕猴桃、李子、栗子、琵琶果、制定水果罐头等
旱地作物（共济）保险	甜菜、大豆、马铃薯、洋葱、甘蔗、小豆、荞麦、南瓜、甜玉米、茶叶、蚕茧等
园艺设施（共济）保险	特定园艺设施（塑料大棚等）等设施，不包括生产

资料来源：日本农业共济 https://nosai.or.jp/。

不同的理赔方式具有不同的理赔标准、赔偿单价以及定损方法，其中有一种全抵偿理赔方式，以每个农业经营者为单元，考虑所有地块，当所有地块合计的产量达到一定比例时，得到赔偿（所有地块加总）；半抵偿理赔方式，也是以每个农业经营者为单元，但只考虑受灾地块，当所有受灾地块合计的减产量达到一定幅度时，得到赔偿（受灾地块加总）。定损办法也不同，有的定是按照农户销售的资料确定，有的是实地测量定损，有的按照统计数据定损。

从农业保险的发展看，日本农业（共济）保险覆盖范围广泛、运行机制成熟。据统计，2019 年日本农作物按照面积计算的（共济）保险加入率达 90%，畜禽养殖按照饲养头数计算的（共济）保险加入率为 40%。

3. 日本农业收入保险的实施

农业（共济）保险在运行过程中也呈现出一定的局限性：一是农业（共济）保险限定在单一产品，不能覆盖经营主体的全部经营；二是农业（共济）保险以自然灾害引起的产量减少为对象，没有包含价格风险对象；三是日本农业经营主体减少，农业（共济）保险发展的基础减少，对保险业发展产生负面影响；四是农业（共济）保险的目标是保产量，但像果树及其产品，往往具有较高的附加值，相比于产量，品质的降低对收入造成的损害更大，所以果农农业（共济）保险加入率不高。因此，农业收入保险应运而生。

农业收入保险于 2019 年 1 月正式实施，建立了以农业经营者总体为对象的保险保障体系。具体看，进行税收蓝色申报的农业经营主体有资格自愿加入农业收入保险，其将生产的农产品销售收入作为保险对象，遭受风险后，农业经营者收入减少的部分将获得部分补偿。值得注意的是，农业收入保险条款对收入减少的原因也有明确的规定：理赔内容需为涉及因自然灾害带来的产量减少、因供需变动导致的价格降低，以及农业经营者在积极应对后也无法避免的收入减少，放弃耕作或者故意低价销售等产生的损失将得不到补偿。

较之于农业（共济）保险，农业收入保险具有四方面优势：一是针对农业经营者所有农业经营的项目，不再局限于单一产品品种；二是把农产品市场价格下跌带来的收入减少也纳入补偿范围内；三是鼓励农业经营主体引入经营收益较高的新型农作物生产并开发新的流通渠道，激发其积极性；四是注重培育农业经营主体，促进农业产业高度发展、提高农业竞争力。

四、日本农业防灾减灾的启示

日本是农业现代化强国，也是农业灾害大国。近年来，日本农业经营者经营规模呈现扩大趋势，自然灾害受灾对农业经营者的影响也相应增加。经过持续探索，日本不断优化完善农业灾害应对保障体系，采取较为有效的政策措施应对多发频发的农业自然灾害。我国与日本的农业资源禀赋具有较高的相似性，日本农业防灾减灾的经验将为我国有效应对农业自然风险、保障粮食及重要农产品供给、提高农民生产积极性提供一定启示。

一是完善农业自然灾害界定和认定体系。日本制定了系统的灾害界定和认定体系，在有效界定灾害发生及损失的基础上，形成防灾减灾对策。二是建立健全防灾减灾制度保障体系。日本农林水产省专门设立农业灾害组织机构，相关部门通过发布防灾白皮书，实施大灾灾害法、农业保险法等，让农业自然灾害的防灾减灾常态化、制度化。三是制定多元化的防灾减灾对策。日本农业防灾减灾的政策类型包括农业技术防灾，硬件设施防灾，财政和金融防灾减灾等，特别是农业灾害恢复和紧急救援制度，精准投入人力、物力、财力，加速灾后顺利恢复农业生产。四是激发农业经营主体主观能动性。日本政府指导制定以农户等农业经营主体为基本单元的

日本农业灾害及防灾减灾对策研究

从灾害预防、灾前对应、灾后对应到核心产业持续计划的"主业持续计划"。五是丰富优化农业保险政策。日本通过农业（共济）保险和农业收入保险对自然风险和市场风险的管理，其中农业（共济）保险保障水平高，产业和地域覆盖面大、加入率高，不以营利为目的，且较为有效规避了农业保险普遍存在的逆向选择和道德风险问题；农业收入保险则旨在建立以农业经营主体整体为对象的保险保障体系。

参考文献：

[1] 穆月英、赵沛如：《日本农业共济制度及农业收入保险的实施》，《世界农业》，2019 年第 3 期，第 4～11 页。

[2] 穆月英：《农业保险服务"三农"发展研究》，中国金融出版社，2021 年。

[3] 日本农林水产省 https://www.maff.go.jp/j/tokei/sihyo/data/10.html.

[4] 日本农业共济 https://nosai.or.jp/.

（作者：穆月英，中国农业大学经济管理学院教授；张哲晰，农业农村部农村经济研究中心助理研究员；孟婷，中国农业大学经济管理学院副教授）

日本农业协同组合带动小农户衔接现代农业的路径研究*

曹　斌

内容摘要　日本农业协同组合是以农民为主体的非营利性合作经济组织，在法律保护、政府扶持和农民支持下，发挥了引领小农户和现代农业发展有机衔接的重要作用。日本农业协同组合通过提升小农户生产经营素质、加强小农户科技应用能力、面向小农户提供产销服务、社会化服务、金融服务和农村保险服务，克服了小农户经营中存在的能力弱、设施条件简陋等问题。建议从提升农民组织化水平、扩大经营规模、提高综合服务能力、规范发展和健全政策支持体系出发，完善我国农民合作社制度，使其成为带动小农户衔接现代农业的核心力量。

关键词　日本　小农户　现代农业　日本农业协同组合农民合作社

*本文系中国社会科学院智库基础研究"实现小农户与现代农业发展有机衔接的多样化路径与政策体系研究"、中国社会科学院——日本学术振兴会国际合作研究项目"农业经营结构变化对农民合作社治理机制影响的中日对比研究"项目的阶段性成果。

日本农业协同组合带动小农户衔接现代农业的路径研究

A study on the pathways of Japanese agricultural cooperatives to lead smallholder farmers to connect to modern agriculture

Cao Bin

Abstract: The Japan Agricultural Cooperative is a non-profit cooperative economic organization, mainly for farmers, which plays an important role in leading the organic linkage between small farmers and modern agriculture, with legal protection, government support and farmer support. By improving the quality of small farmers in production and operation, strengthening the ability of them in applying the science and technology, and providing production and marketing services, social services, financial services and rural insurance services for small farmers, agricultural cooperative combinations have overcome the problems of low ability and poor facility conditions in the operation of small farmers. It is recommended that the system of farmers' cooperatives in China be improved in terms of enhancing the level of organization of farmers, expanding the scale of operation, improving the comprehensive service capacity, standardizing growth and strengthening the policy support system, so that they can become the core force of modern agriculture in connection to small farmers.

Keywords: Japan; smallholder farmers; modern agriculture; Japanese agricultural cooperatives; farmer cooperatives

以小农户为主的经营结构与我国农业供给侧结构性改革、保障粮食安全、满足消费升级需要不相适应，亟待推进小农户的现代化改造，把小农户经营引导到发展现代农业的轨道上来①。党中央、国务院高度重视小农户发展问题，并做出了一系列顶层设计。2017 年党的十九大报告首次提出推进小农户和现代农业发展有机衔接。2019 年 2 月，中办、国办印发了《关于促进小农户和现代农业发展有机衔接的意见》要求促进传统小农户向现代小农户转变，让小农户共享改革发展成果，实现小农户与现代农业发展有机衔接，加快推进农业农村现代化。2021 年 12 月 25—26 日召开的中央农村工作会议，围绕新发展阶段，贯彻新发展理念，构建新

---

① 石霞、芦千文：《如何理解"实现小农户和现代农业发展有机衔接"》，http://theory.people.com.cn/n1/2018/ 0330/c40531-29897890.html[2022-01-02]。

发展格局，再次要求进一步切实做好推动小农户与现代农业发展的有机衔接，并将这一举措定位为实现乡村振兴，促进农业高质高效、乡村宜居宜业、农民富裕富足战略目标的"关键所在"。目前，如何发挥小农户经营优势，克服小农经济缺陷，帮助小农户走向富裕，引起各级政府和学术界高度关注。

日本是典型的以家庭经营为主体的小农国家，户均农地面积是美国的 1/142，完全不具备与北美国家竞争的实力。然而在资源禀赋极其不利的条件下，日本政府重视农民合作经济组织在农业农村发展中的作用，鼓励支持农民自发组成农业协同组合（简称"农协"）引导其稳步发展，并在农协参与下相继实现了保障粮食安全，农民增收和农业现代化等多项政策目标①。因此，总结日本经验，对于我国推进小农户和现代农业发展有机衔接的具有重要的现实意义。本文基于资料梳理和实地调研结果相结合的方法，在对日本农协发展现状和特征进行仔细梳理的基础之上，阐明了日本农协带动小农户衔接现代农业的相关路径，最后从我国国情出发，对加快完善我国农民合作社（简称"合作社"）制度提出政策建议。

一、日本农业协同组合发展现状与特征

日本农协是根据 1947 年颁布的《农业协同组合法》，由农业生产经营者为主体发起成立，以提升农业生产力水平及农民经济与社会地位，促进国民经济发展为目的的合作经济组织。农协是政府和农民联系的桥梁和纽带，即代表成员农户利益参与日本农业政策制定，也承担着落实、执行和监督政府支农政策的职能，是日本最为重要的农业合作经济组织之一②。

（一）农业协同组合的发展现状

二战之后，日本在联合国军的监督下对农村社会进行民主化改革。1947 年颁布《农业协同组合法》，由农协继原的农业会③资产和组织构架，1948 年成立都道府县农协联合会，1954 年成立全国农协中央会，初步建成了自下而上上下贯通的农协体

---

① 曹斌：《日本农业》，中国农业出版社，2021 年。
② 日本农民合作经济组织种类较多，除农业协同组合之外，还有渔业协同组合、森林组合等组织。
③ 1899 年根据《农会令》成立的农业科技推广团体，二战期间与产业组合合并，成为战时农资管控机构。二战后，改组为农业协同组合中央会，相关组织体系由农业协同组合继承。

日本农业协同组合带动小农户衔接现代农业的路径研究

系。20 世纪 50 年代以来，随着社会经济发展，日本农协不断创新组织体制机制，逐渐成为引领小农户发展的重要载体。据日本农林水产省资料显示[①]，日本农协发展情况如下。

组织化程度高。截至 2019 年日本共有农协 611 个[②]，成员数量 1046.6 万人，约占日本总人口的 8.3%，几乎所有农户都是农协成员。另外，由于日本城镇化发展速度较快，农村社会呈现混居化发展趋势，农协吸纳了大量的农村非农业居民，目前农协之中没有表决权的非正式成员为 628.7 万人，占农协总成员数量的 60.1%，部分地区的农协正逐渐从行业组织蜕变为区域性社团组织，成员数量逐年增加，影响力不断增强。

综合实力雄厚。2019 年日本农协吸收成员存款总额 104.4 万亿日元，是日本第五大金融机构。持有人寿保单 103.2 万亿日元，位居日本第 3 位。另外，日本农协持有各类资产 114.7 万亿日元，各项业务营利 1.7 万亿日元，其中金融业务营利 7337 亿日元，保险业务营利 4428 亿日元，销售业务营利 1478 亿日元。扣除发展资金等必要经费之后，实际盈余 2488 亿日元，较 2018 年增长了 8.3%。

（二）日本农业协同组合的主要特征

1. 法律体制完善，是农业协同组合有效发挥作用的重要保障

日本采取基本法与特殊法相互结合的方式，稳步促进农协发展。《农业协同组合法》是指导农协开展经营活动的基础法，不仅明确了农协的法律地位，而且从不同方面和层次明确了对农协业务的指导和支持，巩固了农协的基本性质和经营范围。同时，针对不同产业领域的特点，日本制定或完善相应的特殊法，例如：《农业协同组合法财务处理基准令》（1950）、《农业协同组合合并支持法实施令》（1961）、《农水产业协同组合储蓄保险法》（1973）等法律法规，这些特殊法即以基础法为基础，保障特定领域政策执行与目标保持一致，同时又与其他部门的特殊法相互关联，保障推进步伐一致，使日本农协发展始终处于法律约束之下，做到有法可依，避免了政治因素和人为因素对农协定位和市场行为的影响，保障了农协制度的相对

---

① 農林水産省大臣官房統計部「令和元事業年度農業協同組合及び同連合会一斉調査結果」(2021-12-15)、https://www.maff.go.jp/j/tokei/kouhyou/noukyo_rengokai。

② 日本农协分为综合农协和专业农协，因综合农协业务内容更为丰富，且影响力更大，本文主要使用综合农协数据展开论述。

稳定。

2. 功能定位清晰，是政府落实农业农村政策的重要抓手

日本《农业协同组合法》明确了农协在促进农业农村发展中政府抓手的定位和作用。在二战之后的济恢复时期，日本政府要求农协执行国家的粮食统购统销政策，有效地保障了粮食供应。20 世纪 70 年代，日本粮食生产过剩，农协协助政府执行限产政策，帮助稳定了市场价格。另外，日本农协还承担了政府 70% 的支农资金及相关政策性贷款的征信、核查、监管和发放任务。在帮助政府推广农业科技、解决农产品销售、推动农村社会经济等发展方面充当了主要平台，是政府实现农业农村发展目标的重要载体。从实践来看，农协的作用得到了很好发挥，较好地解决了基层公务员不足，技术推广难以落地等实际问题，引领千家万户小农户有效应对了千变万化市场竞争。

3. 组织结构合理，能够低成本提供高质量为农服务

从纵向来看，日本农协体系分为中央联合会、都道府县联合会和市町村基层农协三个层级，下级农协组织通过出资成为上级联合会的成员，上级联合会对下级组织进行业务及经营指导，并承担下级做不好做不了的为农服务业务，上下层级关系紧密、运行高效。从横向看，日本在中央和都道府县层面设立了专业性很强的全国经济联合会、信用联合会、共济联合会，厚生联合会等分别开展生产指导与供销业务、信用业务、保险业务和医疗业务等。并且设立了中央会负责平级农协联合会的组织指导和政策协调。另外，允许各级农协组织兴办子公司，使其按照市场机制运营，承担为农服务任务。这种网络状构造，克服了东亚地区农民规模小、居住分散、服务成本高的难题，同时将专业人才聚集到专业的联合会，发挥规模经济，提升了农产品销售、农资购买等领域的竞争力，极大地增加了农民收入。

4. 以农民为主体，代表和维护了小农户的根本利益

日本农协坚持农民的组织这一基本属性，规定只有从事农业生产的农业经营者才能成为具有表决权的正式成员。并且在出资方面，要求出资基本平等，拒绝大规模企业和农场加入，严防组织体系被工商资本或少数规模农户异化。在治理方面，坚持重大决议采取一人一票民主管理。上级联合会的理监事会由下级农协民主选举产生，这就决定了上级要服务于下级，基层要服务于农民，农协能够有效反映农民的诉求，为政府制定农业农村政策提供决策依据。

5. 提供综合服务，满足小农户生产生活多方面需求

日本户均耕地面积只有 1.26 公顷，经营规模能达到社会平均收入水平的农户仅占总农户比重的 0.6%，并且有 88.4%的农户都从事兼业化经营。小农户既是生产者也是消费者，存在小而散的农业生产和生活消费需求。日本农协围绕农业生产的各个环节提供的全方位服务，从农资供应到农作物的售卖，甚至日常生活用品、金融保险、教育培训、文化福利、医疗保健等领域，使得各类业务的范围效应和规模效应显著，在相当程度上弥补了土地规模的不足，对于整个农村的社会进步和全面发展具有重要的意义。

二、日本农业协同组合带动小农户衔接现代农业的路径

（一）提升小农户生产经营素质

提升小农户生产经营素质是农协重要工作之一，虽然不能给农协带来直接经济收入，但作为农协合作经济活动中的基础工作，在整个农协业务活动中占有及其重要的地位。1949 年农协出台《关于农协技术员活动和整顿要领》要求各地农协根据成员需求建立营农指导员制度，专职承担成员培训和农技推广工作。截至 2019 年农协共有营农指导员 13214 人，平均每家综合农协 21.6 人。从不同产业分布来看，蔬菜种植类营农指导员 3733 人（28.3%）、耕种类 3243 人（24.5%）、农户经营指导 1655 人（12.5%）、畜产养殖 1316 人（10.0%）、果树种植 1337 人（10.1%）、农业机械技术指导 134（1.0%）和其他 1796 人（13.6%）。农协基于营农指导员制度提升小农户经营素质的主要措施如下[①]。

提升农协营农指导员素质。日本农协为提升为成员培训质量，建立了"营农指导员"认证制度，激励农协职员掌握农业农村专业知识。日本农协把营农指导员划分为营农咨询员、营农技术员、营农技术专员和营农规划员四个级别，要求相关级别的营农指导员必须具备学识、经验和人品三个条件（表 1）。农协中央会制定了相关考试标准，农协职员结合自身条件，自由报考。获得资格认证后，农协根据相应资格类型派遣营农指导员负责供销、金融部门相关工作，并优先使其获

---

① 曹斌:《日本农业协同组合开展农技推广服务的经验与借鉴》,《中国农民合作社》,2021 年 1 期,第 71～72 页。

得升迁机会。

表 1　日本农业协同组合营农指导员资格考试条件

名称	营农咨询员	营农技术员	营农技术专员	营农规划员
条件	Ⅰ.农业专科大学本科毕业 Ⅱ.高中毕业，且具备一定的农业经营管理经验	Ⅰ.农业专科大学本科毕业，且具备 2 年以上营农指导经验 Ⅱ.高中毕业，且具备 6 年以上营农指导经验	Ⅰ.获得营农咨询员资格 5 年以上 Ⅱ.参加 2 门以上专业培训或者实习	Ⅰ.获得营农技术专员资格 5 年以上 Ⅱ.参加专业研修
	*学识条件：农业经济学知识、种植饲养等专业知识、法律、税务、金融专业知识、经营知识、流通知识等 *技能条件：种植管理实践能力、农业机械操作能力、调研分析能力和农业经营管理能力 *人品条件：责任感、正直、诚实、亲和力和协调能力			

资料来源：西井賢悟「JA 営農指導員のキャリア形成実態と人材育成の課題」、『農林業問題研究』2008 年 6 号、99-104 頁。

　　帮助成员树立自主经营意识。日本农协重视注重通过培训和农技推广等活动提升成员自我经营意识，使成员能够逐渐自己解决生产过程中的问题，而不是代替成员经营。在工作中，营农指导员围绕"生产什么才能致富？怎样生产才能实现预期目标？怎样销售才成获得最大利益？怎样应对突发事件？"4 个问题分步骤的帮助成员梳理经营现状，并启发性地提供必要指导、促使成员从意识上发生改变，进而实现提升经营管理能力的目的。

　　丰富经营活动培训内容。日本农协培训和农技推广活动涉及面广，几乎包含了农业生产经营活动的方方面面，主要有：一是协助农地规划，包括土壤调查、灌溉、排水、培土、区划整理等专业知识。由于这些工作并非农户单独能够完成，作业内容也往往影响到左邻右舍，农协组织相关成员参加能够保障农业用地整体性和合理使用。二是帮助调整土地使用权。帮助成员准确判断自身情况，必要时协助成员将农地流转给农协、规模农户或者农业企业经营或代耕，提升农地使用效率。三是指导开展规模经营。农协按照各地区不同资源禀赋，帮助成员选择适宜的经营方向，并引导成员按照市场机制集约农地，提升经营规模。四是提升农产品质量。提供良种、新农艺相关信息，鼓励成员统一品种、统一施肥、统一标准、提高耕作管理能力，并提供相应的农业社会化服务，降低成员生产经营成本。五是加强农艺技术指导，例如稻作、蔬菜、水果、畜产等部门的专业化技术辅导，提高成员生产技术水

日本农业协同组合带动小农户衔接现代农业的路径研究

平。六是提升经营管理能力。帮助成员建立会计制度，掌握经营成本核算技巧，实现合理避税，降低管理成本。

采取形式多样的培训方式。日本农协采取短期培训、长期教学和成员交流等多种方式综合提升成员经营素质。一是不定期举办各种类型培训活动，邀请专家学者或农技人员在田间教学，解决成员生产中面临的实际问题。二是设立专业学校，接收本辖区内有潜力的中青年成员学习种植技术、管理知识。例如北海道农协1970年全资建立农协学校，学制1年，每年招聘60人，专职培养本地区中青年农协成员。三是推荐成员脱产学习。农协每年推荐有潜力的青年农户，去各地主办的农业大学脱产学习。学费享受优惠，任教老师由各地公立大学或者科研机构专家担任，主要传授会计、经营和实践课程，帮助青年农户提升经营管理能力。四是组织研学活动。农协每年组织成员赴先进地区或国外学习、考察，帮助成员了解国内外大米生产经营模式，开阔视野，并且补助一半旅费降低成员学习成本。五是搭建同行交流平台。农协设立了由种植大户、技术能手为主体的产业分会负责组织成员交流活动。分会采取民主管理，由成员自己推选产生会长、理监事会成员，农协营农指导员负责人协调，并且提供办公场所、办事人员、承担部分日常管理费用。各家分会根据本产业生产情况，不定期举办经验交流会，由种植能手现身说法分享种植经验，和其他成员共同解决种植中面临的问题。截至2019年，日本578个农协设立了15645个产业分会，平均每个农协拥有20.1家产业分会。

（二）加强小农户科技应用能力

在市场经济条件下，商品差别化不断推进及媒介的过度宣传，使得小农户往往难以正确地判明农资真伪和好坏，严重影响了小农户使用新品种新农艺的效率。日本农协建立农资采购部门，在组织采购农资研究和商品性能测试基础之上，把正确的农资信息和使用知识传递给成员，对于成员合理地选择和使用各种农业生产资料，提升现代科技应用能力发挥了重要作用[①]。截至2019年，日本农协统一采购肥料、农药、饲料、农业机械、燃料和车辆等生产资料16269.1亿日元，经过农协联合会等农协系统采购金额10864.3亿日元，占总采购金额的66.8%，其中燃料的农

---

① 章政：《现代日本农协》，中国农业出版社，1998年。

协系统经由率最高，达到 85.6%，而大型工商资本垄断行业的农协系统经由率最低，例如车辆采购只有 40.3%（表 2）。日本加强小农户科技应用能力的措施如下：

表 2　日本农业协同组合统一采购农业生产资料的情况（2019）

单位：亿日元

商品名	采购金额 （A）	经由农协系统采购金额 （B）	经由农协系统采购额比例 （B/A）%
肥料	2371.4	1916.1	80.8
农药	1924.4	1250.8	65.0
饲料	3155.8	1909.4	60.5
农机	2065.2	1352.5	65.5
燃料	2518.4	2156.9	85.6
车辆	472.2	190.2	40.3
其他	3761.6	2088.3	55.5
合计	16269.1	10864.3	66.8

资料来源：農林水産省「令和元年事業年度総合農協統計表」（2022-01-10）、https://www.e-stat.go.jp/stat-search。

提升现代科技供应能力。日本农协不断丰富商品种类，为小农户提供尽可能多的现代农资商品，包括种植业生产所需要的高效肥料、生物农药、良种种子和种苗，畜牧业生产所需要的饲料、家畜（幼畜）、动物医药品，农业劳动必需的各类农业机械和各种农业设备、建筑材料等，各种农用燃料和农产品包装材料等。农协设立农资部门不在于销售，而是根据小农户经营规模和模式，帮助其选择适当的现代农业机械、化肥等生产物资，减少成员不必要的投资，提升小农户技术现代科技应用水平。

自建现代农资供应链。农协为了有效供应现代农资产品不仅在国内外开展合作采购活动，部分农协联合会和基层农协自建加工厂，直接生产适合本地农业生产的肥料、饲料和农业机械等产品。截至 2019 年，日本农协共在国内外设立生产资料加工企业 31 家。部分农协还成立了新品种研发中心，例如长野县农协研发出白色金针菇菌种，限定本地农协成员使用，并研发了配套的工厂化生产工艺，垄断日本市场长达 15 年。

日本农业协同组合带动小农户衔接现代农业的路径研究

降低现代科技产品使用成本。日本农协采取有组织、有计划的农业生产资料的合作采购，将单个小农户零星的购买需求集合起来，扩大购买规模，降低了小农户使用现代农业技术的成本，提高了小农户的市场竞争力。农协每年年初组织各分支机构确认成员未来一年采购农资的意向数量，再由基层农协将征集到的订单汇总之后，或自己直接向厂家订购，或报到县级经济联，再汇总到全农集中采购。全农对全国订单进行整理、分类后，形成全国农协采购计划，并在这一基础上和厂家谈判，降低了成员采购成本[1]。

（三）推进面向小农户产销服务

日本农协把成员分散生产的农产品集中起来，有计划、成批量上市，是提升小农户市场竞争力，争取流通环节利润的经济活动。截至 2019 年，日本农协销售成员农产品 45251.3 亿元，其中经过农协联合社等系统销售的金额为 36712.9 亿日元，占比为 81.1%。从销售的品种来看，新鲜农产品的农协系统经由率较高，例如牛奶、水果和水果分别占到 97.3%、89.5% 和 85.6%，而耐储性较强的农产品农协经由率相对较低，如稻米只有 69.2%（表3）。目前，日本农协面向成员提供的产销服务主要有以下措施。

表3　日本农业协同组合统一销售成员农产品的情况（2019 年）

单位：亿日元、%

商品名	销售金额（A）	农协销售额（B）	占比（B/A）
稻米	8545.4	5917.4	69.2
麦类	634.8	588.0	92.7
杂粮豆类	729.0	539.2	74.0
蔬菜	12601.9	10792.9	85.6
水果	4173.1	3733.4	89.5
花卉	1208.8	946.1	78.8
畜产品	13531.0	12213.6	90.3

---

[1] 全国農業協同組合中央会『JA 教科書購買事業』家の光協会、2008 年。

续表

商品名		销售金额（A）	农协销售额（B）	占比（B/A）
	牛奶	4974.8	4841.2	97.3
	牛肉	5772.7	4933.8	85.5
	生猪	1001.4	912.6	91.1
	肉鸡	41.0	7.9	19.2
	鸡蛋	172.5	113.4	65.8
其他		383.5	1981.9	51.7
茶叶		319.6	251.5	78.7
合计		45251.3	36712.9	81.1

资料来源:農林水産省「令和元年事業年度総合農協統計表」(2022-01-10)、https://www.e-stat.go.jp/stat-search。

　　按计划安排生产销售。为稳定农产品供给、规避市场价格波动，农协引导成员按计划开展生产经营活动。每年，农协对各种农产品的市场需求进行预测，在把握消费市场需求特征的情况下，制定生产计划并按计划为成员提供所需的农资，协助成员安排生产。由于提供市场的农产品已事先集中在了农协手里，农协可以选择对自己最为有利的市场销售其产品，实现利益最大化。但是为了避免农协之间的过度竞争，各农协之间通常按照就近销售原则，在农协各级联合会的组织协调下，按地区、分品种开展全国范围内的流通。农协销售业务的计划性，不仅防止了生产过剩带来的增产不增收的问题发生，还在联合会的统一协调之下避免了农产品的盲目上市，合理地调节地区间农产品供应规模，节约了运输费用，实现优质低价农产品供给[①]。

　　施行市场差别化策略。日本农协认为进入中高收入发展阶段农产品供给过剩问题日益突出，只有细分市场建立自有品牌才能实现利益最大化，因此，各地农协根据自身发展特点研发了各种特色农产品。例如在改善作物搬运方面，熊本县农协培育出了方形西瓜，既便于分割也便于老龄员工搬运，大大降低了损耗。在改善作

---

　　① 全国農業協同組合中央会『JA 教科書販売事業』家の光協会、2008 年。

日本农业协同组合带动小农户衔接现代农业的路径研究

物品质方面,北海道夕张农协培育出了红瓤高糖网纹瓜,申请了"夕张蜜瓜"品牌,仅限于本农协 104 家成员农户使用,并制定了严格品质糖分、规格等标准,严格分拣保证蜜瓜品质。2020 年札幌批发市场拍卖价格 2 个夕张蜜瓜价格高达 30 万人民,极大地提升了小农户的生产积极性。

鼓励成员参加统购统销。农协为实现规模经济,形成市场垄断,防止成员之间的恶性价格竞争和提升成员竞争实力,要求成员将所产农产品交由农协统一销售。为了提升成员交售农产品的积极性,一是设立农业灾害补偿机制,在发生自然灾害时,成员可按照上一年经由农协销售的农产品数量获得低息贷款以及优先获得木炭、燃料、农资等生产资料优惠。二是资金鼓励。对于年交售金额达到一定额度的农户提供阶梯性现金返还,并且提供免费的工伤保险,养老保险的保费补助。三是禁止农协低买高卖压榨成员。日本将农协的发展和农户收益紧密捆绑在一起,规定农协只能根据农产品销售额提取一定比例的手续费,促使农协想尽办法将农产品以较高价格卖出去以获得手续费,使农协与成员经济利益完全一致,让成员放心把农产品交给农协销售。

(四)提升农业社会化服务水平

农业生产中需要众多高额设备投入,然而这些设施设备往往具有资产专用性高、投资金额大、单个成员难以购置,但又对增加广大成员收入有显著影响等特点,因此,由农协统一购置管理,交由成员有偿使用既可以防止成员的过剩投资,节约农户经营成本,也可以提升成员经营规模和农业机械化水平。农协提升社会化服务水平的主要措施如下。

提供内容丰富的农业社会化服务。日本农协为成员提供的农业社会化服务主要是在所管辖区域内统一设置、建造投资金额大、公共性强、小农户难以单独承担的农产品加工、仓储和育种育苗,截至 2019 年,日本农协共设立精米麦加工设施 1258 个、大米脱粒干燥设施 1439 个、谷物储藏设施 762 个、育苗设施 1310 个、蔬果集货设施 4261 所、蔬果储存设施 2035 个、蔬果加工设施 413 个、茶叶加工保藏设施 181 个。但是日本农协基于自身特点,一是农协原则上不参与供给较为充分的生产性服务市场竞争,所有需求要成员通过农协所属产业分会等分支机构提出,由农协审核批准后向政府申请农机、设施等财政补贴和贷款统一购置,再转交产业分会具体管理。二是农协服务虽然也按照折旧、维修等实际成本核算征收一定使用费，但始终坚持非营利性原则。实践中，农协设施使用服务大多数处于亏损状态，需要用农协其他营利部门的利润来补填。即便个别年份在出现营利，也必须根据成员使用情况，按照惠顾额返还给成员。

构建农业社会化服务信息中心。农协促进本地区生产环节的社会化服务质量，防止成员之间产生过度竞争，建立了农业社会化服务信息采集中心，一是收集当地耕种收人工、机械租赁等费用、数量信息，通过网络等方式及时通知成员提升市场信息的透明度形成公平公正的服务价格。二是建立供需交流平台，免费登记服务户和所拥有的农机具，在接到农户咨询时免费提供最近的服务户信息，帮助双方直接对接，必要时也可提供农协中介服务。三是提供农机维修服务，对登记注册的服务户提供农业机械维修基于一定优惠，部分农协还对提供社会化服务时发生损坏的农机具维修提供补贴[1]。截至 2019 年，日本农协共建立农机维修中心 1151 个、车辆回收设施 317 个。

加强农协之间合作。农协为提升为农服务能力，提高设施设备使用效率，在实践中，常常由周边几个农协共同出资购买设备，充分挖掘大型农机具即加工设施的使用效率。例如青森县农村工业农业协同组合，1971 年由青森县内 12 个基层农协和农协联合会共同出资 7.4 亿日元成立，专职负责使用青森县原料加工的苹果果汁和各种蔬菜果汁，有效解决了苹果等农产品售难等问题。

（五）提升金融服务小农户水平

日本农协为解决小农缺乏有效的抵押物，贷款难、贷款贵的问题，设立了金融部门为成员提供专业化服务。1947 年，日本颁布《农业协同组合法》和《中小企业等协同组合法》，1961 年修订《农林中央金库法》，建立了现代合作金融体系，其中基层农协以内部融资为主，解决成员对小规模、短期生活生产资金的需求。都道府县联合社帮助解决基层农协无法应对的较大规模融资需求，或者协调政策金融机构和商业金融机构共同完成融资。目前，农协金融部门提升金融服务的措施如下。

提供全方位存款服务。日本农协为方便成员存储，在农资销售或农产品加工设

---

① 梶井功、石光研二『マジーネンリングと日本への適用、農業機械銀行』家の光協会、1972 年。

日本农业协同组合带动小农户衔接现代农业的路径研究

施附近设置了大量的 ATM 机，截至 2019 年，日本 591 个综合农协共设置 10858 台 ATM 机，平均每个基层农协有 18.4 台。农协开发了专项存款商品，用于成员应付各种特殊需要的农户资金贮备。如子女的教育存款、医疗专项存款、住宅购置存款等。另外，农协还提供结算存款业务，便于成员结算生产方面的资金往来，内容包括农产品销售收入入账，支付各种农业生产资料购置费用等。成员委托农协销售的农产品售完之后，销售收入首先被转入成员账户。农协从中扣除成员农户未付款和均摊的各种费用后，将剩下部分作为成员实际收入。农协每年向成员汇报每个季度账户变动情况。

满足成员多样化贷款需求。贷款服务是农协以自有资金开展的贷款活动，根据资金来源又可分为要纲资金和普通资金，前者是由 JA 银行打造的农协统一金融商品，有房贷、租房贷款、教育贷款、购车贷款、信用卡贷款等，有全国统一的贷款金额、贷款利息和贷款期间等融资条件、审查程序和表格样式，使用方便。后者是每个基层农协或信农联根据自己实际情况制定的金融商品，主要涉农金融商品有以下几类，基本涉及农业生产的农机具购置、农业生产设施购置、短期流动资金等（表 4），且农协贷款利息普遍低于商业银行，部分农协借助成员农资购买和存款信息征信，还可以为成员提供免息短期贷款，极大地满足了成员的资金需求[①]。

表 4　日本农业协同组合的主要金融商品

名称	贷款对象	贷款用途	贷款额度	贷款期间	还贷方式	担保方式
农协农机大棚资金	自然人。18 岁以上，有稳定收入（满期时不足 80 岁）;法人等。上年度决算无亏损的法人、团体	农机具购买、修理资金，大棚资材、建筑费用，偿还其他金融机构的农机具贷款	10 万 ~ 3600 万日元（实际适用范围之内）	1 ~ 15 年（偿还其他金融机构的农机具贷款必须在还款剩余期内）	按月平均偿还本金；按年平均偿还 1 次或 2 次本金；按月偿还本金和利息；按年平均偿还 1 次或 2 次本金和利息	基金协会担保

①曹斌、郭芸芸:《日本综合农协在落实"口粮绝对安全"政策中发挥的作用》,《现代日本经济》, 2019 年 6 期，第 68 ~ 79 页.

续表

名称	贷款对象	贷款用途	贷款额度	贷款期间	还贷方式	担保方式
营农资金	收入稳定，20～79 岁	农业生产所需营农资金	300 万日元以内	1 年（自动更新。但 79 岁之后自动终止）	账户自动还款	基金协会担保
援助经营者贷款	自然人。收入稳定，20～79 岁；法人。上年度决算无亏损的法人	自然人。和农业生产直接有关的周转资金；法人。农业经营相关的周转资金	1000 万日元之内	1 年（自动更新。但 79 岁之后自动终止）	账户自动还款	基金协会担保（超过 500 万日元需要抵押）
超级农业资金	自然人。收入稳定，20～79 岁；法人。上年度决算无亏损的法人、团体。	自然人。和农业生产直接有关的周转资金；法人。农业经营相关的周转资金	实际到账的补贴和销售金额之内	1 年之内	账户自动还款	基金协会担保
农业发展贷款	自然人。收入稳定，18 岁以上（满期时不足 80 岁）；法人。上年度决算无亏损的法人、团体	用于农业生产、农产品加工需要的设备购置、流动资金；获得可循环资源的设备购置等资金	10 万～3600 万日元，其中：法人等。10 万～7200 万日元；购置可循环资源设备资金。5000 万日元之内	20 年以内	按月平均偿还本金；按年平均偿还 1 次或 2 次本金；按月偿还本金和利息；按年平均偿还 1 次或 2 次本金和利息	基金协会担保（必要时需要担保）
农业经营资金	收入稳定，20 岁以上（满期时不足 71 岁）	成员合作项目所需要的设备购置、流动资金	10 万～1000 万日元（流转资金 500 万日元之内）	1～10 年（流转资金 1～5 年）	按月平均偿还本金；按月偿还本金和利息	基金协会担保（原则上不需要抵押）

注：基金协会是指农业信用基金协会。

资料来源:埼玉みずほ農業協同組合『JA 埼玉みずほをもっと知っていただくために,2018 年ディスクロージャ誌』、2018 年、21~22 頁。

提升资金运用能力保障资金保值升值。农协根据《农业协同组合法》规定为实

日本农业协同组合带动小农户衔接现代农业的路径研究

现成员存款增值保值，将结余资金用于各种国债和地方债投资。2019 年农林中央金库的有价证券投资总额为 60.5 万亿日元，占到总存款的 60.1%。但日本不允许运用股票、房地产等高风险项目，风俗、博彩等有违社会共识的产业，以保障成员资金保值升值。

（六）丰富小农户生产生活保险

日本农协为保障成员生产生活稳定，减少生产和生活上可能会产生的不确定性风险的影响，允许为成员提供人寿保险、财产保险和车辆保险服务。1948 年北海道成立共济联合会专职开展成员保险业务，1951 年日本成立全国共济农业协同组合联合会。截至 2019 年，日本农协共济持有生命综合共济保单 2163 万件，保费金额 103.2 万亿日元；建筑物共济保单 990 万件，保险金额 142.2 万亿日元；汽车共济保单 823 万件，参保汽车 658 万台。其中长期保单金额 245.4 万亿日元，短期保单金额 3734 亿日元，为成员提供农村生活领域的几乎所有保险服务。

保障成员稳定农业经营。日本农协建立持股子公司—共荣火灾海上株式会社专职提供农业经营性保险商品，涉及农业生产、流通、管理等领域（表 5）。例如：农业赔偿责任保险 ，保障成员在农业生产中因事故对第三方造成的损失，保险范围包括，一是因农地或农业设施存在缺陷发生事故。例如观光农场放置器材导致客户碰撞受伤，农产品直营店的电梯故障、地板湿滑或者指示牌坠落造成顾客受伤、玻璃温室玻璃坠落导致行人受伤、蓄水池没有安装栅栏导致儿童溺水、出货用纸箱损坏或仓库农机具放置不当导致来访人员受伤。二是在农作业中对第三方造成损害或伤害。例如除草作业中石子蹦出导致他人车辆损坏、在农场错误操作农机导致他人受伤、因监管不完善导致参观中的学生、家长等被镰刀割伤或者被家畜踢伤、喷洒农药污染周边农地导致周围农产品农残超标，无法出货等；三是销售农产品存在质量问题或混入异物导致客户食物中毒或受伤；四是借用他人的农机具被盗、因自然灾害或自己操作不当损坏以及在观光农场内保管的客人用品遗失。

保障成员使用新技术新设备。随着农业规模化发展，植物工厂、无人机等新技术新设备广泛进入农业生产领域，极大地提升了生产效率，但这类设备存在价值高、易损坏等问题，一旦发生事故，容易使成员遭受重大损失，甚至破产，为此，农协专门开发相关保险产品。例如农药散布用无人机综合保险 保障具有农药散布功能，且达到一定重量和价格要求的农用无人机发生意外时的赔偿，保险范围包括，一是机体保险。因火灾、落雷、爆炸、冰雹、雪灾、洪水等自然灾害，操作不当造成的坠落、碰撞或者外部冲撞、盗窃等造成的机体损伤，需要进行修理或重新购买的费用。二是对人赔偿。如无人机操作失误导致他人受伤，需要支付的赔偿金、诉讼费用等。三是找寻无人机。寻找突然失踪的无人机所发生的人员交通费、住宿费等。

保障成员稳定农村生活。农协保险的农村生活类保险商品主要可分为人寿保险、财产保险和车辆保险的三个类型，其主要险种如表 5 所示，基本涵盖了成员生活的方方面面，极大地保障了稳定成员生活。

表 5 日本农业协同组合的主要保险商品

保险目的		保险商品名称
人寿	减轻突然过世给家里生活造成的压力	终身共济
	减轻老后的生活压力	养老生命共济
	减轻老后的生活压力	定期生命共济
	减轻因疾病或健康问题对生活的压力	接受缓和型终身共济
	储蓄型保险，希望集中使用资金	生存给付型终身共济
	减轻因疾病和意外伤害治疗对生活的压力	医疗共济
	减轻健康问题导致生活窘迫	接受缓和型医疗共济
	减轻癌症治疗对生活的压力	防癌共济
	减轻习惯病治疗对生活的压力	指定条件共济
	减轻身体残疾对生活的压力	生活保障共济
	做好看护准备	看护共济
	储蓄型保险，希望集中使用资金	临时护理共济
	减轻老后的生活压力	约定利率变动型养老共济
	减轻子女教育对生活的压力	教育金共济
财产	减轻火灾自然灾害造成的建筑物和家庭财产损失	建筑物更新共济
车辆	减轻车辆事故造成的赔偿、受伤、修理损失	车辆共济
农业经营	减轻第三者赔偿损失	农业者赔偿责任保险
	减轻召回已售农产品造成的损失	食品召回保险
	减轻雇工受伤治疗，劳务纠纷造成的损失	JA 共济劳动灾害保险制度 雇佣惯行灾害保障制度
	减轻因泄露顾客信息造成赔偿损失	个人信息泄露赔偿责任保险
	减轻因买方破产造成的收入损失	交易信用保险

续表

保险目的	保险商品名称
减轻农产品出口中发生意外造成收入损失	海外 PL 保险、外行货物海上保险
减轻因交通事故造成的货物损失	运输保险
减轻使用无人机造成的机体、第三方赔偿损失	农药散布用无人机综合保险
减轻因仓储设施损坏造成的农产品损失	收获农产品动产综合保险
减轻因盗窃、自然灾害等造成的办公设施、财产损失	企业财产保险

注：共济是指由农协销售的保险商品。

资料来源:JA 共济「2020JA 共济のごあんない」JA 共济 2020 年版。

三、完善我国农民合作社制度的政策建议

从日本经验可以看到，农业小规模经营的局限性与小农户经营的普遍性，是农协产生的基本前提。在土地家庭经营生产基础上实现农业现代化，要求建立完善的农业社会化服务体系，而农协业务的综合性和多样性，适应了日本小农户生产生活多方面的需求，同时，农协坚持为农服务，得到成员农民拥护并能够持续发展的坚实基础，而法律的有效保护和政府的大力支持则有力保障了农协促进小农户与现代农业发展有机衔接的作用发挥。我国与日本同属东亚小农社会，人多地少、小农户经营的国情相似，同样面临与日本相同的农业兼业化、农村空洞化、农民高龄化等问题。当前虽然我国在农业总量，甚至现代农业科技研发应用方面与日本持平或有部分超出，但是农业经营制度相对不健全，今后应进一步完善农民合作社（简称"合作社"）制度，使合作社成为实现小农户和现代农业发展有机衔接的重要载体，具体建议如下。

（一）进一步提升农民组织化程度

无论是基于市场调节成立的欧美合作社还是基于政府指令建立的东亚合作社，农民参合率都几乎达到百分之百。我国《农民专业合作社法》施行已有 15 年，但是参合率仅有 17.1%，远远低于发达国家。建议如下：一是加大宣传力度，让农民和相关部门负责人认识到合作社是现代农业和乡村振兴发展的重要组织形式，是增加农民自身收入、丰富自身业余生活和提高生活质量的重要途径，是农民自主发挥

创造性与活力，克服一家一户单打独斗的小农经济缺陷，以农民组织的形式，抱团融入市场竞争，全面提升市场竞争力的重要手段。二是购买社会服务，提升合作社影响力。将部分基层农业部门负责的农村社会调查统计、种养业的补贴申请、政策金融、合作保险核准等业务交给合作社办理，在扩展合作社收入来源的同时，提高合作社在本地区的社会地位。

（二）提升农民合作社经营规模水平

农民在完全分散的情况下同其他市场主体进行交易，不可能真正获得谈判权利，即便是面对小规模经纪人也往往难以平等的议价。通过参加合作社可以使农民获得适当规模的购买能力和销售能力，在市场上改变市场结构，提高对工业、商业资本市场交易地位，成为市场交易中与规模工商资本平等议价的经济主体。建议如下：一是推动合作社合并，提升成员规模。推动同一地区同质、同类农民合作社合并，实现"一村一社""一镇一社"，通过对生产要素的重组，促进合作社规避无序竞争。二是推动合作社再联合，提升话语权。鼓励合作社的再合作，即成立农民合作社联合社，提升合作社在对农民的带动水平和与企业的谈判能力，扩大合作社的影响力。

（三）引导农民合作社提供综合服务

我国大国小农的国情决定小农户的多样化生产生活需求只能由具有多种功能的农民组织来满足，即发展能够更好实现经济功能和社会功能，兼容供销、金融、保险、教育、社区福祉、社区文化在内的综合型合作社。不但可以大大增强带动小农户抵御市场风险的能力，提升农民收入和公共服务消费水平。同时，通过开展多样化的服务带来平均成本的降低，实现合作社发展。建议如下：一是推广"三位一体"发展经验，鼓励各地农民以土地、林权、资金、劳动、技术、产品为纽带，积极参与发展生产、供销、信用"三位一体"综合合作。二是推动合作金融体系建设，加快相关法律法规修订，对合作金融的民主管理、正规集资管理和成员的责权义务等进行明确规定，为发展农村金融创立良好的外部环境。三是推进农村互助合作保险发展。研发互助合作保险商品种类，满足农户不同需求。制定适合农户互助合作的风险分散和防范机制，促进互助合作保险健康发展。加大财政扶持力度，按照保险成本地原则科学制定补贴标准，减少农户参保门槛，吸引更多地农户参加保险。

（四）提升农民合作社规范发展水平

合作社是民建、民管、民收益的农民自治组织，规范化运营管理是保护成权益、维护合作经济属性，提升政策资金使用效率的基本保障。鉴于我国合作社发展尚处于初级阶段，基层政府部门人少事儿多的现实情况，应引导合作社依照章程加强民主管理、民主监督，发挥成员积极性，共同办好合作社。建议如下：一是做好合作社清理整顿，保证合作成效。赋予国家市场监管总局对提交材料真实性的确认权利，争取在注册登记环节杜绝出现假合作。加快摸清现有合作社，根据当地实际情况对名存实亡的"僵尸社"予以注销；对只挂牌未经营的"空壳社"进行撤并；对平时虽有合作经营，但内部管理不规范，带动能力不强的合作社予以完善提高；对正常运营、有较强带动能力的合作社提高管理水平，扩大经营规模，鼓励快步发展。通过清理整顿，优化提高，保证每个合作社名副其实发挥作用。二是健全会计管理，抓好经济业务核算监管。帮助合作社建立健全财务管理制度，规范账簿登记和业务核算，必要时可以通过合作社服务中心免费代管合作社代记账业务，降低合作社运营成本，规范财务管理。

（五）健全农民合作社政策支持体系

合作社发展一方面受到农产品生物性和季节性特征影响难以实现周年经营，另一方面受到规模小、资金少、市场开拓能力弱等因素影响难以形成与工商资本对抗的实力，只有健全合作社政策支持体系，形成有利于合作社成长的市场环境才能实现提升合作社对工商资本的谈判能力，增加农民收入的目标。建议如下：一是健全合作社财政扶持制度。进一步加大各级财政对农民合作社发展的支持力度，综合采用贷款贴息、信贷担保、以奖代补、定向委托、政府购买服务等方式，支持符合条件的合作社发展。探索推进涉农资金统筹整合，实行"大专项+任务清单"管理模式，明确政策目标、扶持对象、补助标准、实施期限、绩效管理等，定向支持合作社发展。二是健全合作社税费减免制度。免除教育附加费、地方教育附加、水利建设基金、文化事业建设费和残疾人就业保障金等相关税费。免除从事符合条件的农产品初加工项目的所得税。对开展农业机耕、排灌、病虫害防治、植保、农牧保险以及相关技术培训业务，家禽、牲畜、水生动物的配种和疾病防治等社会化服务的合作社免除所得税和增值税。三是健全合作社成员培训体系。加强对合作社成员的培训，通过组织讲课、参观、考察活动，培养懂市场懂管理的市场营销人员，提升合作社内部人员素质。积极构筑合作社人才引进平台，通过提供技术指导、工资补贴等方式吸引大学生、返乡青年和经纪人参与合作社发展。

（作者：曹斌，中国社会科学院农村发展研究所副研究员、中国社会科学院大学副教授）

日本农业发展战略转向开放进攻型

常　宇　张玉来

内容摘要　长期以来，日本农业发展战略的基本特征是保护防守型，这从日本政府一直维持对大米进口的高关税政策便可窥一斑。但最近一系列事实表明，日本农业竞争力在迅速提升：如其农产品出口 2021 年已经突破 1 万亿日元，对 2012 年实现了倍增，日本计划到 2030 年达到 5 万亿日元；其粮食安全世界排名也已从全球第 16 位（2012 年），攀升至当前的第 8 位（2021 年）；另外，日本食品相关产业的产值也已经突破百万亿日元规模。但从供给侧来看，其要素状况依然形势严峻，其耕地面积仍在减少之中，已经降至 422 万公顷，占世界的 3‰（约为中国的 1/30）；农业就业人口一直在持续减少，当前已降至 136 万，占总人口的 1%，而且从业人口呈现严重老龄化趋势，平均年龄 68 岁。那么日本农业发展发生巨大变化的驱动力是什么呢？本文认为发展战略转型是令日本农业焕发生机的关键所在，开放进攻型的新发展战略，推动了日本农业结构转型，农业竞争力得到大幅提升。

关键词　日本农业　食育教育　战略转型　进攻型农业　工业反哺

Japan's agricultural development strategy turns to open and offensive

Chang Yu　Zhang Yulai

Abstract: For a long time, the basic feature of Japan's agricultural development strategy is protection and defensive. This can be seen from the fact that the Japanese government has maintained a high tariff policy on rice imports. However, a series of recent facts show that Japan's agricultural competitiveness is rapidly increasing: for example, its agricultural exports have exceeded 1 trillion yen in 2021 and doubled in 2012, and Japan plans to reach 5 trillion yen by 2030; its food security The world ranking has also climbed from the 16th place in the world (2012) to the current 8th place (2021); in addition, the output value of Japanese food-related industries has exceeded one hundred billion yen. However, from the supply side, the factor situation is still grim. Its arable land area is still declining. It has fallen to 4.22 million hectares, accounting for 3‰ of the world (about 1/30 of China); the number of agricultural workers has been increasing. It continues to decrease, and it has now fallen to 1.36 million, accounting for 1% of the total population. Moreover, the employed population is showing a serious aging trend, with an average age of 68 years. So, what is the driving force behind the tremendous changes in Japan's agricultural development? This article believes that the transformation of development strategy is the key to revitalizing Japanese agriculture. The open and offensive new development strategy has promoted the transformation of Japan's agricultural structure, and the competitiveness of agriculture has been greatly improved.

Keywords: Japanese agriculture; food education; strategic transformation; offensive agriculture; industrial feedback

一、日本的农业基础与传统发展模式

二战之后，日本农业一直面临着劳动力和耕地"双减少"等严峻考验，工业化迅速发展既造成大量劳动力放弃农业而形成所谓"离农"问题，同时也占用了大量耕地；来自海外的廉价农产品也开始大量涌入国门，对日本农业形成巨大冲击。之后，人口老龄化问题也率先体现在农业领域，形成所谓"三老农业"现象。①

---

① "三老农业"是 20 世纪 60 年代初期日本的流行语，主要指农户年轻男人都出去打工，农业由爷爷、奶奶和老妈支撑的现象。

日本农业发展战略转向开放进攻型

（一）要素禀赋的"先天不足"与工业化冲击

二战之前，日本农业就业人口一直稳定在 1400 万人左右。战争结束后，由于战败而从中国以及东南亚等国家大量涌入归国人员，加之经济萧条造成大量失业，导致农业劳动人口迅速攀升，1947 年为 1662 万人，比二战前增加了 2 成左右。[①]然而在日本经济进入高速增长时期之后，农业人口开始出现迅速减少趋势。以 1960 年为例，除去出生和死亡等变动因素之外，农村人口流出达到 54 万人，而当时的日本农业经济发展向好，不仅农业生产不断增加，农户收入也因农产品价格坚挺以及兼业收入增加而不断增加。[②]此后，日本农业就业人口持续减少，从日本产业就业人口统计数字来看，1960 年第一产业就业人数为 1417 万人（占 32.4%），第二产业就业人数为 1015 万人（占 23.2%），第三产业就业人数为 1939 万人（占 44.3%）；20 年之后的 1980 年，上述三个数字分别变成 599.6 万人（10.8%）、1418.9 万人（25.5%）和 3536 万（63.5%）。[③]

步入平成时代（1989—2019 年），日本农业劳动力呈现继续减少之势。1990 年，所谓"基干农业从事者"[④]数量已经减少至 313 万人，其中 65 岁以上的老龄人口增至 90 万人，占比达 29%。[⑤]进入 21 世纪，这种减少趋势仍在继续。2000 年日本的农业人口为 389 万人，到 2020 年已经降至 249 万人，其中所谓"基干农业从事者"为 136 万人。[⑥]另据日本总务省统计局的"劳动力调查"数据显示，日本农业从业人口数量从 1955 年的 1436 万人一路下滑，到 2020 年降至 222 万人，在就业总人口中的占比从 36.3%下降至 3.3%（见图 1）。

---

① 経済企画庁『年次経済報告・昭和 30 年』、https://www5.cao.go.jp/keizai3/keizaiwp/ wp–je55/wp–je55–020902.html。
② 経済企画庁『年次経済報告・昭和 36 年』、https://www5.cao.go.jp/keizai3/keizaiwp/wp–je61/wp–je61–020701.html。
③ 経済企画庁『年次経済報・昭和 58 年』、https://www5.cao.go.jp/keizai3/keizaiwp/wp–je83/wp–je83bun–2–26h.html。
④ 日本农业从业人口统计包括两大类：一是"农业从事者"，一年内只要从事一天以上自营农业的家庭就可以纳入该统计；二是"基干农业从事者"，是指平时主要以自营农业为主的家庭人口数。日本没有农业或非农业户口划分制度，只做从业者数量统计。
⑤ 農林水産省『農業の動向に関する年次報告 平成 2 年度農業白書』、1991 年、182 頁。
⑥ 農林水産省『令和 2 年度 食料・農業・農村白書』、2021 年 5 月 25 日、307 頁。

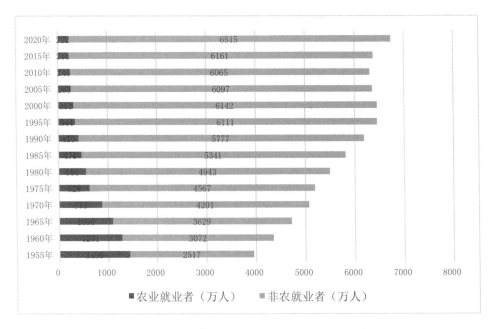

图 1　日本农业从业人口变迁（1955—2020 年）

资料来源: 総務省統計局「労働力調査·長期時系列データ」、https://www.stat.go.jp/data/ roudou/ longtime/ 03roudou.html。

　　耕地面积也是农业发展的重要自然禀赋。日本国土面积狭小，在其总计 37.8 万平方千米国土面积中，由于山地众多，耕地只有 439.7 万公顷、约合 4.4 万平方千米，仅相当于国土面积的 1/10，约为中国耕地面积（1.19 亿公顷）的 1/30。2019 年的统计数字显示，日本的水田面积为 239.3 万公顷、总占比为 54%，还有旱田 200 万公顷，去除沟渠的净耕地面积为 422.3 万公顷。[①]

　　二战之后，受工业化发展的影响，日本耕地面积其实是在不断减少。1960 年日本耕地面积为 607 万公顷，之后由于工业用地以及住宅用地等土地流转等原因，耕地面积不断减少，1990 年已经减至 524.3 万公顷，2000 年时进一步减至 483 万公顷，[②]到 2006 年更减至 467 万公顷，减少幅度超过 140 万公顷。根据农林水产省的

---

①　総務省統計局『日本の統計 2021』、2021 年、83 頁。
②　政府統計の総合窓口「作物統計調査　面積調査　確報　平成 23 年耕地及び作付面積統計」、https://www.e-stat.go.jp/dbview?sid=0003071592。

日本农业发展战略转向开放进攻型

"土地管理信息收集分析调查"，日本农地流转主要包括八个类别，分别是住宅用地、工矿业用地、学校用地、公园运动场用地、水道以及铁道用地、商业服务用地、其他业务用地、植树造林等其他。住宅用地流转的高峰时期在 1970 年前后，一度超过每年 2 万公顷，1975 年之后下降至 1 万公顷以下规模，2018 年前后为 4000 公顷左右。再有工业流转用地，1973 年曾达到每年 9254 公顷，之后不断下降，2000 年又上扬至 6000 公顷以上，2010 年之后则降至每年 1000 公顷左右，这与日本"产业空洞化"密切相关。[①]

总之，二战之后的工业化发展不仅大量吸引了农业领域的劳动力，农业人口出现迅速下降趋势，同时工业用地以及经济发展水平的提高也造成了农业耕地面积的减少，这两大因素都直接冲击了日本农业根基，使得本就是"先天不足"的日本农业遭受了工业化的猛烈冲击。日本政府基于这一现实，从危机意识出发，不仅创造出独具日本特色的"食育"体系，还逐步构建起保护色彩浓厚的"安全网"式发展模式。

（二）植根于危机意识的独特"食育"体系

日本政府一直在努力培养国民形成牢固的粮食危机意识，为此推出了一项独具日本特色的教育体系——"食育"。这就类似于中国古代形成的"民以食为天"意识一样，日本很早就有了所谓"体育、智育、才育皆为食育"的传统说法，也就是体育、智育和人才教育都是为了食育，二战后又逐步形成了"智育、德育和体育都是以食育为基础"的灌输教育。

为了让国民从小就形成食品危机意识，日本要求义务教育阶段的学校必须为学生提供餐食服务，并把这种规定纳入法律体系，即 1954 年颁布实施的《学校给食法》。该法开宗明义，第一条就指出"学校提供餐食是为有助于儿童及学生身心健康发展，并能正确理解食物以及形成正确判断力"；第二条则是规定要让学生能够深刻理解日常餐食意义，培养健全饮食生活和习惯，树立大自然恩赐观念，形成重视勤劳的态度，传承日本饮食文化，理解食品生产流通及消费过程等。2005 年，日本又颁布一部《食育基本法》，明确强调了食育的地位：作为生活之基本，食物

[①] 農林水産省「土地管理情報収集分析調査」，https://www.maff.go.jp/j/nousin/noukei/totiriyo/attach/pdf/nouchi_tenyo-54.pdf。

教育与知识教育、道德教育以及体质教育处于同等重要的位置。它还提出，食育的教育宗旨就是通过各种体验，让国民掌握关于食物的知识和选择食物的能力，实现健康的饮食生活。2018 年起，日本农林水产省开始编制《食育白皮书》。

事实上，上述食育体系的根基是建立粮食危机意识，个中逻辑也可以从日本的两种粮食自给率计算方式窥见一斑。一种是基于热量值所计算的粮食自给率，再就是基于产值计算的粮食自给率。2018 年，基于热量基础的日本粮食自给率史无前例地跌至 37%，虽然 2019 年一度回调至 38%，但 2020 年又回到了历史最低纪录37%。这成为日本各大媒体争相报道的大新闻，个别媒体还深入剖析问题的原因，溯源到 1965 年日本实施该项统计之初该数字曾为 73%（见图 2）。更有一些声音指出，日本可能面临粮食危机，甚至举证 1993 年大米急缺事件。是年，日本因遭遇"冷夏"造成大米歉收，仅收获 783 万吨，与年需求量 1000 万吨仍有 200 多万吨缺口，日本政府除了迅速向市场供应了 23 吨"储备大米"之外，还被迫放弃过去所谓"1 粒米也不进口"的禁止进口政策，紧急向泰国、中国和美国采购了 259万吨大米。当时，甚至有媒体将之称为所谓"平成米骚动"，勾起了人们的恐惧心理，因为 1918 年的大正年间日本曾因大米歉收而出现了民众暴动的"大正米骚动"事件①。

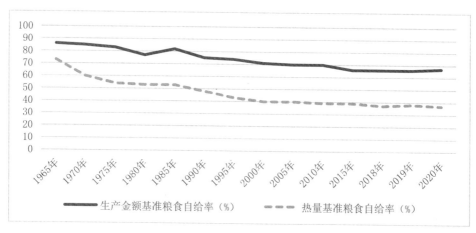

图 2　日本粮食自给率变迁（1965—2020 年）

---

① 1918 年，连续三年多持续下跌的日本大米突然迅速涨价，6 月，大阪堂岛米市的大米价格从 1月的每石 15 日元上涨至 20 日元以上，到 7 月 17 日更是突破 30 日元，而当时一般人的月收入为 18～25 日元，于是引发了大规模民众暴动事件。

日本农业发展战略转向开放进攻型

资料来源：農林水産省「食料自給率の推移」、https://www.maff.go.jp/j/zyukyu/zikyu_ritu/attach/pdf/012-17.pdf。

事实上，日本的粮食自给率并没有那么糟糕，比如 2020 年基于产值基准的粮食自给率为 67%，但日本政府却似乎更"偏爱"以热量为基准的自给率统计方式，意在增强国民的危机意识。除了日本，世界上采取以热量为基准计算粮食自给率的还有韩国和中国台湾地区，而大多数的发达国家采用以生产金额为基准的粮食自给率，具体计算方式是用国内食品生产金额除以国内食品消费总额，再乘以 100%。以这种方式来计算的话，澳大利亚的粮食自给率最高为 128%、加拿大 123%、美国 93%、法国 83%、意大利 87%、瑞士 50%、德国 62%、英国 64%，比较而言，日本的 67% 与多数国家并没有拉开多大差距。[1]

其实，对于日本而言，这两种计算方式之所以会产生如此巨大差距，其根源在于蔬菜品类，因为蔬菜的附加值很高，但热量却非常低。以 2019 年为例，除去食品产业产值的日本农业总产值为 8.89 万亿日元，其中蔬菜产值高达 2.15 万亿日元，占比为 24%。再以重量计算结果来看，2019 年日本蔬菜国产化率为 79%（1159 万吨），进口蔬菜 21%（303 万吨）。然而，如此高比重的蔬菜，若从热量基准角度来看的话，在国产农产品中的热量贡献率却仅仅为 6%，远远低于其产值占比的 22%。[2]

正是为了不断培养国民关于食品供给的危机意识，日本农林水产省提出了"食品安全保障"的概念，并在官方网站主页上专门辟出专栏。其内容包括介绍政府如何重视食品供应体系建设，提供各种调查数据及相关分析，并宣介国家所制定的相关政策措施以及全球供需状况及价格走势等信息。引人注目的是，日本政府突出强调了自给率下降问题，专门呈现出 1965 年以来的所谓"双下降"曲线现象——即热量基准和生产金额基准的粮食自给率都表现为下降趋势（见图 2）。

其实，日本饮食习惯的变化也是"双下降"的重要因素。二战后，受欧美饮食文化影响，日本人也在逐渐远离以大米为主食的传统饮食习惯。然而日本农业政策

---

[1] 農林水産省『世界の食料自給率・諸外国・地域の食料自給率』、https://www.maff.go.jp/j/zyukyu/zikyu_ritu/013.html ［2021-12-20］。

[2] 農林水産省『野菜をめぐる情勢』、https://www.maff.go.jp/j/seisan/ryutu/yasai/attach/pdf/index-81.pdf［2021-12-20］。

长期以来恰恰是把大米自给率作为战略核心，政府甚至不惜以高关税来保护国内的大米市场。于是乎，原本自给率高的大米消费在不断减少，相反，依靠进口大量饲料及原料的畜产品与油脂类的消费却连年增长，拉升了进口占比，从而降低了自给率水平。这也从侧面印证了日本传统农业政策出现错位的问题。

（三）构建"安全网"型的农业发展模式

二战后，日本农业发展传统模式是以构建粮食为主的食品"安全网"为目标，在此目标之下，主要路径包括三个：一是保护和强化国内农业发展；二是稳定进口，以确保安全供给；三是完善储备体系，以稳固和强化粮食食品"安全网"。

1999 年 7 月 12 日，《食料、农业、农村基本法》（简称"新基本法"）经日本参议院审议通过，并于 7 月 16 日公布实施。该法明确宣布"确保国民粮食稳定供给是国家的基本责任和义务"。这部"新基本法"（相对于 1961 年颁布的《农业基本法》而言）指出，日本将以扩大国内农业生产为基石，同时采取进口与储备等两大方式来确保粮食为主的食品稳定供应。概言之，就是再次明确了要强化国内农业、实现稳定进口、完善储备体系，以此作为构建日本粮食"安全网"的三大支柱。

首先，发展国内农业被视为构建粮食"安全网"的坚实根基。上述"新基本法"制定了提高粮食自给率的明确目标，而"旧基本法"（即《农业基本法》）的根本目标是消除农业与非农业之间的收入差距。"新基本法"把针对工作目标从过去的农业生产者扩大到全体国民，还特别强化了农政功能，要求日本政府必须依据"新基本法"每隔五年制定一份"农业施政基本计划"（简称"基本计划"），该"基本计划"要明确新的粮食自给率目标，为此要努力扩大农业耕种面积、提高生产效率等。

2000 年，日本政府制定了第一个"基本计划"，确立了明确目标——"确保食品稳定供应、发挥农业多功能、可持续发展以及振兴农村"，同时还制定了一系列具体实施措施，如支持农业经营专业化发展、确保有效利用土地、改良土地、支持人才培养、鼓励女性参与农业、支持老年人的农业再就业、提高农业生产组织效率、开发普及新技术、形成农产品价格机制、完善灾害救助、提升流通效率等。此后，每隔 5 年，日本政府都会制定一份"粮食与农业、农村基本计划"（见表 1）。

日本农业发展战略转向开放进攻型

表 1 "粮食、农业和农村基本计划"（2000—2020 年）

	综合粮食自给率目标		相关农产品自给率目标			农地面积规划目标		
	热量基准（%）	生产金额基准（%）	饲料自给率（%）	主要谷物自给率（%）	谷物自给率（%）	农地面积（万 ha）	耕种面积（万 ha）	耕地利用率（%）
2000 年	45	74	35	62	30	470	495	105
2005 年	45	76	35	63	30	450	471	105
2010 年	50	70	38	–	–	461	495	108
2015 年	45	73	40	–	–	440	443	101
2020 年	45	75	34	–	–	442	407	92

不过，正因为政府不断加大对国内农业的保护和支持力度，也造成了日本农业依赖政府补贴的典型特征。据经济合作与发展组织（OECD）调查数据，以农业补助金为主的日本农业保护指标（PSE）为 49.2%，是 OECD 组织成员国平均水平的三倍左右。

其次，日本政府积极建设稳定且具有安全性的粮食进口体系。受资源禀赋约束以及人口老龄化等结构性问题困扰，日本难以仅靠强化国内农业建设来构建粮食供应安全网，因此，稳定安全的进口渠道就成为必要补充。日本政府在这方面的努力包括如下措施：一是强化并保持与进口国之间的友好关系，二是建立完善发达的信息收集系统，三是以船舶大型化等硬件改善来提高流通能力与效率，四是积极实施进口多元化措施（这是日本平抑进口国议价权的有效手段）。另外，日本政府还积极"借用"民间力量，努力打造所谓"官民一体"的进口机制，其突出特征就是高效利用日本特有组织——商社的力量。

"只要能利用遍布全球各地的商社网点及其功能，日本就能先于各国获得相关农产品。"2009 年由日本贸易会（JFTC）主办的"日本食品战略与商社"研讨会上，丰田通商株式会社主管古米润自信满满地表示。[1] 商社，堪称最具典型日本特色的商业组织，各大商社在不同领域形成了竞争性甚至垄断性优势，比如，三菱商事和三井物产在全球资源能源领域独具优势，伊藤忠商事在非资源领域竞争优势显著，住友商事则以金属和机械等领域见长，丸红则控制着食品与电力行业的竞争力等。数据显示，日本商社仅专门负责粮食业务的员工就有约 2300 人，其中有 350

---

① JFTC（日本贸易会）『出版記念シンポジウム　日本の食糧戦略と商社』、2009 年 10 月 6 日、http://www.jftc.jp/monthly/archives/001/201711/6bede96e0870b2f2413089053fda9103.pdf。

名常驻海外各地，形成了全球化的庞大采购网络，能在"数量、质量以及价格"三个方面支持粮食交易。

当然，外交系统及外交资源同样是日本稳固进口体系的重要渠道和撒手锏。一边坚持世界贸易组织（WTO）多边自由贸易框架，一边积极拓展新的领域。近年来日本不仅主导达成了《全面与进步跨太平洋伙伴关系协定》（CPTPP），还签署了《日欧经济伙伴关系协定》（日欧 EPA）等自贸协定。与此同时，它还积极倡导对外"农业投资"，甚至携手联合国粮农组织等国际机构，对发展中农业大国实施技术援助等，以确保在海外拥有自己的供应源。迄今为止，日本已在南美及非洲等地实施了相关合作项目。

最后，完善的储备机制也是日本确保粮食安全的重要支柱。自古以来日本就有所谓储备粮食以应对各种灾害的传统。比如在平安时代，日本就设立了谷仓院。长期以来，日本构建的储备体制更是覆盖了从国家层级的中央政府到地方各级政府以及企业甚至家庭等，形成了多重复杂层次的储备体系。2005 年，东京都还把 11 月 19 日设立为该政府的"储备之日"，号召东京都所有居民都要在家里进行粮食及食品等相关灾害应急储备。2008 年，日本政府还利用担任七国集团（G7）洞爷湖峰会东道主之便，建议构建"国际谷物储备机制"。2012 年，日本与中国、韩国以及东盟之间签署了"东盟+3"的大米储备协定签署（即 APTERR 协定）。在新冠肺炎疫情暴发之后，东京大学教授铃木宣弘甚至呼吁应建立一个"全亚洲的粮食安全保障框架"体系。①

不仅在宏观层面构建安全供应网络，日本对蔬菜、饲料进口等微观层面的粮食及食品安全也同样持积极态度，不断构建大大小小的各种"子安全网"体系。以蔬菜为例，日本国内创建了所谓"生产者补助制度"，在蔬菜价格下降时，生产者可以获得相应补贴，从而确保国内蔬菜生产及出货的稳定。资金来源是国家、地方政府以及生产者本人按照 3∶1∶1 比例缴纳，价格补助基准为蔬菜价格低于过去 6 年的蔬菜批发平均价时，对象是经营露天菜地 20 公顷以上的"指定蔬菜"生产者或 5 公顷以上的"特定蔬菜"生产者，其中指定蔬菜包括 14 种，为卷心菜、黄瓜、西红柿等大众消费品种，特定蔬菜则有 35 种，是草莓、南瓜等与地方经济密切相

---

① 铃木宣弘「アジア全体での食料安全保障という考え方」,『農業協同組合新聞』2020 年 7 月 23 日、https://www.jacom.or.jp/column/2020/07/200723–45476.php。

关的品种。[①] 2002 年，日本修改《蔬菜生产出货稳定法》，创设了生产者及出货商与中间事业者及加工商之间的"安全阀"机制。2011 年，又导入"合同蔬菜收入确保模型"机制，以确保合同蔬菜交易的稳定。进口方面也是如此，实时监控进口来源及安全，采取进口多元化措施。

二、"开放进攻型"农业发展模式的构建

第二届安倍晋三内阁以来，日本农业政策发生了重要转型，从传统的保护防守型转向开放进攻型，其契机就是 2013 年日本决定加入美国主导的《跨太平洋伙伴关系协定》（TPP）谈判，当时外界普遍认为日本若能开放农业保护，将是一次破釜沉舟式的重大改革。

（一）农业发展模式的意识革命

2013 年 5 月，日本政府公布了一项新的农业发展战略——构建"进攻型"农林水产业。这其实也是"安倍经济学"所谓第三支箭"增长战略"的重要支柱之一，它提出了"到 2020 年日本农产品出口突破 1 万亿日元"的明确目标。当时，很多人认为这简直就是天方夜谭、痴人说梦，因为彼时的日本农业已经陷入史无前例的困境。农业总产值降至近年的最低点，仅为 8.4 万亿日元；农业从业人口数量也即将跌破 200 万大关，且平均年龄已经超过 66 岁；加之外部还有美国 TPP 谈判要求降低农业关税的巨大压力，以及福岛核事故对农产品带来的负面冲击等，整个日本农业堪称处于崩溃的边缘。

事实上，早在 2006 年 9 月竞选自民党总裁之际，安倍晋三就曾提出"要把农林水产业变成战略产业"的构想，表达了要想彻底扭转日本农业困局就必须进行意识革命的想法。2012 年再次当选首相并组建第二届安倍内阁之后，安倍领导的日本面对来自美国奥巴马政权主导 TPP 贸易谈判的巨大压力，进军日本农业市场是美国多年以来的夙愿。当时，日本内部分裂为两大阵营，保守派认为加入 TPP 必将置日本农业于死地，其依据是农林水产省的测算——即废除关税将使日本农业产值减

---

① 農畜産業振興機構「事業の概要（契約野菜安定供給事業）」、2020 年 9 月 4 日、https://www.alic.go.jp/content/000083122.pdf。

少 4.1 万亿日元、粮食自给率跌至 14%；但改革派却针锋相对地认为，恰恰是传统的保护主义才导致了日本农业不断走向衰落，日本应毅然打开国门，倒逼改革、实施战略转型，只有这样才能将日本农业拉出困难重重的深渊，也就是要从"防守型"农业转身变为"进攻型"农业。

安倍决定采纳改革派的意见，采取了大刀阔斧式的一系列改革，例如调整了大米生产规划、设立农地中间管理机构、对农协以及牛奶流通体制实施"手术"等。"每年要投入 3000 亿日元财政支持，推进规模化经营和扩大出口措施"，[①]安倍表达了要支持农业转身的雄心，他本人还亲自担任新成立的"农林水产业及地方活力创造本部"本部长。日本"进攻型"农业首先确立了三个目标：一是要提升日本农业的国际竞争力，实现出口倍增计划；二是对传统农业进行产业化改造，进一步实施"六次产业化"（相当于中国的"一、二、三产业融合"政策）；三是改变日本农地的零细化现状，通过集中、集约转向公司式的规模化经营。在经过官民各界多次研讨之后，日本政府制定了一份"农业及地方活力创造计划"，提出要解决问题的三个核心手段。一是要拓展农产品市场需求，包括国内和国外两个市场；二是培养农业竞争力，重点是进行产业化改造；三是要改革改善农业供给侧条件，包括劳动力不足和老化、资本及资源配置等问题。

（二）传统农业的"现代产业化改造"

日本的农业结构改革旨在以现代工业化标准来改造传统农业，让农业实现蜕变涅槃，并从个体经营为主模式转向现代化的企业组织模式。改造的着力点首先就是推进"六次产业化"，试图打造"品牌农业"，积极导入 AI、IoT、无人机等先进技术。

其实日本很早就通过立法实现了以现代产业化改造传统农业的目标，这就是2010 年颁布实施的《六次产业化、地产地销法》。迄今为止，日本政府批准的产业化支持项目已将近 2600 件。最早由东京大学教授今村奈良臣提出的"六次产业化"，实质是让农业摆脱传统模式，充分与制造业及服务业相融合，使之转变为通过品牌化来实现附加值的现代产业。

---

① 首相官邸「攻めの農林水産業—成長戦略第 2 弾スピーチ—」、2013 年 5 月 17 日、https://www.kantei.go.jp/jp/headline/nourin_suisan2013.html。

日本农业发展战略转向开放进攻型

日本政府重点从五个领域推进对农业改造：一是让工商业与农业融合，打造"医（疗）福（利）食农合作"和"城乡共生对流"样板，目标是打通各产业之间的界限；二是支持设施农业建设、提升流通效率，借力先进的机器人及信息产业技术，构建新一代智能农业体系；三是引进先进理念并进行新品种与新技术开发；四是强调从再生能源角度推进农林渔业协调发展、打造生物产业型都市；五是导入工业管理方法，解决食品浪费问题。

创建于茨城县筑波市的"World Farm"就是六次产业化的典型案例。该公司通过与各地方政府签约承包荒废田地，在日本建立了 13 个大型露天蔬菜基地，其产品经过公司的初级加工之后，面向饭店餐厅等业务部门进行销售。2019 年，这家仅拥有 80 名员工的企业，销售额便达到了 16.5 亿日元。①另据日本政府统计，仅六次产业化措施所创造的市场需求，至今已突破 2 万亿日元。

除了开拓国内市场需求之外，日本还把目光投向世界，因为它认识到世界食品市场增长空间巨大，特别是中印等新兴市场发展迅猛。伴随着"日本料理"逐渐在海外市场被认可，尤其是 2013 年 12 月"和食"被正式列入世界非物质文化遗产名录之后，这种认可度大幅提升。以此为契机，日本提出农产品"出口倍增"计划，并为此出台了一系列极具特色的具体措施。如"Made From Japan、Made By Japan、Made In Japan"（FBI）策略，就是要打造一条适用于全球市场的日本食文化与食产品供应链，并以日本式经营最擅长的"Plan–Do–Check–Action"（PDCA）管理模式一以贯之，走出一条"官民合作"型路径。与此同时，还积极打造品牌形象，以强化质量标准来获得品牌效应，如进一步加强安全生产与食品安全监管体系，积极获得盖普国际认证（GLOBAL G.A.P），加入 HACCP 体系等。

引进先进技术是改造农业、实现产业化的重要手段。近年来，日本开始关注如何把人工智能以及物联网技术导入到现代农业之中，兴起了所谓"农业科技"（Agritech）的热潮。在政府及政策激励下，一大批农业机械厂商、食品企业、IT 科创企业以及机器人风投企业等正在纷纷加入农业改造大潮，各种创新也在不断付诸实践。如农机公司久保田便是一家将物联网技术导入农业的典型企业，它所生产的联合收割机装备了 IoT 传感器，可以实时测定所要收割稻米的蛋白质及水分含量。该公司将这些数据收集形成大数据技术，集成为名叫"KSAS"的服务系统。截至

---

① 有限会社ワールドファーム、https://www.world-farm.co.jp/company/。

2020 年 2 月，KSAS 服务系统签约量超过 2000 件，管理农场的总面积达到 8.2 万公顷，占日本全国水稻播种面积（150 万公顷）的将近 5%。①值得指出的是，KSAS 实现了一边收割、一边收集关乎味道口感的稻米蛋白质含量等数据，而这些数据应用于干燥作业程序便能更好地控制干燥机，既能生产出口感更佳的大米，同时分类干燥也能缩短加工作业时间并大大降低成本。

（三）技术进步为主线的多样化创新

以工业反哺农业，这是很多国家发展农业的普遍做法。日本政府除了以政策手段直接进行调控之外，更加注重依靠市场机制来激发市场的活力，也就是激励和推动企业参与到农业中来，将先进技术导入到农业领域，最终推进农业的技术进步。

植物工厂是日本最早将先进技术导入农业的实践。1974 年，日本就开始尝试以营养液栽培技术为基础，实践设立植物工厂。作为制造业巨头，日立制作所最先开始了生菜的工厂化实验。如今，日本对草莓、山葵等植物的种植都已实现了规模化工厂生产。在神奈川县相模原市，就建有一大批规模化的植物工厂。

跨产业技术转移也正在成为日本发展农业技术的特色。一家名叫 BLANCTEC 的新创企业（2018 年），就成功将滑雪场人工降雪技术应用到食品保鲜领域。②该公司创始人广兼美雄曾从事制造和销售造雪设备的工作，但因日本滑雪人口减少而被迫退出该领域，基于造雪技术的经验，这位创始人开发出一分钟速冻技术——向零下 60 摄氏度金属桶中注入浓度为 23.5% 的食盐水，形成混合冰便可将活鱼一分钟冻结。这种极短时间内速冻可使鱼的血液集中到内脏，烹饪前清除内脏就实现了"放血"效果，极大改善了鱼的味道。如今，该技术还被广泛应用到牡蛎加工业，不仅日本工厂使用，还被摩洛哥和韩国企业所引进。

当然，今后的主流趋势还是将人工智能等新技术应用到农业领域。一家名为 UMITRON 初创企业就成功运用 AI 技术从事水产养殖。③传统水产养殖业主要靠养殖人员目测判断投喂饲料，完全凭主观感觉或经验。但事实上，饲料费用恰恰是养殖成本中最高的部分，占比达 6~7 成，所以能否精准掌握鱼的最佳食欲进行投喂

---

① クボタ、https://ksas.kubota.co.jp/。
② ブランテックインターナショナル株式会社、https://www.blanctec.co.jp/templates/pc/japanese/company/index.php。
③ ウミトロン株式会社、https://umitron.com/ja/company.html。

决定着养殖的效率。因为盲目投喂不仅会造成浪费，饲料大量漂浮水面还会引发赤潮的风险。这家公司通过摄像头监控鱼吃饲料状况，导入人工智能技术进行图像分析，从而寻找到投喂饲料的最佳时机，并准确计算出投放量。其实，这家企业原本的业务与人造卫星相关，与水产业毫不沾边，但"太空与海洋都具有环境不稳定、难以探查的特点"，于是公司联合创始人藤原谦便联想到 AI 养殖水产。如今，该技术在爱媛县、大分县等地得到广泛应用，还通过与美洲开发银行（IDB）合作推广到南美的秘鲁养殖场。

三、初见成效的农业转型之路

综观日本农业转型历程，我们也可以看到，向先进农业国家学习、工业反哺以及生产方式及技术领域创新等都是其突出特征。在这些特征之上，还能领会到文明互鉴对于农业发展的重要性。

（一）学习荷兰等外国经验

其实，技术发达的日本也一直在学习其他国家的先进经验，比如以色列、荷兰甚至美国等，其中荷兰堪称是日本近年发展设施农业的"老师"。荷兰的领土面积仅相当于日本的九州地区，该国的人力成本费用极其高昂，却成功发展成世界著名的农产品出口大国。早在 2009 年，荷兰的农产品出口额就已高达 743 亿美元，仅次于美国位居世界第二。

正是基于国情有诸多相似点，日本举国上下都把荷兰作为学习的榜样。在日本农林水产省的网站主页上，输入"荷兰"一词，就能检索到 8700 多条信息。日本重点学习了荷兰的设施农业，截至 2015 年，南起宫崎县、北至北海道，日本建立了 10 个样板设施园艺示范园区，作为向全国推广的"新一代设施园艺据点"。这些设施农业的新元素包括：高端环境控制技术（如 ICT 技术温控、二氧化碳浓度及日照量自动调整）、富含地域特色的新能源（如工厂废热、木材生物量 biomass）、全作业式大型温室化等。日本的设施农业学习取得了显著成效，以西红柿为例，设施农业的产量达到每 10 公顷 30～50 吨，是传统种植方式的三倍。

当然，除了设施农业之外，日本还向荷兰学习了物流以及其他技术方面的先进经验。除荷兰之外，美国和以色列的先进农业技术等，也经常是日本企业或地方政府组织参观学习的对象。

（二）以先进产业反哺为特色的创新

先进产业对农业反哺更是日本农业创新的重要源泉。一个代表案例就是冷冻技术在日本农水产品加工及零售、餐饮行业等领域迅速普及，而且还迈出国门走向新兴市场国家，形成横跨各国的冷链物流体系。千叶县流山市一家名叫 ABI 的冷冻技术企业，社长大和田哲男发明了一项被称作"细胞存活系统"（Cells Alive System，CAS）的冷冻技术，能在细胞存活状态下冷冻食材，实现了保持原有新鲜及香味等功能。1973 年他与不二制油公司合作，在全世界首次成功实现鲜奶油蛋糕的冷冻和解冻；2004 年又与细胞医学专家合作，开发出世界第一款 CAS 冷冻装置。前川制作所是一家工业冷冻机企业，它率先将冷冻技术应用于金枪鱼等水产品加工保存以及运输上，如今已成为掌握 8 成以上世界冷冻船份额的知名企业。董事长高桥繁表示，"是消费者对新鲜度的追求，让我们磨炼了技术"。

从全球范围来看，食品速冻业正处于快速增长时期。英国调查公司欧睿国际统计显示，2018 年世界食品冷冻市场规模达到 1193 亿美元，5 年后将增长 12%。因为冷冻技术不仅可以大大减少食物浪费，还可以实现厨房及加工线的省力化、压缩流通成本。在中等收入阶层快速壮大的新兴市场国家，冷链也呈现迅速扩大之势，在该领域，日本的温度管理技术等方面具有强大竞争力，一些企业迅速占领市场。如雅玛多控股已在中国香港建立冷链物流体系，丸红不仅在美国建立子公司，也在中国大陆携手本地物联网科创企业（G7）试水冷链物流。

（三）创新仍是推动农业发展主动力

创新是产业发展的最终动力，也是根本动力，对传统的农业而言也是如此。二战结束以来，日本以"安全网"型发展模式为目标，进行了大量实践，也积累了丰富经验以及教训。在农业结构发生根本性变化的今天，创新再次为日本农业发展注入活力。

首先是农业经营组织的创新，以改革创新提升效率。为了克服农业就业人口不

日本农业发展战略转向开放进攻型

断减少的严峻问题，同时把现代企业组织制度引进到农业生产领域，以激活农业发展活力，并大幅度提升农业生产效率，日本政府一直在试图推进农业经营的"法人化改革"。"新基本法"第二十二条就规定，"国家应不断完善经营合理化及其发展的条件，颁布相关措施，实现家族农业经营的活性化的同时推进农业经营的法人化"。2013 年 6 月，以内阁决议方式通过的《日本再兴战略》又提出，要用 10 年时间将农业经营法人较 2010 年（1.25 万家）扩大 4 倍、达到 5 万个的目标。[①]截至 2020 年，日本农业法人经营体数量为 3.1 万家，距离上述目标显然还有很大差距，但集约化经营和提高生产效率的效果已经显现。

借助法人化，日本已经开始试验大规模水田作业，2019 年，富山县射水市农事组合法人布目泽营农开始智能农业实验项目。该项目引进了自动驾驶拖拉机，其每 10 公顷水稻的耕耘作业时间比传统模式缩短了 36%；自动化水管理系统使其"干田直播栽培"的水管理作业时间削减了 80%；此外，可变施肥植机技术也使收获量有所增加，每 10 公顷增加了 60 千克，且口味也大为改善。[②]通过法人化而转向智能化农业，不仅可以提高大米品质，还实现了省力化和削减生产成本，可谓一举多得。

其次是通过引进各种新技术，改善农业生产基础条件。为了创造农业发展的优良环境，日本政府一边不断推进农地的"大区划化"，一边引进各种先进科技，以大幅优化农业发展的基础条件。2019 年日本水田面积（239 万公顷）的 66%（159 万公顷）实现了区划整备，其中有 26 万公顷水田实现了单块地超过 5000 平方米以上，大区划集约化率达到 11%，其他也都在单块地 3000 平方米以上。而且实现了"暗渠排水"的水田面积达到 110 万公顷。在旱田方面，也有 128 万公顷实现了区划改造，占比为 64%。更重要的是，日本政府已经开始针对实现区划改造的耕地，引进自动驾驶农机和 ICT 水管理等智能农业装备。2020 年，由总务省主导的"智能农业实验项目"（机器人拖拉机和机器人采摘机等 5G 设备），已经在北海道岩见沢市、山梨县山梨市、鹿儿岛县志布志市进行试点、静冈县袋井市、兵库县神户市则在进行 ICT 排水及远程作业实验项目。

最后是农业生产管理方法与管理模式的创新，代表性案例就是积极引进了农业生产工程管理系统。2005 年，日本农林水产省正式引进"Good Agricultural Practices"

---

① 農林水産省『農業経営法人化ガイドブック』、日本農業法人協会、2017 年 2 月。
② 農林水産省『令和 2 年度　食料・農業・農村の動向』、2021 年 5 月 25 日、194 頁。

（GAP）政策，其目标是确保食品安全、保护环境以及劳动安全等，实现农业可持续发展。迄今为止，日本已经实施了 GAP 认证系统，并确立了 GLOBALG.A.P、ASIAGAP、JGAP 三类体系。截至 2019 年底，日本获得农产品 GAP 认定的经营体数量已经达到 7171 家，比 2018 年大增 1830 家。另据日本农林水产省调查，45.5%的农业从业者知晓了 GAP 认证体系，从推进效果来看，受调查的农业经营者表示对"食品安全""劳动安全""环境保护""农场经营管理"以及"人权保护"等产生了效果。新潟县上越市的穗海农耕有限公司成立于 2005 年，拥有员工 20 名，经营着 170 公顷的水稻。2006 年该公司代表董事丸田洋获得 GAP 指导员资格，同年公司也获得 JGAP 法人认证。之后，在 2007 年和 2017 年，该公司所生产谷物又相继获得 JGAP 团体认证和 ASIAGAP Ver.2 认证。由此，该公司重新制定了栽培计划，导入了 ICT 管理工具。导入 GAP 系统，提升了水稻生产管理水平，不仅减少了农药费和育苗费，还削减了人工成本，其经营效率提升非常显著。

结　语

日本财务省披露的最新数据（2021 年 12 月 16 日）显示，2021 年 1—11 月日本农产品出口已经突破 1 万亿日元（10633 亿日元），相比 10 年之前实现了倍增。这也从侧面印证了日本农业战略转型所取得的成绩。另外，前不久，英国《经济学人》公布了 2021 年度"全球粮食安全指数"排行榜，日本比 2020 年再进一步，已经跻身全球第八位，相比 10 年前也跃进了八个名次。这些都表明，尽管日本农业仍然面临诸多困难和挑战，但其从保护防守转向开放进攻的战略转型，已经取得了显著成效。

OECD 在 2019 年日本农业报告中也指出，"创新、生产效率提升以及可持续发展"是近年来日本农业发展的显著特征。一是战略转型激励了创新与创业，政策与市场环境也得以重构。在此背景下，劳动力减少且老龄化的小农经营模式，已经开始向现代化的大规模经营方式转变。二是政策激励着农业自身以及农业之外的先进技术不断引进，带动了以 5G、AI 以及智慧农业为代表的一系列创新活动，大大提升了要素配置效率以及生产效率。三是信息化以及全球化等新观念、新体系的导入，也使传统特征显著的农业被赋予了时代特色的可持续发展理念，从而唤起了勃勃生机，一些新概念也不断出笼，比如最近岸田文雄内阁所提出的"田园都市农业构想"等。

显然，以开放进攻为特色的日本农业新发展战略仍然"在路上"，仍将面对诸多复杂课题和严峻考验，其今后的发展值得我们不断持续关注和重视。

（作者：常宇，南开大学日本研究院世界经济专业博士研究生；张玉来，南开大学日本研究院教授）

井上哲次郎研究

【编者按】

2021 年 10 月 16 日，南开大学日本研究院与中国社会科学出版社、南开大学中外文明交叉科学中心共同主办了"井上哲次郎与近代日本学术生态"研讨会暨"善美原典日本研究文库·井上哲次郎儒学论著选集"新书发布会。刘岳兵教授主编的《井上哲次郎儒学论著选集》（中国社会科学出版社 2021 年 9 月）共四卷，除了《日本阳明学派之哲学》（付慧琴、贾思京译）、《日本朱子学派之哲学》（万丽莉译）、《日本古学派之哲学》（王起译）之外，新辑的《儒教中国与日本》（付慧琴、唐小立等译）集中反映了井上哲次郎中日儒学研究特色、思想倾向及生平行履。研讨会就井上哲次郎在近代日本学术思想史上的地位及其儒学研究的特色、日本儒学研究的"井上范式"与近代日本学术生态的关系等问题进行了深入探讨。这次刊出三位与会专家的论文，以期推进相关研究。

井上哲次郎与近代日本的国家建构*

唐利国

内容摘要 井上哲次郎（1855—1944）是近代日本体制意识形态的代表性论客，其日本儒学论、武士道论、国民道德论等均产生了较大的影响。井上思维方式与近代日本国家认识论构造的一致性，保证了其学说得以在近代日本能够被广泛接受，并影响至今。其"国民自卫"主张中显示的思想的目的性，其"现象即实在论"所显示的"即"之思维方式，其东西文化调和论所显示的伪饰的普遍主义，即使对现代日本研究者依然具有相当的说服力。

关键词 国家主义　日本主义　国民道德论　"即"之思维《教育敕语》

*本文系北京大学历史系"海上丝绸之路与郑和下西洋"及其沿线地区的历史与文化研究重大项目部分成果。

Tejiro Inoue and the National Construction of Modern Japan

Tang Liguo

Abstract: Tetsujiro Inoue (1855—1944) was a representative critic of Japanese system ideology in modern times. His Japanese Confucianism, Bushido, and national morality had a great influence. The consistency between Inoue's way of thinking and the epistemological structure of the modern Japanese state ensures that his theory can be widely accepted in modern Japan and keeps its influence on this day. The purposefulness of thought manifested in his "national self-defense" claim, the "that is" way of thinking manifested by his "phenomenon is realism", and the disguised universalism manifested by his theory of harmony between Eastern and Western cultures, are still quite persuasive even for modern Japanese researchers.

Key words: Nationalism； Japaneseism, national morality； the thinking of "that is"； Imperial Rescript on Education

井上哲次郎（1855—1944）是近代日本学院哲学的代表者[①]，也是明治政府官方意识形态的代表性论客，尤其是在思想领域提倡所谓道德主义的领军人物，以日本儒学论、武士道论、国民道德论等著称。他在 1891 年出版日本官方认可的《敕语衍义》；在 1892—1894 年的"教育与宗教的冲突"中大力攻击所谓"非国家主义"的基督教；1912 年出版《国民道德论》，是一以贯之的国家主义意识形态鼓手。他曾任东京帝国大学文学部哲学科教授、帝国学士院会员、东京帝国大学文科大学校长等。1927 年，他因为被认为在其《我国体与国民道德》一书中有对日本皇室不敬的表述，而被迫辞去公职。[②]但蛰伏不久，井上又重新开始活跃于日本学界和教育界。晚年任"国际佛教会"会长、"素行会"会长等。

井上哲次郎的儒学史研究虽然相对能够得到较高的评价，但是其哲学成就乃至整体的学术成就，一般来说学界的评价并不算高。代表性的观点如丸山真男，虽然高度评价其"儒学三部曲""在今天（指 1983 年——引用者注，以下同此）依然没有失去生命力"，但同时也认为"（井上哲次郎）关于'国民道德'的数量众多的著

---

① 近代日本思想史研究会著：《近代日本思想史》第 1 卷，第四章第三节，马采译，商务印书馆 1983 年第 2 版。

② 井上哲次郎『我が国体と国民道德』広文堂書店、1926 年。

井上哲次郎与近代日本的国家建构

作和论文，鼓吹的调子越强，学问价值越低"。[①]近年来日本学界对于井上哲次郎的研究虽然有"再评价"的动向，水野博太也依然指出，井上曾致力于向西方推出所谓"日本哲学"史，驳斥日本没有哲学的观点，但是并不成功。[②]实际上在井上生前便有人，如中江兆民，在其《一年有半》中说"井上君""自己标榜是哲学家"，"实际却不配称作哲学家"，据说指的就是井上哲次郎。[③]和辻哲郎也曾批判井上哲次郎等的国民道德论是"日本之癌"[④]。

然而问题是，如果井上不过是一个因缘际会的平庸之辈，其学说何以会有着如此强大的影响力和长久的生命力？其国民道德论虽然遭到比较多的批判，但是其"儒学日本化"论、武士道论等，至今依然被广泛接受；而其在哲学研究上的成绩，近年来在日本学界也有重新评价的倾向[⑤]。鉴于此，本文尝试揭示，无论其哲学资质贤愚、学术成就高低，井上的思维方式与近代日本国家的认识论构造的一致性，构成了其思想影响力的根本原因。[⑥]

一、"国民自卫"

西方的冲击所带来的国际局势的危机，使得日本武士阶级的尚武传统迅速复活，压倒了近世儒学渗透所孕育的文治主义。近代日本立国之初以明治天皇的名义发布的所谓"维新之诏"，或称"亿兆安抚国威宣扬之宸翰"，表明了与万国对峙的国家意志："开拓万里波涛，宣布国威于四方。"在此背景下，井上哲次郎的思想著述活动有着非常明确的目的，他称之为"国民自卫"。其国民道德论更是强调国民自卫是日本教育的目的。

明治初年日本政府采取了比较自由的思想政策，各种西方思想蜂拥而至。井上

①　丸山真男『丸山真男集』第 12 卷、岩波書店、1996 年、81 頁。

②　水野博太「井上哲次郎における「日本哲学」の存在証明とその失敗」、『日本思想史学』第 52 号、2020 年。

③　中江兆民对井上哲次郎的蔑视不是孤例，据说当时井上被视为"东大二腐儒"之"西洋腐儒井上哲次郎"。严绍璗：《中国儒学在日本近代"变异"的考察》，《国际汉学》，2012 年第 2 辑，第 461～462 页。

④　山田洸『近代日本道徳思想史研究』未来社、1972 年、235 頁。

⑤　板東洋介ほか「井上哲次郎とその時代」、『日本思想史学』第 52 号、2020 年。

⑥　所谓近代"日本国家的认识论构造"，这一概念借自丸山真男。丸山真男『日本の思想』岩波書店、1961 年、36 頁。

虽然也承认输入西方文化"唤起了思想界清新的风气"[①]，却又视此为日本思想界的危机："如今，佛教荒废，儒教衰微，武士道亦不振。我国原来的道德主义渐渐濒临末期，其状之危不啻一发千钧。与之相反，西洋的道德主义则日积月累地输入，其势几乎席卷我精神界。然而西洋的道德主义并非单一，实是各色杂陈，如功利主义、直觉主义、利己主义、利他主义、快乐主义、克己主义、乐天主义、厌世主义等等，各自依其所见成一家之言。是以后进之徒多歧亡羊、不知所从，愈学愈感困惑。因此我道德界进入了大致可以混沌二字形容的过渡时代，恐怕已经形成道德上的危机。"[②]他给出的对策便是："在日本有数千年养成的国民道德，经明治以来的激变，仍能带来国运的隆盛。从事教育者应该能够好好考虑这一点，不被世间邪说暴论所迷惑，确以所信贡献于国民自卫的发展。"[③]井上极力宣扬复活武士道思想，便是为了实现这一目的。因为他认为世人之所以流于轻佻浮华、意志薄弱，武士道的衰退是重要原因，而素行的《武教小学》及《语类》堪称起死回生的灵丹妙药。井上强调："为了国家自卫，必须谋求武士道的存续发展。"[④]

在 1910 年东亚协会举办的讲习会上，井上开始正式提出自己的"国民道德论"，后来又在文部省举办的讲习会上两次开课。根据他的讲课记录出版的《国民道德概论》一书引起当时日本教育界的广泛重视，于是国民道德作为必修课不仅在高等学校和师范学校讲解，而且所有中等教育的考试科目都要求具备国民道德的基本知识。井上自认为被重视的原因有三：一是当时"危险思想的侵入，以及与此同时发生的逆徒事件"；二是"当时学者中间并非没有讲授伦理道德的，但是大多数都追逐西洋伦理学者的踪迹，一味蹈袭其研究方法，丝毫也不努力去阐明东洋伦理特别是国民道德"；三是"对共产主义者的大检举，特别使教育界愕然而惊，痛感今后

①　井上哲次郎『明治哲学界の回顧』岩波書店、1933 年、1 頁。参见井上哲次郎著：《儒学中国与日本》，付慧琴、唐小立等译，载刘岳兵主编：《善美原典日本研究文库·井上哲次郎儒学论著选集》，中国社会科学出版社，2021 年，第 412 頁。（译文如下：在思想界唤起了清新之气运。）

②　井上哲次郎「日本倫理彙編叙」、井上哲次郎、蟹江義丸編『日本倫理彙編』第 1 卷、育成所、1903 年、1 頁。参见井上哲次郎著：《儒学中国与日本》，付慧琴、唐小立等译，第 401 頁。（译文如下：当今佛教废弛，儒教衰微，武士道不振，我国以往的道德主义逐渐衰颓，这种状况不啻千钧一发，反之，西洋的道德主义不断输入我国，几乎呈现出席卷我国精神界的趋势。然而西洋的道德主义实际上多种多样，并不单一，如功利主义、直觉主义、利己主义、利他主义、快乐主义、克己主义、乐天主义、厌世主义，各自依其所见，形成一家之主张，因此多歧亡羊，后进之徒不知适从，深感愈学愈惑。于是，我国道德界到了几乎可以混沌二字来形容的过渡时代，这岂不是令人担心的道德危机吗？）

③　井上哲次郎『新修国民道德概論』三省堂、1928 年、308 頁。

④　井上哲次郎『武士道の本質』八光社、1942 年、87 頁。

井上哲次郎与近代日本的国家建构

进一步加强研究及讲授国民道德之必要"。①

井上哲次郎特别强调"国民道德在国民教育中占据着主要地位",认为仅仅对每个个人进行教育是不够的,还"有必要从国民群体的立场出发进行教育,即必须施行为了国民自卫的必要的教育"。②关于国民自卫,井上哲次郎解释道:人类的欲望有两种,一是自我保存,一是种类保存;仅仅是自我保存是不能满足的,而且人类有高度发达的自觉,所以种类保存的欲望尤为强烈。"把种类保存的欲望推广开来就形成了国民自卫的发展。为了国民自卫的发展,无论如何国民道德是不可缺少的,不仅如此,国民道德毋宁是国民自卫发展的结果,是必然产生的。《教育敕语》所列举的德目是日本国民道德的要领,那是为了日本国民自卫发展所必须实行的最重要的德目。"③所以应该"不拘于世间种种异论,为了国民自卫,充分地研究国民道德,并以之为国民教育的真髓,热心地致力于教养下一个时代的国民"④。

井上的思想言论活动的目的主要有两点,对内是与一切不利于天皇制的思想对抗,对外则是与万国对抗。

在日本国内对近代日本天皇制最具威胁性的自然是社会主义和共产主义思想的传播。1928 年井上修订其《国民道德概论》时特意删除了第九章的"家族制度与社会主义",代之以"社会改造的诸主义与国民道德"一章,对社会主义、共产主义、无政府主义等各种社会改造主义加以批判。⑤他在 1939 年的演讲《儒教经济的昂扬》中则借推崇儒家的经济伦理以批判马克思主义。他首先强调:"孔子绝非全然无视利益之事,只是并非利益第一主义,相对来说更重视高尚的道德,以道德为第一,利益等在其下。"⑥然后主张:"经济是达到人类目的的方法手段。但马克思主义的经济学与儒教正相反,他是完全唯物主义的经济学。所以宣扬生活资料是最重要的东西。因此这和日本这样的理想主义国家怎么也不能相容。……因此必须

---

① 井上哲次郎『新修国民道德概論』、「新修国民道德概論序」2–3 頁。
② 井上哲次郎『新修国民道德概論』、2 頁。
③ 井上哲次郎『新修国民道德概論』、339–340 頁。
④ 井上哲次郎『新修国民道德概論』、399 頁。
⑤ 井上哲次郎『新修国民道德概論』、「新修国民道德概論序」4 頁。
⑥ 井上哲次郎「儒教経済の昂揚」、『井上哲次郎選集』潮文閣、1942 年、133 頁。参见井上哲次郎著:《儒学中国与日本》,付慧琴、唐小立等译,第 283 页。(译文如下:孔子绝非是完全无视利益这种东西的。他只是不以利益为第一主义,相较而言更重视崇高的道德,以道德作为第一主义,把利益等东西放在次要位置。)

追溯其所渊源之处，将其弊害连根拔去。"①

井上所谓的国民自卫在对外方面则越来越表现为为战争进行宣传教育。他分析日本在甲午战争、日俄战争中取胜的原因，认为在各种因素中最大的是"国体、武士道及精神教育"②。"有这种长处是今后针对新境遇取得胜利的依据。明治维新以后这种民族性格取得了对其他民族性格的胜利，即日清日俄战争的大捷。面对新境遇，武士道精神、维新以后养成的国民思想取得了胜利。即使在今后的道德中，原来的长处也是一个利器。即使在今后的道德中，为了取得胜利，也有必要更加发展过去的长处。"③在 1942 年出版的《武士道的本质》一书的序言中，他更是写道："对于我日本武士道收到的赫赫战果，世界各国惊叹不已，在这种情况下本书的发行至少是适应了社会的一部分要求。"④并在书中宣称日本武士道的长处在于可以使"国民的对外精神不会四分五裂，实现完美的统一，因此在面对外敌时就能够发挥出强大的威力"⑤。

近代日本政府回避社会革命，不断煽动危机，整合动员国民。井上以对抗为目标的思维方式，正是近代日本国家构造在认识论上的反映。

二、"即"之思维

学界一般认为井上哲次郎基本的方法论立场是折中主义的。例如，关于德国观念论的伦理学说，井上哲次郎写道："虽人以为舶来之新说，此系古来朱子学派之所唱道也。"⑥对此，丸山真男称之为"井上哲次郎式的折中主义'传统'"⑦。的确，

---

① 井上哲次郎「儒教経済の昂揚」、『井上哲次郎選集』、147 頁。参见井上哲次郎著：《儒学中国与日本》，付慧琴、唐小立等译，第 295 页。（译文如下：经济只是属于人类达到目的的方法手段。但马克思主义的经济学就和儒教正好对立，它全然是唯物主义的经济学，所以它视生活资料为最重要的的东西，进而讲经济学。因此对于日本这样的理想主义国度，就存在着无论如何也不相容的地方……因此，就一定得下决心去追溯其由来之渊源，从根底去除这一弊害。）

② 井上哲次郎『新修国民道徳概論』、354 頁。

③ 井上哲次郎『新修国民道徳概論』、328 頁。

④ 井上哲次郎『武士道の本質』八光社、1942 年、「序」2–3 頁。

⑤ 井上哲次郎『武士道の本質』、74–75 頁。

⑥ 井上哲次郎『日本朱子学派之哲学』富山房、1905 年、600 頁。参见井上哲次郎著：《日本朱子学派之哲学》，万丽莉译，载刘岳兵主编：《善美原典日本研究文库·井上哲次郎儒学论著选集》，中国社会科学出版社，2021 年，第 355 页。（译文如下：虽然是人为舶来之新说，却和古来朱子学派所倡导之观点有关。）

⑦ 丸山真男『日本の思想』、14 頁。

井上哲次郎与近代日本的国家建构

井上有意识地把德国的古典唯心主义哲学与中国的儒学、印度的佛教等相结合，建立了自己的哲学体系，并将自己的基本立场总结为"现象即实在"论。

井上认为，实在和现象是相即的，即互相包含、融合的；现象和实在是同一存在的两方面，现象本身即是实在；正如客观世界具有现象和实在两方面一样，主观世界也具有现象和实在两方面；人只能认识现象而不能认识实在；世界的真相存在于超越现象与实在差别之境界，而人可以通过内在的直观，间接地、近似地获得实在观念。他说："现象和实在是不能分离的，而统一不变的实在是贯通物心两界的根本原理。物心两界的现象构成现象界的全部，此乃作为根本原理的实在的种种相。"①

井上的哲学其实是唯心主义的一元论，宇宙本体就是所谓"实在"。但是他并不明确地坚持唯心主义的立场，而是采取了一种折中主义的态度。他所谓"现象即实在"是指一种"相即不离的关系"，比如"一即多，多即一"或"一即一切"，就是佛教所谓"圆融相即的关系"。②他将佛教"圆融相即"的概念搬来，解释说他的"现象即实在论"的即字就是"互相融合""调和"，既不是唯心论，也不是唯物论，而是兼备双方的长处，"将精神和物质即物心两者调和融合于一个实在之中，建立正确的健康的世界观与人生观"。③

实际上，井上并不是真的完全不偏不倚地处于唯物论与唯心论之间。他所谓"实在"是独立于人的思想的超验的不可知之物，实际上仍然是唯心主义，是客观唯心主义。他认为世界发展的根本动力是意志，自称是"意志本位论者"。④所谓意志论，首先是目的论。他认为宇宙是有目的的，宇宙的进化就是宇宙的意志的结果。他说：发芽、开花都是意志的结果。⑤意志分为"高度的意志"与"低度的意志"。"低度的意志"又叫"动向"。动向是世界全体的本源，没有动向就没有宗教、伦理和权利等。人类的意志就是有理性的动向，这是人与动物的区别所在。⑥"人类社会无论如何必须依靠人类的意志力左右人类自身的进化。"⑦于是，在井上看来：日本的发展是"日本民族的意志活动的结果。明治维新以后的文明总的说来是日本民族的

---

① 井上哲次郎「自分の哲学上の立場」、『井上哲次郎選集』、3頁。
② 井上哲次郎「自分の哲学上の立場」、『井上哲次郎選集』、7頁。
③ 王守华、卞崇道：《日本哲学史教程》，山东大学出版社，1989年，第284页。
④ 井上哲次郎『倫理と教育』、弘道館、1908年、34頁。
⑤ 井上哲次郎『倫理と教育』、47頁。
⑥ 井上哲次郎『倫理と教育』、36頁。
⑦ 井上哲次郎『新修国民道徳概論』、284頁。

意志创造出来的"①。

如上所述，井上的折中主义并非不偏不倚，而是自有其所偏重。进一步地，他把自己综合德国思辨哲学与佛教哲学而形成新哲学"现象即实在论"的方法，运用到广泛的文化领域中，提出了所谓的"东西文化调和论"。自然，其所谓调和，也同样并非一视同仁。

井上的调和经常表现为一种跨越时空的粗糙的类比。例如，他会说："智、仁、勇三者与今天心理学上的知、情、意相当。因此古代精神的分类方法与今天心理学的分类方法是一致的。"②他还主张："神道传下来的道德观念，如果能够充分地理解其真意，反而有与近世的道德相符合之处。"③在他看来："忠也好，孝也好，如果适应今日的时势、境遇来改变解释的方法，的确是纵横自在、毫无抵触之处。因此今日承担教育任务者应好好注意这一点，不可怠慢。"④原来所谓"充分理解其真意"就是"改变解释的方法。"

在致力于用现代思想附会东方思想的同时，井上更重视的是竭力寻找东方思想中的优点。他在 1939 年的文章《东西洋哲学的异同及融合》中先是比较分析东西方哲学的异同之处以及各自的得失长短，指出西方哲学与希腊宗教、神话没有关系，哲学家独立探索宇宙的根本原理，所以比较纯粹，思辨发达；东方哲学与宗教、政治、伦理、经济等关系较密，妨碍了哲学的发展，但是养成了重视实践的长处。然后他从经济思想的角度对东方哲学大加赞美。他认为儒教经济思想的原则是"德本财末"，称赞"儒教经济是以道德为基础的经济"。⑤对西方的经济思想则大力批判："西洋经济学基本上是讲功利主义的经济。其中虽然有的稍稍附带讲到与道德思想的关系，但只是极少数。大部分只讲与道德无关系的经济，所以相对儒教经济可以称西洋经济为'财本德末'。……共产主义的经济仅仅是财的经济。其辩证法本于黑格尔的哲学，但经济观建立于唯物主义之上，德根本不作为问题。其结果将会怎

---

① 井上哲次郎『倫理と教育』、41 頁。
② 井上哲次郎『新修国民道徳概論』、119–120 頁。
③ 井上哲次郎『新修国民道徳概論』、122 頁。
④ 井上哲次郎『新修国民道徳概論』、313 頁。
⑤ 井上哲次郎「東（西）洋哲学の異同及び融合」、『井上哲次郎選集』、27 頁。参见井上哲次郎著：《儒学中国与日本》，付慧琴、唐小立等译，第 307 页。

井上哲次郎与近代日本的国家建构

样呢？在今天的俄国出现了很不好的情况，而且有害的结果及于外国，所以出现了防共协定。"①井上又这样解释日本的所谓"皇道经济"："我国自神代就是理想主义的，最重视的是正义的道德。以道德为第一，以功利为其次。英美则相反，以功利为第一，以道德为其次。"②他还强调皇道经济"大体与儒教经济一致"③。

井上哲次郎这篇《东西洋哲学的异同及融合》的最后结论是："从历史上来考察，东西洋哲学是完全不同的系统，必须区别。但发展今后的哲学何必区别东西洋？应该超越东西洋的区别，由日本人从日本精神的立场发展哲学。"④然而如果真的不必区别东西，那么又何必要强调日本？井上的"折中主义"在很大程度上不过是一种话术，以貌似周到圆满、允执其中的行文，强调着自己的主张。

三、伪饰的普遍主义

与上述方法论相对应的是井上哲次郎的价值取向，在形式上一贯强调普遍主义的同时，毫无障碍地提倡着最直白的日本主义；自然，在普遍与日本之间，东洋或者东方成为其论述中不可或缺的中间环节。

例如，井上主张康德的《实践理性批判》的中心问题是"普遍适用的道德律"，即"无上命法"，而儒教中有同样的旨趣：比如《中庸》讲的"君子动而世世为天下道，行而世世为天下法，言而世世为天下则"就有这种旨趣，"这不仅讲时间上的普遍适用，也意味着空间上的普遍适用"。陆象山、王阳明也都以不同的语言讲

---

① 井上哲次郎「東（西）洋哲学の異同及び融合」,『井上哲次郎選集』, 28 頁。参见井上哲次郎著：《儒学中国与日本》, 付慧琴、唐小立等译, 第 307 页。[译文如下：西洋的经济学几乎都是阐说功利主义的经济。虽然其中也有与道德思想存在少许关系的，但这也是极少数，几乎大部分所阐述的经济都是与道德无关的，所以相对于儒教经济，西洋经济可以说是"财本德末"。（漏译一句话）共产主义的经济仅仅是财的经济，虽然其辩证法以黑格尔的哲学为根本，但其经济却成立于唯物主义之上，并不把道德作为探讨的问题。这样的结果，就如同今日的俄国那般，变成令人不悦的情况。而且不仅是令人不悦，其有害的结果甚至还会波及其他国家，所以就出现了防共协定这样的东西。]

② 井上哲次郎「二宮尊徳と皇道経済」,『井上哲次郎選集』, 130 頁。

③ 井上哲次郎「二宮尊徳と皇道経済」,『井上哲次郎選集』, 131 頁。

④ 井上哲次郎「東（西）洋哲学の異同及び融合」,『井上哲次郎選集』, 29 頁。参见井上哲次郎著：《儒学中国与日本》, 付慧琴、唐小立等译, 第 308-309 页。（译文如下：若进行历史的考察，东西洋的哲学是完全不同的系统，因此就必须将之区分。但对于今后的哲学来说，就没有区分东西洋的必要了，而是要超越东西洋的区别，从日本人的角度从日本精神的立场去探索哲学。）

"同样的普遍适用的道德律。后世之人以理为其通用的称呼。理即理性"①。井上这种从道德角度论证东方优越性的思路早在 1905 年初版的《日本朱子学派之哲学》中已经成形。书中推崇孔子为德教的祖师，进而强调《教育敕语》继承了儒教的模式，最后结论便是："以德教进行修养时把儒教作为典范毕竟不是荒诞无稽的。儒教很适合做榜样。这种榜样不能他求。不能求之于西洋。西洋没有与孔子之教相对应的东西。"②

借助中国的思想资源确立日本能够与西洋对等的地位之后，井上进一步推出的是日本特有的某种"精神"。其《日本精神的本质》一书开篇就是："明治以来，开始使用日本精神一词，近来日益流行。究竟日本精神意味着什么呢？所谓日本精神就是日本民族本来的精神，其中自然而然地具有应该看作特色的东西，所以称之为日本精神。换而言之就是日本固有的精神，即日本民族本来就具备的一种特有的精神。"③

井上也承认在日本精神的形成过程中，"并非不曾因为儒佛二教以及西洋思想的传入而有消长兴替的情形"，但是却强调："纯粹的日本精神却能够咀嚼、统制、纯化、陶冶外来思想、收而为自家之物。可以说其成绩历历长存青史、不复蒙蔽。"比如，"德川时代产生的复古神道以复活儒佛二教传入之前的纯粹的日本精神为目标而努力，其效果颇为可观"。而明治维新以后西方思想一度压倒日本精神，但是"近来猛然抬头，显现出其纯粹的本来姿态，扫荡一切低迷动荡的思想的毒瓦斯，不仅使国民重见天日，而且表现出完成有世界性永久意义的发展的态度，真可谓巨大无比的快心事。"④

---

① 井上哲次郎「東（西）洋哲学の異同及び融合」、『井上哲次郎選集』、29–30 頁。参见井上哲次郎著：《儒学中国与日本》，付慧琴、唐小立等译，第 309 页。（译文如下：一言以蔽之，就是康德的《实践理性批判》的中心问题——设定一个普遍妥当的道德律。这就是康德曾说的"绝对命令"（Categorical Imperatives）。而虽然不是用那样的形式表达，但同样的主旨在儒教中也经常出现。《中庸》中有说：君子动而世为天下道，行而世为天下法，言而世为天下则。这并不只是说时间的普遍妥当，而同样意味着空间的普遍妥当。接下来陆象山、王阳明以及其他中国的哲学家，都以别的词语来阐述同一的普遍妥当的道德律。这是后世之人不断阐述并一以贯之的。理即是理性，故而它的主旨仍然和无上命法相同。）

② 井上哲次郎『日本朱子学派之哲学』富山房、1937 年、797 頁。参见井上哲次郎著：《日本朱子学派之哲学》，万丽莉译，第 457 页。[译文如下：（即使是今日之明治，也未脱离儒教的形式，）没有杂入荒诞无稽之事，完全是世界之德教，将儒教作为榜样，而儒教非常适合做此榜样。西洋未寻找儒教为榜样。]

③ 井上哲次郎『日本精神の本質』廣文堂書店、1938 年、1 頁。

④ 井上哲次郎『日本精神の本質』、序言 1–2 頁。

井上哲次郎与近代日本的国家建构

井上特别强调日本在学习外来文化时的所谓自主精神，说："我国有儒教，但是只有日本化了的儒教。有佛教，但是只有日本化了的佛教。有基督教，但是只有日本化了的基督教。"①在井上看来，佛教传入日本以后，只有大乘佛教兴旺发达，小乘佛教等或者消灭，或者不发达；密教在其他国家都有很低级的东西。但是当弘法在日本讲说密教的教义时，特意剔除淫秽的内容而只取高尚的部分组织教义。对此，井上的解释是日本精神有"高大"的特点，决定了日本人学习外来文化时的立场："日本民族的精神不满足于任何低级的东西。"②

井上认为日本主义是与外来文化对抗中产生的："日本主义毕竟是以日本精神作为指导原理促进民族的活跃发展。这种思想之所以产生就是因为被外来思想感染过多，民族意识几乎被蒙蔽。复古神道正是在德川时代产生的，日本主义的主张则产生于明治年间。"③显然，井上希望古代以来长期吸收中国文化的日本人能够确立对本民族文化的优越感。他说：德川时代是"儒教全盛的时代"，其弊端在于"中国崇拜"，佛教势力也很强大。所以"德川时代出现了儒教批评者、佛教批评者等，排除其不当之处，吸收其好处。如此儒教与佛教都完全同化于日本，而且以其长处助益于日本文化。换句话说，我日本吸收了中国文化、印度文化的长处以促进日本文化的发展，以至于创造出了亚洲最高的文化。中国文化在输入日本以后，在中国本土反而衰落了，印度文化在印度也没有什么发展。……中国文化和印度文化的精粹在我国保存下来了。用句更容易理解的话来说，日本精神取中国文化与印度文化的长处，打成一片，最好地利用了它们。"④

在井上看来，近代以来西风东渐的大背景下，日本再一次完成了超越："以日本精神调和东西方文化而出现了新的文化。这在其他亚洲国家根本不可能。比如中国在日本之后输入西方文化，输入西方文化虽然好，但对中国传统文化弃而不顾，甚为失败。……我日本不抛弃传统的东西。虽然改正了不好的地方，但是又保存了很多好的地方"，所以形成了"超出东西方文化的新文化"。⑤

自然，这一过程并非完全一帆风顺。井上写道："自我国维新以来变化甚剧，

---

① 井上哲次郎『日本精神の本質』，序言2–3页。
② 井上哲次郎『日本精神の本質』，5页。
③ 井上哲次郎『日本精神の本質』，34页。
④ 井上哲次郎「日本文化と外来文化」，『井上哲次郎選集』，57–59页。
⑤ 井上哲次郎「日本文化と外来文化」，『井上哲次郎選集』，59–60页。

对于伦理与教育屡生异说，动辄倾向于邪路。因此应该为国家为学术明辨之。"①他批评明治以后日本学者一味学西洋，不研究日本的国民道德，认为必须并用东西洋伦理学说。而所谓并用，在当时西洋伦理学完全压倒了日本传统伦理学说的情况下，其实就是提倡后者而反抗前者。他认为当时日本"有美国、俄国以及中国这些建国精神大不相同的国家做邻国，非常不同的思想从那里汹涌侵入，产生了很多不安的念头。有人这样想，进入了新的境遇所以要求新的道德，旧的道德早已不应适用于今天，更何况以后；用旧道德要求今天及今后非常错误。所以主张从根本上改变之，以新道德取而代之"②。

　　井上也承认日本传统道德本有不足之处，"为了民族今后发展腾飞于世界"有必要重新考虑道德问题。③但是井上所谓的调和是在坚持日本精神的前提下的调和，所以其破旧立新的标准自然是日本精神。井上说：国民道德是民族精神的表现。明治维新之前国民道德有三个要素，"第一个是日本固有的精神，即日本的民族精神。这是国民道德的真髓。这是最主要的要素。此民族精神是非常强大的实行的精神，但其内容是逐渐从外面借来的，即儒教和佛教。逐渐吸收了这两者之后，所谓日本从来的民族精神就形成了"④。儒教是极其平稳地输入的，渐渐被日本的国民性所同化，因为儒教是与家族制度相伴产生的，也有祖先崇拜，具有易于为原来的日本国民性所同化的性质。而佛教的传入就引起了争斗，甚至流血。因为佛教不承认家族制度，又无祖先崇拜，与日本的国民性有许多抵触。明治维新之后西洋文明的输入是个新因素，国民道德进一步发展。但西洋文明包含了非常复杂的因素，"其中有的的确对国民道德的发展大有帮助。但是也有破坏国民道德的不健全的思想。西洋文明的背后横着相当有害的思想"⑤。所以"必须以有胆力、有决心的态度来同化外来的宗教思想。不然就会破坏民族的团结心，有陷入中国那样的四分五裂的状态之虞"⑥。井上愿意吸收的只是他认为与日本自身的特色相符合的东西。中国儒学承认禅让放伐的易姓革命思想对井上来说就是不适用的。西方也有人主张如果动机是善的，弑逆并非不可为之事，井上也认为不适合日本。

---

① 井上哲次郎『倫理と教育』、「倫理と教育序」1 頁。
② 井上哲次郎『新修国民道徳概論』、319–320 頁。
③ 井上哲次郎『倫理と教育』、489 頁。
④ 井上哲次郎『新修国民道徳概論』、5 頁。
⑤ 井上哲次郎『新修国民道徳概論』、8 頁。
⑥ 井上哲次郎『新修国民道徳概論』、「新修国民道徳概論附録」33 頁。

井上哲次郎与近代日本的国家建构

为了说明取舍问题，井上把道德分为两方面，一方面是变化的，另一方面是千古一贯的不变真理。而"所谓不变的方面就是作为日本国民教育的大方针的《教育敕语》中所列举的国民道德"①。井上盛赞教育敕语是日本国民道德精华，几乎为历代诏敕所不及，不允许对它有任何怀疑："教育者如果充分服膺教育敕语的真精神并努力实现之，就一定能够取得很好的结果。也有人谈论教育敕语的种种不足之处，那大多数是宗教家。教育者如果对教育敕语有充分坚固的信念，面对形形色色的批评能够表明自己的立场，就不会犯错误。没有对这一点的自信，就有可能因为种种批评而动摇教育者的立场。我认为实际上教育敕语所列举的事项就是国民道德的精华，我的讲义《国民道德概论》就是以教育敕语为指南的。"②

井上所谓调和东西文化的最后结论是：为了坚持国民道德，日本必须坚持家族制度。尽管家族制度有很多弊端，但这些弊端是可以矫正的。应该发挥其长处，矫正其弊端。井上承认家族制度也有很多弊端，例如德川时代一个人犯罪全家族都受惩罚；家长权力过于强大；对人格尊严没有充分的承认；缺乏公德心；与海外发展的精神有难以调和之处。尽管如此，井上仍然认为必须坚持之，因为日本传统家族制度最大长处在于祖先崇拜，即"继祖先之血统，续祖先之祭祀"，从而使"家族与继续的观念结合在一起。即先祖与子孙如连锁般相互结合。先祖与子孙不会四散分离。先祖为了子孙而谋划，子孙继承先祖的遗志。这种血族的继续造就了家族的概念。……因此，家族制度与祖先崇拜相互关联。没有祖先崇拜就没有家族制度。家族制度造就了祖先崇拜。抛弃家族制度，祖先崇拜就无法成立。可以说祖先崇拜是家族制度的精神，家族制度是祖先崇拜的形体。两者有着密不可分的关系"③。在祖先崇拜的风俗下，子孙祭祀共同的祖先：一家祭祀一家共同的祖先，乡村祭祀乡村共同的祖先即氏神，一国祭祀一国共同的祖先即国家宗庙。其结果就是"祖先崇拜作为向心力把血统连接在一起。这是形成统一习惯的机会。这种统一的习惯扩展到全国就形成了举国一致的态度。因此家族制度在我国是爱国心的基础。爱家之心是产生爱国之心的根本"④。至此，井上已经基本完成了其对作为近代日本国体论价值观的社会学基础的阐述，即所谓"家族国家论"。

---

① 井上哲次郎『倫理と教育』、134 頁。
② 井上哲次郎『新修国民道徳概論』、10–11 頁。
③ 井上哲次郎『新修国民道徳概論』、177–178 頁。
④ 井上哲次郎『新修国民道徳概論』、180 頁。

　　奇妙的是，在井上的逻辑中，他依然能够一面坚持日本特殊的优越性："日本民族自古就表现了同化的性质。同化了中国的文化，同化了印度的文化，今天又同化西洋的文化。大化改新就是输入外国文化进行刷新，这一点与明治维新性质相同。古代与今天风俗大为不同，但同样具有同化力。"[①]同时又声称坚持国民道德并不与世界道德矛盾，两者可以互相融合。他写道：国民道德"作为实践伦理学来考虑，可以分为两大部分：作为广阔世界中一个个人的实践方面，以及作为特殊国民之一员的实践方面。力主国民道德并不意味着否定世界道德。应该以两者相互融合、并行不悖为目标"[②]。又如，他虽然承认人道是不限于一国国民的、世界人类都应实行的道，但他同时声称："对于人道主义谁也不会有异议。但是社会现象非常复杂，不能急于实行人道主义的美好理想。"[③]尽管如此，他仍然可以强调："国民道德与人道决不是矛盾的，必然是性质一致的。国民道德与人道并非全然相异，而是人道的特殊的表现。……总之离开了人道就谈不上国民道德，而离开了国民道德也谈不上人道。所谓差别即平等，两者之间有不可分离的关系。"[④]

结　语

　　丸山真男曾经指出，伊藤博文等人在构建日本近代国家的时候，认识到日本既有宗教没有形成可以作为精神基轴的传统，最终选择以天皇大权作为统合国家的基轴，即"国家秩序的核心本身同时兼为精神机轴"[⑤]。而井上哲次郎从其《敕语衍义》中提倡"共同爱国"，到其"国民道德论"中论述以天皇为总家长的家族国家，其非逻辑的"即"之思维方式与近代日本国家的立国原理实现了完美同构。井上种种看似圆满自足的议论，尽管经不起严格的逻辑分析，却能够轻而易举地周转流行，其根本理由即在于此。仅仅用国家权力是无法充分解释其学说经久不衰的影响力的。近年来日本学界重新评价井上哲次郎的动向，在某种程度上可以说是再次显示了其"即"之思维的感染力。尽管相关研究者也明确地强调要"保持批判性"[⑥]，却未必能够避免被井上左右逢源、首尾兼顾的论法所折服。

---

① 井上哲次郎『新修国民道德概論』、325 頁。
② 井上哲次郎『新修国民道德概論』、17 頁。
③ 井上哲次郎『新修国民道德概論』、227 頁。
④ 井上哲次郎『新修国民道德概論』、331–332 頁。
⑤ 丸山真男著：《日本的思想》，区建英、刘岳兵译，生活・读书・新知三联出版社，2009 年，第 30～32 页。
⑥ 日本思想史学编『日本思想史学』第 52 号、2020 年、55 頁。

井上哲次郎与近代日本的国家建构

实际上，这种困境在战后日本学术界此前颇具批判性的井上哲次郎研究中也未能完全避免。例如，山田洸在 20 世纪 70 年代初曾如此总结：井上哲次郎的国民道德论要求"国民教育的确立"，其所谓"国民教育"是与"作为个人而教育个人"的"个人教育"相对的，"作为国民而教育国民"，也就是使国民面对幸德秋水等"逆徒"所代表的社会主义和无政府主义以及包括基督教、自然主义等"危险思想、不健全的思想"，能够进行"自卫"的教育。① 在此基础上，山田批判道："问题是个人教育和国民教育、国民道德和世界道德的统一综合，在井上那里是如何遂行的？井上只是听从为了国民自卫的道德教育的确立这一至上命令，统一综合最终不过是个口号，结果只是在否认个人的基础上，一味把特殊道德作为普遍道德向国民提倡。"②

尽管有上述批判，井上议论展开之周全，依然使得山田洸写下一段相当友好的评论："在井上那里，个人教育被遗忘了，只有国民教育的侧面被凸显。即使如此，与西村（茂树）全面否认个人教育相对，井上在原理上也承认个人教育之必要，主张个人教育和国民教育应该'并行'。"③

然而井上真的是"在原理上"主张并行吗？最后再看一段井上对"个人主义"的论述。首先，尽管是公认的国家主义者，井上却绝不会直接否定个人主义，而是非常公允地写道："其人具有高尚的性质时（个人主义）是好的。个人主义大善。独立自尊大善。"然后笔锋一转："但是，世间不会只有高尚的人。君子少，小人多，古今同一辙。"所以个人主义会有"弊害"，必须与国家主义"并行"。进而"人类都是国家的一部分。……个人主义离开国家主义不能成立。只行个人主义，则社会崩坏。国家主义在此必须与个人主义一起成立"④。至此，个人主义显然已经完全被国家主义所压倒。但是井上的最后结论依然是："其个人主义与国家主义必须两立而行，偏废则大错。"⑤ 如果只看其结论，不细致梳理其文脉，尤其是如果不考虑近代日本的意识形态背景，井上无疑仍是不偏不倚的折中主义者。

（作者：唐利国，北京大学历史学系教授）

---

① 山田洸『近代日本道德思想史研究』、237 頁。
② 山田洸『近代日本道德思想史研究』、238 頁。
③ 山田洸『近代日本道德思想史研究』、237 頁。
④ 井上哲次郎『巽軒講話集』（初編）、博文館、1902 年、336–337 頁。
⑤ 井上哲次郎『巽軒講話集』（初編）、338 頁。

井上哲次郎与东亚哲学的起源*

张政远

内容摘要 哲学的起源是什么？这是一个相当复杂的问题。例如，我们在考虑日本哲学的起源时，不仅要考虑日本传统的哲学或思想，还要考虑中国哲学在日本的发展；在追溯现代日本哲学起源问题时，亦有必要从整个东亚哲学的脉络来讨论。我们还要注意制度化哲学教育的影响。东京大学是日本最早成立的现代大学。作为日本的最高学府，它对东亚哲学的发展有深远的影响。井上哲次郎（1855—1944）曾入读东京大学，后来在该大学任教。他曾编译《哲学字汇》为例，这工具书表面上并没有什么哲学内容可言。然而《哲学字汇》反映了井上对哲学概念的一些重要理解。本文将从《哲学字汇》中抽出一些项目，并分析其哲学意涵。

关键词 井上哲次郎 哲学字汇 东亚哲学 日本哲学 跨文化哲学

---

*本文系国家社科基金冷门绝学研究专项学术团队项目"近代中国'哲学新语汇'的形成及其哲学新知识体系的建立"（项目批准号：21VJXT005）的阶段性成果。

井上哲次郎与东亚哲学的起源

Tetsujiro Inoue and the Origin of East Asian Philosophy

Cheung Ching-yuen

Abstract: What is the origin of philosophy? This is a rather complicated question. For example, when we consider the origin of Japanese philosophy, we must not only consider traditional Japanese philosophy or ideas, but also the development of Chinese philosophy in Japan. When tracing the origin of modern Japanese philosophy, it is also necessary to consider the entire context of East Asian philosophy and the impact of institutionalized philosophical education. The Tokyo University is the first modern university established in Japan. As the highest institution of higher learning in Japan, it has a profound influence on the development of East Asian philosophy. Tetsujiro Inoue (1856–1944) attended the Tokyo University, where he later taught. He once compiled "Philosophical Vocabulary", which on the surface has no philosophical content at all. However, Philosophical Vocabulary reflects some of Inoue's important understandings of philosophical concepts. This article will extract some items from Philosophical Vocabulary and analyze their philosophical implications.

Keywords: Tetsujiro Inoue; Philosophy vocabulary; East Asian philosophy; Japanese philosophy; Cross-cultural philosophy

引　言

2021 年 9 月 14 日，东京大学东亚艺文书院主办了一个题为"明治时期中的东亚哲学起源"的研讨会。该研讨会的目的，是研究现代东亚哲学在日本的起源问题。哲学的起源是什么？这是一个相当复杂的问题。一般而言，所谓"西方哲学"的起源可以追溯至哲学之父——泰利斯（公元前 624 年—公元前 546 年），但古希腊世界（包括泰利斯的出生地——小亚细亚伊奥尼亚地区）要面对埃及这个"他者"。我们在考虑日本哲学的起源时，不仅要考虑日本传统的哲学或思想，还要考虑中国哲学（包括儒释道等思想）这个"他者"在日本的发展；在追溯现代日本哲学起源问题时，亦有必要回到东亚现代化的脉络来讨论。我们要注意，现代日本哲学并不等同于"京都学派"。以该学派最具影响力的哲学家——西田几多郎

（1870—1945）——为例，他虽然生于明治时代（1868—1912），但他的处女作《善的研究》是在 1911 年才出版，因此，我们要检讨西周（1829—1897）和福泽谕吉（1835—1901）等启蒙思想家的思想和著作。另一方面，我们还要注意制度化哲学教育的影响。以东京大学为例，不论是帝国大学（现本乡校区）还是旧制第一高等学校（现驹场校区），师生们经历了西方哲学与东方思想的"葛藤"问题——恰好在这种纠缠不清的状况下，酝酿了日本哲学的起源。

在上述的"明治时期中的东亚哲学起源"的研讨会中，佐藤将之教授以"作为'东洋哲学'诞生的契机的东京大学和明治中期"为题作了主题演讲。他指出，日本在明治维新之后，哲学的制度化取得了进展，知识分子开始从"哲学"的现代视野来思考他们的传统思想。这个时期的哲学，并不只是西方哲学或日本思想，而且还包括了作为"东洋哲学"的中国哲学。在审视日本哲学起源时，必须回到中国哲学的学术领域在明治时代的诞生。

众所周知，东京大学是日本最早成立的现代大学。作为日本的最高学府，它对东亚哲学的发展有深远的影响。现简列东京大学历史如下：

1868 年，开成学校创立、医学校创立

1877 年，东京开成学校与医学校合并成为东京大学

1886 年，东京大学改称帝国大学、第一高等中学校（旧制一高）创立

1897 年，京都帝国大学创立、帝国大学改称东京帝国大学

1947 年，东京帝国大学改称东京大学

东京大学最早期的时候本来是开成学校跟医学校这两间学校。后述的井上哲次郎（1855—1944）曾入读开成学校和东京大学。现简列他的履历如下：

1875 年，入读东京开成学校

1877 年，入读东京大学，主修哲学与政治学

1880 年，东京大学毕业

1882 年，出任东京大学助教授

1884 年，留学德国，1890 年回国，出任帝国大学文学部哲学科教授

开成学校本来是一个研究西学的地方，所以井上的学术训练基本上是西方哲学；但即使研究西方哲学，其实他也有很好的汉学背景。这情况与西田几多郎相近。西田的主要履历如下：

1891 年，入读帝国大学文科大学哲学科（选科生，即非正规学生）

井上哲次郎与东亚哲学的起源

1894 年，毕业

1895 年，出任石川县能登寻常中学校七尾分校教谕

1896 年，出任第四高等学校讲师

1909 年，出任学习院教授、出任日本大学讲师

1910 年，出任丰山大学（现大正大学）讲师、出任京都帝国大学文科大学助教授（后升至教授）

西田在帝国大学研读西方哲学，但他少年时代亦接受了汉学教育。然而两人有显著的差异——西田读大学的时候，井上差不多已经在帝国大学工作；井上曾留学德国，西田则从未出国。

日本哲学家高桥里美（1886—1964）曾指出："在《善的研究》出版之前，如果有人问我，日本人是否有独立的哲学书籍，以及它们是什么，我会感到困惑，或支吾以对。自从《善的研究》出版后，我能迅速并自豪地回答这些问题。因为至少对我来说，暂时不谈其他书，这本书是唯一一本像哲学书的哲学书。"[1]这是对西田哲学的赞美，但这说法无疑会给予我们一个错误的印象，即《善的研究》之前的书一文不值。这里，我整理了井上从 1881 年到 1911 年的著作如下：

《哲学字汇》，东京大学三学部，1881 年

《心理新说》，倍因 (Alexander Bain) 著，井上哲次郎抄译，同盟社，1882 年

《论理新编》，惹稳 (William Stanley Jevons) 著，添田寿一译，井上哲次郎阅，丸家善七，1883 年

《论理说约》，惹稳 (William Stanley Jevons) 著，桑田亲五译，井上哲次郎校，阪上半七，1883 年

《伦理新说》，酒井清造，1883 年

《西洋哲学讲义》，阪上半七，1883 年 4 月卷一至卷四

《哲学字汇》（改订增补），东洋馆，1884 年

《内地杂居论》，哲学书院，1889 年 9 月

《内地杂居续论》，哲学书院，1891 年 5 月

《勅语衍义》，敬业社，1891 年 9 月上·下

---

① 高橋里美「意識現象の事実とその意味―西田氏『善の研究』を読む」、『高橋里美全集』第四卷、福村出版、1973 年、153 頁。

《教育与宗教之冲突》，敬业社，1893 年 4 月

《释迦种族论》，哲学书院，1897 年 6 月

《增订　勅语衍义》，文盛堂，1899 年 3 月上·下

《菅公小传》，富山房，1900 年 7 月

《日本阳明学派之哲学》，富山房，1900 年 10 月

《武士道》，兵事杂志社，1901 年 7 月

《菅公事迹》，东京国文社，1902 年 3 月

《日本古学派之哲学》，富山房，1902 年 9 月

《伦理与宗教之关系》，富山房，1902 年 10 月

《释迦牟尼传》，文明堂，1902 年 11 月

《日本学生宝鉴》，大仓书店，1904 年 9 月

《日本朱子学派之哲学》，富山房，1905 年 12 月

《伦理与教育》，弘道馆，1908 年 5 月

《山鹿素行先生》，素行会，1910 年 1 月

《教育与修养》，弘道馆，1910 年 7 月

《国民道德》，里地健治郎，1911 年 10 月

在这个时期，井上翻译了一些有关逻辑[①]的书，亦出版了有关伦理学、西方哲学等讲义，而《日本阳明学派之哲学》《日本古学派之哲学》《日本朱子学派之哲学》这三部曲则可以说是井上对日本儒学和国学思想的整理。上述书籍明显可以归类为"哲学书"。当然，有些书籍看起来不像是"哲学书"。以《哲学字汇》为例，这是井上跟另外一位学者编的工具书。笔者认为，《哲学字汇》表面上并没有什么哲学内容可言，但它反映了井上对哲学概念的一些重要理解。以下将从《哲学字汇》中抽出一些项目，并分析其哲学意涵。

《哲学字汇》的按语

《哲学字汇》于 1881 年出版，井上则于翌年开于东京大学任教。由于东京大学当时已有其他专任教员负责西方哲学的教研工作，井上的研究兴趣集中在东洋哲

---

① Logic 的日文为"论理"或"论理学"。

井上哲次郎与东亚哲学的起源

学研究和西洋哲学翻译。《哲学字汇》译自 *The Harper · Collins Dictionary of Philosophy*，总共有 1952 个项目。但我们可以发现，当中有 63 个包含了"按"的项目。按语是对译语的解释或说明，为数不多，但可以看出井上的心思。现根据 1884 年的《哲学字汇》改订增补版，罗列所有包含按语的项目如下：[①]

1. Absolute 绝对【按、绝对孤立自得之义、对又作待、义同、绝待之字、出于法华玄义】；纯全；专制(政)

2. Abstract 抽象；虚形；形而上【按、易系辞、形而上者谓之道】

3. Acosmism 无宇宙论【按、不信宇宙之存在者、古来不为少、瘳燕曰、有我而后有天地、无我而又无天地也、天地附我以见也】

4. Afflux 朝宗【按、书禹贡、江汉朝宗于海】

5. Agnosticism 不可思议论【按、荷究理、则天地万象、皆不可思议、此所以近世不可思议论之大兴也】

6. Ambiguous 暧昧；糊涂；滑疑【按、庄子齐物论、滑凝之耀、圣人之所图也、口义、滑凝言不分不晓也】

7. A priori 先天【按、易干、先天而天弗违、后天而奉天时、天且弗违】

8. A posteriori 后天【(按、易干、先天而天弗违、后天而奉天时、天且弗违)】

9. Aretology 达德论【按、中庸、智仁勇三者、天下之达德也、注谓之达德者、天下古今所同得之理也】

10. Becoming 转化【按、淮南原道、转化推移得一之道以少正多】

11. Beginning 元始；太初【按、列子天瑞、有太易、有太初、有太始、有太素、太易者未见气也、太初者气之始也、太始者形之始也、太素者质之始也】

12. Category 范畴【按、书洪范、天乃锡禹洪范九畴、范法也、畴类也】

13. Change 变更；万化【按、阴符经、宇宙在乎手、万化生乎身、又庄子大宗师、若人之形者、万化而未始有极也】

14. Coexistence 俱有【按、俱有之字、出于俱舍论、又唐杜甫诗、向窃窥数公、经纶亦俱有、又用共存之字可】

---

① 井上哲次郎、有贺长雄编：《哲学字汇》，东洋馆，1884 年。在线版本如下：https://dl.ndl.go.jp/info/ndljp/pid/994560/1（扫描版），http://www.let.osaka-u.ac.jp/~okajima/kango/tetugaku.txt （文字版），阅览日期：2022 年 1 月 9 日。

15. Complex 错缪【按、淮南原道、错缪、相纷、而不可靡散】；繁杂

16. Concentration 凝聚(心)【按、传习录、久则自然心中凝聚】

17. Concrete 具体；实形；形而下【按、易系辞、形而下者、谓之器】

18. Conflux 会同【按、书禹贡、四海会同】

19. Deduction 演绎法(论)【按、中庸序、更互演绎、作为此书】

20. Deism 自然神教【按、自然神教、与信神教差异、信神教、据经典而说理外之理、自然神教、唯信天地之流行、而不信天启】

21. Deontology 达道论【按、达道之字、出于中庸注、达道者、天下古今所共由之路】

22. Ebionitism 以彼阿尼教【按、基督教之一派】

23. Egoistic altruism 兼爱主义【按、墨子兼爱、欲天下之治、而恶其乱、当兼相爱交相利、此圣王之法、天下之治道也】

24. Emancipation 解脱【按、名义集、纵住无碍、尘累不能拘、解脱也】

25. Ethics 伦理学【按、礼乐记、通于伦理、又近思录、正伦理、笃恩义】

26. Evolution 化醇【按、易系辞、天地纲缊、万物化醇、疏、万物变化而精醇也、又淳化之字出于史五帝本纪】；进化；开进

27. Existence 万有成立【按、现象之外、别有广大无边不可得而知者、谓之万有成立、成立之字、出于李密陈情表】；存体；存在；生物

28. Gnosticism 诺斯士教【按、基督教之一派、今亡矣】

29. Gymnosophist 赤脚仙人【按、昔者印度有一种之学派、裸体而漫游、故时人呼曰赤脚仙人、恐是佛家所谓裸形外道】

30. Heterogeneity 庞杂【按、庞杂也、书周官、不和政庞、庞一作[𤖈]】

31. Homogeneity 纯一【按、法华经、纯一无杂、又朱子语录、纯一无伪】

32. Idealism 唯心论【按、人之于物、止知其形色而已矣、至其实体毫不能窥、故古来有唯心之论、王守仁曰、心即理也、天下又有心外之事心外之理乎】

33. Induction 归纳法【按、归还也、纳内也、韵书、以佐结字故云归纳、今假其字而不取其义】

34. Intelligence 睿智；虚灵【按、传习录、心之虚灵明觉、即所谓本然之良知也】

35. Magianism 迈实教【按、迈实教、行于波斯国】

井上哲次郎与东亚哲学的起源

36. Mahayana 摩诃衍【按、起信论、摩诃衍者、总说有二种、一者法、二者义、所言法者、谓众生心是、心则摄一切世间出世间法、依于此心、显示摩诃衍义】

37. Materialism 唯物论【按、物一而已、以其流行而言、谓之气、以其、凝聚而言、谓之体、以其妙用而言、谓之心、以其变化而言谓之光、谓之热、谓之镪、谓之电、其他凡在覆载间者、无一不自物而生、此唯物论所以缘起也】

38. Metaphysics 形而上学【按、易系辞、形而上者、谓之道、形而下者、谓之器】

39. Metempsychosis 轮回【按、圆觉经、始终生灭、前后有无、聚散起止、念念相续、循环往复、种种取舍、皆是轮回】

40. Modification 变化；化裁【按、易系辞、化而裁之、谓之变】

41. Naturalism 唯理论【按、人心不迷、则天下无复妖怪、唯有斯大道理而存焉耳】

42. Human nature 性【按、陈淳曰、荀子便以性为恶、杨子便以性为善恶浑、韩文公又以为性有三品、都只是说得气、近世东坡苏氏又以为性未有善恶、五峯胡氏又以为性无善恶、都只含糊、就人与天相接处、捉摸说个性】；人性

43. Necessitarianism 必至论【按、庄子林注、死生犹夜旦皆必至之理】

44. Nirvana 涅槃【按、楞伽经、我所说者、妄想识灭、名为涅槃、大经、涅言不生、槃言不灭、不生不灭、名大涅槃、事详于名义集】

45. One 泰一【按、前汉郊祀志、以大牢祀三一、注、天一地一泰一、泰一者、天地未分元{炁}也、泰又作太、淮南诠言、洞同天地、浑沌为朴、未造而成物、谓之太一、注、太一元神、总万物者】；一仪；一个

46. Perfectionism 全成教【按、眚菑祸患、人所自招、若夫终身翼翼、顺天理而无所违、则或可以达于圆满至极之域矣】

47. Reality 实体；真如【按、起信论、当知一切法不可说、不可念、故名为真如】

48. Relativity 相对【按、庄子林注、左与右相对而相反、对又作待、相待之字、出于法华玄义释籤】

49. Revolution 革命；颠覆【按、兴国谓之革命、亡国谓之颠覆】

50. Rosicrucians 炼金方士【按、昔者独逸有一方士、游于东洋、经数岁而归、告乡人曰、吾知炼金之术、徒弟渐集于其门、时人呼此辈、曰鲁失屈留士、盖炼金方士之义也】

51. Rudiment 元形【按、文仲子、天统元炁、地统元形】；基本；起端

52. Sage 至人【按、庄子田子方、得至美而游乎至乐、谓之至人】

53. Samadhi 三昧【按、名义集、此云调真定、又云正定、亦云正受、故事成语、儒家曰精一、释家曰三昧、道家曰贞一、总言奥义之无穷】

54. Seclusion 隐遁；沉冥【按、杨子问明、蜀庄沉冥、吴注、晦迹不仕、故曰沉冥】

55. Substance 本质；太极【按、易系辞易有太极、是生两仪、正义太极谓天地未分之前、元气混而为一、即太初太一也】

56. Suggestion 点出；暗指；剔醒；提起；张本【按、左传隐公注、预为后地曰张本】

57. Supranaturalism 超理论【按、天地之元始、邈矣茫矣、非人智之所及、故未可以为无神、假令穷理之极、至知天地之元始、天地之间、约有一点之不可知者、则奉之以为神、犹且可矣、而况于天地之与物皆不可知乎】

58. Transubstantiation 化体(宗)【按、加特力教、有以饼与酒为基督之血肉之礼】

59. Trinity 三位一体【按、基督教徒中、有以天父神子圣灵、为三位一体者、天道溯原、固一而三、三而一者也】

60. Unconditioned 脱碍；自然；无碍【按、心经、菩提萨埵、依般若波罗蜜多故、心无罣碍、无罣碍故、无有恐怖】

61. Unification 冥合【按、冥合谓与天神冥合也、冥合之字、出于柳宗元西山记】

62. Vanity 虚夸；浮华；盗夸【按、老子、服文彩、带利剑、厌饮食、财货有余、是谓盗夸、非道也哉】

63. Infinite vision 无限观【按、庄子大宗师、朝彻而后能见独、见独而后能无古今、无古今而后能入于不死不生】

《哲学字汇》表面上是一册工具书，但我们可以从中窥探井上如何翻译西方的哲学概念。从上述可见，井上的按语虽短，但反映了他拥有相当扎实的汉学基础。

井上哲次郎与东亚哲学的起源

事实上，井上在翻译西方哲学概念的时候，不可能"由零开始"，而是不得不借用传统东方哲学的资源。首先，我们可以发现他借用了不少儒学概念，例如："性"参考了《荀子》、"演绎法"借用了《中庸》；但他并没有独尊儒学，例如："绝对"借用自《法华经》、"抽象"出自《易经》、"兼爱主义"则明显是出自《墨子》。此外，他并没有把 sage 译作"圣人"，而是借用了《庄子》的"至人"。如庄子所言，至人的境界即"草食之兽不疾易薮，水生之虫不疾易水，行小变而不失其大常也，喜怒哀乐不入于胸次。"可见哲人并不一定要成圣，哲学亦不等同于伦理学。

在日本，philosophy 曾被译作"希哲学"或"理学"，但在井上的时代"哲学"已成为定译。井上没有把 ethics 直接译作"伦理"，而是译作"伦理学"（按、礼乐记、通于伦理、又近思录、正伦理、笃恩义）。表面上，"哲学"和"伦理学"皆强调西洋的哲学作"学"（knowledge），不是东方传统的"教"（teaching）。但我认为，井上所说的"学"更强调一种"学科"（discipline）的性格，伦理学并非指个人修养或人伦关系，而是作为一种跨越文化传统的普遍学问。

结　语

井上比较西方哲学与东方思想，这表面上是一种"比较哲学"的方法，但这种比较并不是说两者是完全独立的体系；相反，在翻译西方哲学概念的时候，西方与东方的界限开始模糊，东西文化的交流造就了一种跨越文化同一性的"混血"思维。井上如此回顾：

> 我认为研究东洋哲学，并与西洋哲学比较对照，进而构成更进步的哲学思想，这是作为东洋人最应使用的方法。尤其是印度哲学，其中在中国、日本发展的佛教哲学中存在许多应从哲学方面进行思考的思想。同时，我认为不应该疏远我国的传统精神即惟神之道……我在专攻西洋哲学的同时，也不懈怠东洋哲学的研究，企图将两者融合统一，努力以此为己任。[①]

---

① 井上哲次郎：《明治学界的回顾》，载井上哲次郎著：《儒学中国与日本》，付慧琴、唐小立等译，载刘岳兵主编：《善美原典日本研究文库·井上哲次郎儒学论著选集》，中国社会科学出版社，2021年，第430页。

作为一位日本哲学家，井上不可能是一位百分百的洋学绅士，也不可能是一位百分百的古学先生，而是一种跨越文化界限的新型知识分子。他当然没有使用"跨文化哲学"（transcultural philosophy）等说法，但他的翻译工作反映了一种跨文化哲学的态度。西田几多郎的哲学理论被视作京都学派的基础，但我认为井上哲次郎的翻译实践是东亚哲学的重要起源。总结来说，明治时期的日本哲学家们有良好的汉学基础，但所谓汉学不限于儒释道的哲学，而且还包括文学和史学。因此之故，他们在研究西方哲学的时候，从来没有要求自己先要"打倒孔家店"或"全盘西化"。如何以传统作为基础去研究西方哲学，井上的经验非常值得我们参考和反思。

（作者：张政远，东京大学综合文化研究科副教授）

一种学术史的梳理与问题——写在《井上哲次郎儒学论著选集》（四卷本）中译本出版之后

吴光辉

内容摘要　作为中国的日本思想史研究的一件大事，南开大学日本研究所刘岳兵教授主持编辑的《井上哲次郎儒学论著选集》（中国社会科学出版社 2021 年 9 月）既彰显出井上哲次郎在 20 世纪初开拓性地形成日本儒学史研究的"范式"性的价值，也为我们当下如何梳理、如何描述一种学术史带来了不少的深层思索。井上哲次郎的学术史研究既带有了整理历史研究的直接目的，也潜藏着一种黑格尔笔下的"历史意识"；井上哲次郎针对日本的学派与学说的整理方式既谋求以西方思想为参照的"系统框架"，也陷入了难以持续的困境之中；井上哲次郎的儒学史研究既成为超越过去学术研究的"方法"，但是同时也会给中国儒学研究带有一种"负面价值"。如何辩证地认识这样的问题，构筑起主体性的批判思维，将是接下来的日本思想史研究的一大问题。

关键词　井上哲次郎　学术史

A sort of academic history and problems
——Written after the publication of the Chinese translation of " *The Selected Works of Tetsujiro Inoue's Confucianism*" (four volumes)

Wu Guanghui

Abstract: As a major event in the study of the history of Japanese thought in China, *The Selected Works of Tetsujiro Inoue' s Confucianism* (China Social Science Press, September 2021) edited by Professor Liu Yuebing from the Institute of Japanese Studies of Nankai University not only demonstrates that Tetsujiro Inoue' s work in the second At the beginning of the tenth century, the "paradigm" value of Japanese Confucian history research was pioneered, and it also brought us a lot of deep thinking on how to sort out and describe a kind of academic history at present. Inoue Tejiro's academic history research not only has the direct purpose of arranging historical research, but also has a hidden "historical consciousness" in Hegel's writings; Inoue Tejiro's way of arranging Japanese schools and theories not only seeks to refer to Western thought The "system framework" of Confucianism has also fallen into an unsustainable predicament; Inoue Tetsujiro's research on the history of Confucianism has become a "method" that surpasses past academic research, but at the same time it will also bring a "negative value" to Chinese Confucianism research. How to dialectically recognize such a problem and construct the critical thinking of subjectivity will be a major problem in the subsequent study of Japanese intellectual history.

Keywords: Tetsujiro Inoue; academic history

南开大学"善美原典日本研究文库"编辑出版了四卷本《井上哲次郎儒学论著选集》(中国社会科学出版社 2021 年 9 月),实则为中国的日本思想史研究的一件大事。中国学术界译介日本学者的研究著作,可以追溯到清末民初的蔡元培(1868—1940)、梁启超(1973—1929)、周作人(1885—1967)等一批人物,而大批量地翻译编撰日文论著,则是到了本世纪以来。最为令人感到兴奋的,一个是日本佐佐木毅教授、韩国金泰昌教授编撰,卞崇道、郭连友、王青、林美茂等一批中国学者共同参与的《公共哲学》丛书;一个是山东大学与上海中西书局在 2019 年再次启动的《东亚人文丛书》系列,收录了不少日本学者的经典名著。一大批日文原著在中国的译介，正如"翻译是异文化间的对话"（京都大学藤田正胜语）这一论断所示，将极大地推动中外学术交流，也将作为一面镜子来指导我们未来的学术研究。在这一过程中，南开大学日本研究所刘岳兵教授主持的《井上哲次郎儒学论著选集》得以付梓，尤其是在翻译旧有的《日本阳明学派之哲学》《日本朱子学派之哲学》《日本古学派之哲学》的基础上，选编收录了井上哲次郎的28篇文章而出版了题名为"儒教中国与日本"的论著，从而构成了井上哲次郎撰写儒学论著的有效"注释"，为中国学术界提供了蔚为壮观的研究愿景，令人感佩不已。

不过，围绕井上哲次郎的儒学研究，在此借助应邀参加该套丛书首发式的机会，而后再经历一段时间的思索，更是在刘岳兵教授的支持下，也禁不住就井上哲次郎的儒学研究一展沉寂于胸中心底之思想，再作知识考古学之行旅。作为标题，则是借鉴了刘岳兵教授的标题《中国日本思想史研究的方法论问题——一种学术史的回顾与展望》或者《中日文化交流史研究的回顾与展望——一种粗线条的学术史漫谈》一类的表述，且冠以"梳理与问题"来加以解读，展开批评。在此也必须阐明一点，即围绕井上哲次郎的研究我不过只是想做一点"外部语境"的铺垫，就研究对象本身的问题进行叩问而已。与刘岳兵教授"导言"之中提到的"回归"与"肉搏"的奋斗精进的精神截然不同，只是希望可以提供一点独立的思索与真诚的反省。

一、作为"历史的意识"的学术史

井上哲次郎究竟是以什么样的动机来撰写《日本阳明学派之哲学》，对此，我们可以参考一下该书的"序"，即这样一段文字。

> 明治三十（1897）年我奉命参加在法国巴黎举办的万国东洋学会，发表了《日本哲学思想之发达》的演讲。回国后，日益感到对日本哲学进行历史研究的必要性，便开始对德教渊源稍加阐明，探寻学派之间的关系，以至于书稿堆积，铺满箱底。其中，阳明学自成一部，于是将之命名为《日本阳明学派之哲学》，姑且将书稿原样公之于世，希望能有助于医治当今社会的病根。

事实上，审视这一段文字，在感受到井上哲次郎的深切感愤、紧迫行动的同时，也会禁不住留下不少疑惑。第一，就是万国东洋学会、《日本哲学思想之发达》的演讲作为"因",《日本阳明学派之哲学》作为"果"而得以构筑起来。但是这样的"因果"之间的问题,即日本哲学的历史之研究、德教之渊源、学派之关联固然可以构成学术研究的"内部语境",但是为什么会提示"医治当今社会的病根"这样的话语,而且正如中译本附加注释所示,到了 1936 年版则是标示为"以此预向专家询问意见"。①换言之,井上哲次郎创作《日本阳明学派之哲学》的根本动机不在于向外部进行宣扬,也不在于向内部深度探究,而是在于一个与学术研究本身保持着一定距离的"医治当今社会的病根"的宏大愿景。再言之,则是"日本"这一国家处在"病态"之下,需要通过历史研究、德教探索、学派整理,来把握这样的"病根"或者"病理"之所在。

在此我想阐述的,并不是说不要去找寻、整理这样的"病根"或者"病理",而是尝试提出一点,即为什么"国家"在此成为暗默式的前提。正如刘岳兵教授为中译本著作撰写的"导言"所示,井上哲次郎的问题可以归结为"官僚式的学者""具有国家主义者的思想性格"②,但是这样的问题究竟来自哪里?或许日本学者子安宣邦的研究可以提供一点启示。

> 黑格尔历史哲学的"东洋"叙述,是以作为批判性叙述的本来基准的"我们的宗教""我们的道德",最后"我们人类"的提示为前提的。在这个意义上,黑格尔作为历史哲学中的"东洋"叙述便成了这样一个最初的、也是最彻底的代表性例证:从西方视野出发关注东方,由此构成的对异质性文化,即非西洋文化的叙事。③

子安宣邦将黑格尔的"东洋概念"视为"紧箍咒",完全罩在了以井上哲次郎为代表的近代日本学者的思维之中,黑格尔的历史哲学突出"历史的意识",强调

---

① 井上哲次郎:《〈日本阳明学派之哲学〉序》,载井上哲次郎著:《日本阳明学派之哲学》,付慧琴、贾思京译,载刘岳兵主编:《善美原典日本研究文库·井上哲次郎儒学论著选集》,中国社会科学出版社,2021 年,第 1 页。

② 刘岳兵:《编者的话:〈井上哲次郎儒学论著选集〉导言》,井上哲次郎:《日本阳明学派之哲学》,第 27 页。

③ 子安宣邦著:《东亚论:日本现代思想批判》,赵京华编译,吉林人民出版社,2004 年,第 31 页。

作为"东洋的专制"（Oriental Despot）的"停滞的东洋"①，这样的思想观念既延续到后来的马克斯·韦伯，也波及来自日本的井上哲次郎等一批人。不过在此，我们也必须梳理一点，即黑格尔的"历史哲学"或者说"法哲学"的逻辑起点，与其说是主体性的"我思"，倒不如说是"国家"这一范畴。

基于这样一个基本前提，我们就可以认识到潜存于井上哲次郎心底的"希望有助于医治当今社会的病根"的真正动机。作为问题，事实上不在于是否存在"病根"，不在于这样的"病根"究竟是什么，不在于它呈现出什么样的"病态"，而在于子安宣邦教授勾勒出来的黑格尔以国家为原点、为判断基准的逻辑。这样的"病根"必须存在，为了国家而必须存在。这样一来，作为批判性叙述的本来基准的"我们的宗教""我们的道德"，最后"我们人类"的提示，也就展现为明治日本的"以天皇为核心的神道教"，接续下来的就是近代日本人的"以臣民的道德心为根本的国民道德"，而后则是大日本帝国的"以日本人为神的选民的大东亚"建设。

一言蔽之，黑格尔的"停滞的东洋"或者"东洋的专制"的话语一直萦绕在井上哲次郎的脑海，且以国家为逻辑起点的思维也左右了井上哲次郎的思想。尽管我们无法回溯到1897年巴黎万国东洋学会是如何把握东方、把握中国、把握日本，但是这一点无疑成为潜在而巨大的"刺激"，驱使着井上哲次郎在一种紧张、急迫的"心绪"下选择了"日本阳明学派"——它不只是作为东亚的传统思想，同时也是可以与西方相媲美、相对抗的思想流派，更是作为被日本消化了的、具有世界性的普遍价值的"哲学"而存在——由此而编辑、整理、开启了以《日本阳明学派之哲学》为开端的儒学史研究。黑格尔的"历史意识"成为井上哲次郎构筑儒学研究史的"宏大背景"，也推动着我们要站在一个"世界史"的思想史的立场去把握井上哲次郎，把握井上的儒学史研究。

二、作为"系统框架"的学术史

审读《日本阳明学派之哲学》一书，刘岳兵教授在封底的导读文字之中也提到了这样一段话，即"这种学派划分与学说整理方式作为近代日本儒学研究的范式，其学术思想史上的示范意义，在今天依然具有强大的影响力。"事实上，正如邓红

---

① 子安宣邦：《东亚论：日本现代思想批判》，第82页。

教授的《日本的阳明学与中国研究》一书所示，井上哲次郎的研究也成为日本学者、中国学者、韩国学者的儒学研究的一大范式。[①]不仅如此，正如丸山真男的日本思想史研究所示，被井上哲次郎排斥贬低的江户时代思想家荻生徂徕也被加以重新诠释为具有"近代性"的思想家之代表。不过在此，刘岳兵教授阐述的是"学派划分"与"学说整理方式"，而不是"学派划分"与"学说整理"，这一点尤为耐人寻味。

导言之中，刘岳兵教授引用了丸山真男的一段话，即"即便是考虑到将德川时代的儒学或儒教的思想家强行塞进朱子学派、阳明学派、古学派的某个框架里，或者在儒学史中机械地套用欧洲哲学的范畴或学派来进行解释这些缺点，这些著作，即便在今天，依然不失其生命"[②]。第一个问题，就是如何划分学派的问题，这一点甚至引起了后世就所谓"阳明学派"不过是一场"虚构"的质疑。第二个问题，也就是"机械地套用欧洲哲学的范畴或学派"。在此也凸显出一大问题，就是丸山真男指出了"问题"，——这样的"问题"是否也是井上哲次郎的"挫折"或者"失败"之所在，——故而也成就了后来的持续性的研究，也推动着日本思想史得以不断延展。那么我们在此可以提示出什么样的问题，而不只是局限于个案性的研究。

第一个问题，就是如何划分学派的问题。这一问题事实上不只是牵涉划分，同时也涉及如何扩充、如何延展的问题，更是牵涉如何对过去的学者加以定位的问题。就此而言，我们如今的一批研究或是关注到儒学者林罗山的"似而非"的日本朱子学，或是关注到古学派荻生徂徕既接受亦批判朱子学的性格，或是关注到井上哲次郎笔下的朱子学与阳明学的评价的问题。[③]但是作为原点的"学派"是否存在，如何形成？作为学者的定位如何确立，标准何在，是否准确？针对这样的一系列"元问题"，我们应该如何加以把握？这样的一系列问题不仅仅是历史实证的问题，同时也是我们不得不展开"理性判断"、进行"逻辑推导"的问题。

第二个问题，就是井上哲次郎"机械地套用欧洲哲学的范畴或学派"的问题。丸山提示的这一问题，凸显在井上针对被誉为"日本阳明学之祖"的中江藤树（1608—1648）的学说整理，即"叙论、宇宙论、神灵论、人类论、心理论、伦理论（理论的方面与实践的方面）、政治论、学问论、教育论、异端论"十大领域。

---

① 邓红：《日本的阳明学与中国研究》，广西师范大学出版社，2018 年，第 31 ~ 57 页。
② 《丸山真男集》第 12 卷，岩波书店，1996 年，第 81 页。井上哲次郎：《日本阳明学派之哲学》，第 9 页。
③ 邓红：《日本的阳明学与中国研究》，第 31 ~ 57 页。

一种学术史的梳理与问题

就此而言，井上哲次郎构筑日本阳明学派的目的就在于"体系的尝试"。不过令人感到遗憾的是，这一仿佛完整性的研究结构在《日本阳明学派之哲学》之中并没有完全贯穿下去，或者说走向了"失败"。最为典型的例证就是到了阐述幕末儒学者大盐中斋（1793—1837）之际，井上罗列了"总论、归太虚之说、致良知之说、理气合一说、气质变化说、死生之说、去虚伪之说、学问目的之说"八大学说，完全是"儒学式"的学术框架。换言之，井上试图"套用欧洲哲学的范畴或学派"树立起新的学术体系来进行诠释，但是并没有得以持续下去。"儒教"与"哲学"之间的嫁接活动，也就只能留下一个言犹未尽的遗憾。

但是在此，我们也禁不住提出作为"系统框架"的第三个问题，也就是前文提到的"学派之间"的问题。尽管井上哲次郎带有极为显著的"扬王抑朱"的情怀，但是正如邓红教授的《日本的阳明学与中国研究》一书所提示的，朱子学与阳明学为什么会形成"对峙"？这样的二元对立论思维我们应该如何加以把握？这样的问题亦应该引发我们的思索。借助岛田虔次的《朱子学和阳明学》的自我表述，该书就是针对"朱子学和阳明学的关系"的解答："本书从内面主义的发展的角度，阐述了朱子学到阳明学的历史，也就是性理学的历史，并从这一角度概括了我迄今为止的研究成果。……我的立场都是一贯的，那就是反对只将阳明学作为'陆王学'也即陆象山学问的单纯继续，只是和朱子学在形而上学上的极端对立之传统见解，而是将阳明学看作是朱子学的发展。"[1]如今，"朱王会通"成为中国儒学界探讨的重要问题之一，如何把握二者之间的关系？井上哲次郎留下的或许也可能是一种"负面遗产"。这一点也需要我们进一步追溯井上哲次郎之后的日本学者的研究轨迹，并借助他们的反省与批判来重新构筑起我们自身的批判意识。

三、作为"方法"的学术史

不言而喻，一种学术史的梳理带有"范式"的价值，这一点毋庸置疑。不过，抛开这样的普遍价值论断，如何评价一种学术史的梳理则是一大问题。历史上，我们要如何评价《四库全书》的编撰，或许不能只是就整部编撰的体例、内容来展开，更需要回溯到过去的类书编撰。我们要如何评价民国时期的"科举制度"，也不能

---

① 岛田虔次『朱子学と陽明学』岩波书店、1968 年、196 頁。

只是就那一时期的时代境遇、社会状况、人才需求来恣意批评，还需要站在历史视角、外部视野来比照性地予以展开。如果当今世界进入到一个"全球化"的时代，那么为什么我们不能站在一个"全球史"构筑的立场来把握井上哲次郎的日本儒学史研究。这一点既可以超越过去的与西方文明相对抗的所谓"日本精神史"的研究，也可以揭示出井上哲次郎最大的问题或者局限之所在，即"国家主义"的立场。由此，我们就可以将井上哲次郎的研究视为一种可以不断地阐发、批判、演绎的"方法"，而不只是作为过去的存留或者带有时代痕迹的"范式"。

井上哲次郎的儒学研究究竟具有什么样的现代价值？以"方法"为线索，首先，井上的"方法"具有一种时代指针的深刻内涵，且深度诠释了"和魂洋才"的东西方嫁接的思想结构。正如井上所指出的，"阳明学的日本化是毫无疑问的事实"[①]，而且"使东西洋哲学融为一体，进而形成超越，乃是当今学界的当务之急"[②]。针对这样的"融为一体"，井上指出，西方的伦理以知识的探求为主，王学即阳明学主张通过"致良知"来完善道德。不过，学理的研究与心德的磨炼不可或缺，因此不偏不倚地"将东西洋道德的长处融为一体，得以实现古今未曾有之伟大道德"[③]。归根结底，井上试图主张的，一是将"道德主义"置于东方与西方之根本的地位；一是探索东西方"道德主义"的融合，由此来树立起以之为核心的日本哲学。

其次，井上的"方法"也体现为与"东方"相"割裂"。1890 年，自德国留学归来之后，井上就进行了一场题为"东洋史学的价值"的演讲，指出："东洋史学史在西洋学问社会中是缺席的。东洋人自己要深入研究来告诉西洋人，从而获取学术社会的普遍利益。这是日本人的义务。……以中国人的名字称呼日本人，本来就是一种轻蔑。"[④]在此，井上哲次郎指出必须研究东洋人的历史——东洋史学史，必须与被西方人轻蔑视之的中国或者中国人区别开来，以展示日本的文明进步。换言之，井上基本上是继承了黑格尔所谓的"历史意识"，以一种所谓"文明"或者"进步"的逻辑来进行学术性的梳理，力求向西洋彰显出"东洋史学的价值"，而这样的东洋史学的价值却是以排斥中国、否定中国、蔑视中国为必备条件。

---

① 井上哲次郎：《日本阳明学派之哲学》，第 424 页。
② 井上哲次郎：《重订日本阳明学派之哲学序》，井上哲次郎：《日本阳明学派之哲学》，第 424 页。
③ 井上哲次郎：《日本阳明学派之哲学》，第 427 页。
④ 井上哲次郎「東洋史学の価値」、『史学会雑誌』第 26 号、1892 年。转引自桂岛宣弘著：《从德川到明治——自他认识思想史》，殷晓星译，中国社会科学出版社，2019 年，第 137～138 页。

一种学术史的梳理与问题

再次，井上的"方法"最为直接地体现在"国家主义"的范畴，其根本指向日本的"国体"，尤其是《国民道德概论》（1912年）提到的所谓"义勇奉公""扶翼皇运"的精神。但是井上既没有认识到"国体"这一范畴本身就是源自中国，而日本只不过是输入它而已，还将这一范畴的使用时间确定为"中世纪以来"，并大力宣扬"国体"具有极为重大的意义，是以万世一系的皇统为基础，数千年间丝毫未曾改变。一言蔽之，井上哲次郎的"方法"实则是为了日本而服务，为了日本的天皇制而证明的"方法"。就这样，儒学研究成为这样的终极"方法"的诠释工具。

然后，井上的"方法"是否可以复制？是否可以演绎？换言之，我们应该如何进行一种思想史的批判性研究。围绕这一问题，我曾与刘岳兵教授之间产生了不小的争论，更成为刘岳兵教授长篇宏论的一段文字。不过在此，我也借助这一场合来阐述一点，即较之于材料的整理编辑而言，我们或许更需要甄别、选择作为"思想"的材料本身；较之于表象性的主体性的自我阐述，我们更需要深入文本之中去探究文本之间的内在关联，由此才能做到"全息性"的把握。唯有这样，我们才能把批评作为历史演绎、思想革新的"契机"或者"媒介"，从而站在"全球化"的视角来超越过去的"日本史""精神史"或者"世界史"的立场，由此也就可以站在一个更高的地位去把握井上哲次郎的研究，乃至继井上哲次郎之后而形成的日本思想史研究。

最后，我则尝试提出一点，即如何把握"方法"的哲学内涵？如何把握井上哲次郎的"方法"？刘岳兵教授提示的"学说整理方式"，而不是"学说整理"，无疑将给我们提供深邃的思索。在此我认为还必须明言一点，即思想史研究的重点不在于"历史"的梳理，而在于"思想"的怀疑，也就是来自根底的批判。李泽厚教授曾提到20世纪90年代以来"思想家淡出，学问家凸显"。但是我们在审视民国时期的思想引领的时候，却怎么也抹不掉以陈独秀、胡适为代表的思想者的重大影响。作为思想史的研究者，我们更需要认识到"叩问"或者"批判"的价值之所在。因此，继《井上哲次郎儒学论著选集》（四卷本）中译本出版之后，我们要如何凝练出一种主体性的批判意识，构筑起一种中国式的批评话语，将会是一大任重道远的研究课题。

（作者：吴光辉，厦门大学外文学院教授）

日本政治与社会

日本第49届众议院选举及政局走向

徐万胜　张雨欣

内容摘要　在日本，为应对第49届众议院选举，执政的自民党通过先期举行党总裁选举而实现"临阵换帅"，加之国内新冠肺炎疫情明显趋缓以及在野党势力孱弱，从而处于相对有利态势。此次选举主要是在执政两党联盟、"共斗"的在野五党以及日本维新会之间展开的，各方围绕新冠肺炎疫情应对、经济财政、外交安保及修改宪法等政策议题展开激烈论争。执政联盟赢得了众议院选举，不仅意味着岸田文雄内阁通过了广大选民的"信任"考验，更是在相当程度上有利于其巩固执政基础。展望未来，岸田内阁在经济、安保、修宪及对华关系领域的政策取向颇为值得关注。

关键词　日本政治　众议院选举　岸田内阁　自民党

Japan's 49th General Election of the House of Representatives and Its Political Influences

Xu Wansheng　Zhang Yuxin

Abstract: Japan's ruling party, the Liberal Democratic Party, changed its party leader in its party election to prepare for the 49th House of Representatives election. With dramatically mitigating COVID-19 pandemic and weak opposition parties in Japan, the ruling coalition of the Liberal Democratic Party and Komeito achieved a relatively favorable position before the election. The ruling coalition, "in-fighting" five opposition parties, and Japan Restoration Party competed against each other in the 49th general election of members of the House of Representatives. All parties engaged in fierce debates on issues such as response to the COVID-19 pandemic, economic and financial policies, diplomatic and security issues, and constitutional amendments. The fact that the ruling coalition wins the House of Representatives election not only means the Fumio Kishida cabinet has passed the "trust" test of the most voters, but also, to a considerable extent, means that the ruling coalition wins a solid ruling foundation. Looking ahead, the policy orientations of the Kishida cabinet in the fields of economy, security, constitutional amendment, and relations with China are worthy of attention.

Keywords: Japanese Politics；House of Representatives Election；Kishida Cabinet；Liberal Democratic Party

　　2021 年 10 月 31 日，日本举行第 49 届众议院选举投票。此次选举因自民党总裁选举"换帅"而延期举行，进而导致了二战后首次"超任期选举"。新任自民党总裁岸田文雄在完成组阁后不久，抓住广大选民对新内阁有所"政策期待"的时间窗口，采取速战速决的方式应对选举战。在竞选过程中，朝野各党围绕新冠肺炎疫情应对、经济、外交安保及修宪等议题展开激烈论战。计票结果是，由自民、公明两党组成的执政联盟获得"绝对稳定多数"议席①。这在相当程度上有利于上台伊

---

① "绝对稳定多数"议席，意味执政联盟在众议院的所有常任委员会中都能占据委员长职位，并实现委员人数超过一半。

始的岸田内阁巩固执政基础。展望未来，岸田内阁在经济、安保及修宪等领域的政策取向颇值得关注，并将影响到中日关系能否稳定向前发展。

一、自民党"临阵换帅"及有利态势

第49届众议院选举，是在执政的自民党"临阵换帅"的大背景下举行的。对于自民党而言，通过先期实施党总裁选举来完成"临阵换帅"，是一种应对选举战的策略选择，是为了尽量规避选举业绩遭受菅义伟内阁支持率走低的牵累。这样，在自身"及时止损"的基础上，加之国内新冠疫情明显趋缓以及在野党势力孱弱，自民党在选前已处于相对有利态势。

（一）菅义伟的"失算"及连任弃选

自2020年9月上台执政以来，菅义伟内阁始终未能决定提前解散众议院并举行选举。至2021年8月，日本政局变化已开始面临自民党总裁选举与众议院选举相互叠加的局面。其中，首相菅义伟作为自民党总裁，其任期将于2021年9月届满；同时，本届众议院议员的任期也将于2021年10月21日届满，且根据《公职法选举》的规定，议员选举应当在任期届满前30天内举行。

最初，首相菅义伟是以"连任党总裁并继续执政"为前提来谋划相关选举日程的。2021年8月31日，据数名自民党干部透露，菅义伟曾计划将众议院选举移至自民党总裁选举之前，也就是在9月13日至16日之间召开临时国会解散众议院，并于10月5日发布众议院选举公告，10月17日举行投开票[①]。按照该计划，自民党将在菅义伟的带领下迎接众议院选举，且原定于9月举行的自民党总裁选举也将不得不向后推迟。

但是在菅内阁执政的一年间，日本经济社会发展滞缓，特别是由于抗疫不力及疫情反复，导致内阁支持率持续下跌。例如，根据读卖新闻社的调查，菅内阁的支

---

① 「首相、9月中旬解散意向　党役員人事・内閣改造後　総裁選先送り」、『毎日新聞』2021年8月31日、https://mainichi.jp/articles/20210831/k00/00m/010/347000c。

持率，从 2020 年 9 月成立之初的高达 74%，跌至 2021 年 9 月的 31%。①这已濒临内阁垮台的"危险水域"。鉴于此，2021 年 8 月底，菅义伟一度考虑在党内进行人事变更，设想在众议院选举前更换包括干事长二阶俊博在内的党内重要职务，并起用石破茂、河野太郎等国民支持率较高的人物。②菅义伟试图借党内的人事调整，来改变本届内阁被诟病为"老人政治"的印象，从而在众议院选举中为自民党争取更多选票。然而，该设想遭到了自民党内"元老"政治家的强烈反对。以前首相安倍晋三、麻生太郎等人为代表，认为若由菅义伟继续出任党总裁，自民党将会在众议院选举中处于极为不利地位，即便最终获胜，也会丢掉大量议席。③在失去党内主要势力支持并面临巨大压力的情况下，2021 年 9 月 1 日，菅义伟不得不宣布自民党总裁选举将如期举行，后又于 9 月 3 日表示将放弃参加总裁竞选。这也意味着菅义伟将不再担任日本首相。

（二）执政伊始的岸田内阁力求"速战速决"

2021 年 9 月 29 日，岸田文雄当选为新任自民党总裁。随后，10 月 4 日，岸田又在国会被指名为第 100 任首相，并组建内阁。在组阁当天召开的记者会上，岸田首相宣布将于 10 月 14 日解散众议院，19 日发布选举公告，31 日进行投票，由此最终确定了众议院选举日程。这次选举战从解散众议院到最终确定当选议员，这期间只有 17 天的时间，为战后"历时最短"。对此，岸田本人的解释是"想要尽可能缩短议员的空白期"④。但究其深层考虑，则是岸田内阁试图抓住执政伊始内阁支持率尚较高的"时间窗口"，以"速战速决"的方式应对选举。

根据 NHK 于 10 月 8 日至 11 日做出的舆论调查显示，岸田内阁的支持率为 49%，相比于菅义伟卸任时，支持率有所回升。⑤这是由于广大国民对刚组建的新内阁，

---

①福田昌史「菅内閣の支持率はどこへ消えたのか——世論調査で謎を読み解く【中】」、『読売新聞』、2021 年 9 月 27 日、https://www.yomiuri.co.jp/column/opinionpoll/20210922-OYT8T50066/。
②「菅首相、9 月解散を模索　10 月 17 日投開票軸、総裁選先送りも——6 日にも内閣改造」、時事通信、2021 年 9 月 1 日、https://www.jiji.com/jc/article?k=2021083101261&g=pol。
③泉宏「菅首相、『二階外しで衆院解散』シナリオの大誤算」、『東洋経済』、2021 年 9 月 2 日、https://toyokeizai.net/articles/-/452378。
④「解散から投開票まで 17 日　戦後最短の衆議院選挙」、『日本経済新聞』、2021 年 10 月 14 日、https://www.nikkei.com/article/DGXZQOUA11ANZ0R11C21A0000000/。
⑤「先週発足の岸田内閣『支持』49%『不支持』24% NHK 世論調査」、NHK、2021 年 10 月 11 日、https://www3.nhk.or.jp/news/html/20211011/k10013302241000.html。

普遍持有一种"政策期待"感，期望新内阁能够有所作为。但岸田内阁的支持率与菅内阁刚刚成立时相比，仍然存在较大差距，也是 13 年来新首相上任初期的最低水平。因此，为规避内阁支持率有可能下滑的风险，岸田选择了尽可能缩短选举战的期间。

尽管是"速战速决"，但由于自民党通过总裁选举"临阵换帅"及内阁更迭，导致众议院选举推迟并成为"超任期选举"，即超出了议员任期届满的 2021 年 10 月 21 日。这在战后尚属首次，也不符合相关法律规定。对此，2021 年 9 月 2 日，立宪民主党、共产党、国民民主党、社民党等在野党就已提出抗议，认为政府在议员任期即将届满之际没有及时召开临时国会并解散众议院，"将是战后的首次违宪选举"[1]。10 月 5 日，立宪民主党、共产党、日本维新会和国民民主党的干部，在电视节目中又一次批评自民党因"内部原因"而导致"超任期选举"。[2]

（三）恰值疫情趋缓及经济社会生活恢复

自从 2020 年初新冠肺炎疫情暴发以来，疫情的走向对内阁支持率几乎起着决定性的作用。自菅义伟内阁执政以来，其支持率与国内感染人数基本上呈"反向"互动。读卖新闻社的调查显示：菅内阁的支持率在 2020 年 11 月第三轮疫情暴发前大体上稳定在 65% 以上，而在疫情暴发后则大幅下跌至不足 40%。第三轮疫情结束后，菅内阁的支持率亦略有回升。其后，每轮疫情的暴发必然导致内阁支持率的下跌。至 2021 年 8 月，第五轮疫情受东京奥运会的影响而空前严重，单日新增确诊病例一度突破了 2.5 万，而菅内阁支持率也随之下跌至 30% 左右。[3]显然，抗疫不力以及疫情蔓延，是导致菅内阁支持率暴跌的主要原因。

进入 2021 年 9 月下旬，日本国内第五轮疫情已经接近尾声，单日新增确诊病例不超过 4000 人。根据厚生劳动省的数据显示，至众议院解散前夕的 10 月 13 日，

---

① 「『戦後初の違憲選挙に』 野党が国会拒否に抗議」、産経ニュース、2021 年 9 月 2 日、https://www.iza.ne.jp/article/20210902-SWHSOSOEX5OFZH22SIPAY6QAKA/。

② 「『ひるおび』野党が大紛糾 維新・松井氏が立民&共産に『談合』爆弾 制止不能の大げんか」、デイリー、2021 年 10 月 5 日、https://news.yahoo.co.jp/articles/b463ccf65c9f337cbd3ed804d13eb91697de4137。

③ 福田昌史「菅内閣の支持率はどこへ消えたのか——世論調査で謎を読み解く【中】」、『読売新聞』、2021 年 9 月 27 日、https://www.yomiuri.co.jp/column/opinionpoll/20210922-OYT8T50066/。

日本全国单日新增确诊病例仅 731 人，并在 10 月下旬进一步减少至 300 人左右。[①]
此外，截至 10 月 26 日，日本的两剂疫苗接种率为 70.1%，该比例在七国集团中亦
名列前茅。[②]

在疫情明显趋缓的情况下，2021 年 9 月 30 日，日本宣布解除 19 个都道府县的
"紧急事态宣言"和 8 个县的"防止疫情蔓延重点措施"。这是日本自 2021 年 4 月
4 日以来首次在全国解除所有地区的防疫控制，经济社会生活由此逐步恢复。据
NHK 的调查显示，解除"紧急事态宣言"后的第一周，日本全国主要车站周围的
出行人数均有较大规模的增加，夜间出行人数的增加幅度普遍在 50% 以上，广岛站
甚至达到了 105%。[③]10 月 25 日，东京、大阪等五个都道府县解除了对餐饮业的营
业时间限制，次日这些地区商业街的夜间出行人数较"紧急事态宣言"时增加了
30%~50%。[④]

疫情趋缓及经济社会生活恢复，有力地支撑了岸田内阁迎接选举战。在众议院
选举投票之前，岸田内阁的支持率基本能够稳定在 45% 以上。[⑤]

（四）"一强多弱"政党格局的固化

形成于安倍晋三内阁长期执政时期的"一强多弱"政党格局，在安倍辞职之后
的短期内仍难以撼动。

自 2017 年 10 月众议院选举以来，日本在野党势力又经历了数次分化重组。2018
年 5 月 7 日，民进党与希望之党合并组建国民民主党，但由于原两党内有 40 名议
员表示不参加新党，故该党在众议院仅拥有 39 名议员。2019 年 4 月 26 日，国民民
主党党首玉木雄一郎与自由党党首小泽一郎签署协定，决定将自由党合并至国民民
主党，两党合并后共拥有 64 名国会议员。2019 年 4 月 1 日，原自由党议员山本太

①厚生労働省「新型コロナウイルス感染症について　国内の発生状況など」、
https://www.mhlw.go.jp/stf/covid-19/kokunainohasseijoukyou.html，2021-10-14.
②「ワクチン 2 回接種、7 割が完了　G7 でトップ水準」、共同通信、2021 年 10 月 26 日、
https://news.yahoo.co.jp/articles/b9128f0f992c128e5360fe23ccfca62a2d05d156。
③「"宣言"解除から 1 週間　各地の人出 日中・夜間ともに増加」、NHK、2021 年 10 月 9 日、
https://www3.nhk.or.jp/news/html/20211009/k10013299761000.html。
④「夜の繁華街　人出 3~5 割増　時短解除の東京・大阪」、『産経新聞』、2021 年 10 月 26 日、
https://news.yahoo.co.jp/articles/bfb0f26b931ee0510334f303f7fd9d5761871f6f
⑤ NHK「内閣支持率」、https://www.nhk.or.jp/senkyo/shijiritsu/、2021-10-31。

郎组建了"令和新选组"。2020年9月15日，原立宪民主党吸收了国民民主党三分之二的议员和部分无党派议员，并推举枝野幸男为党首。合并后的立宪民主党拥有106名众议员和43名参议员，一跃成为国会第一大在野党，这是继民进党之后的8年来，首次出现第一大在野党的众议院议席规模超过100名的情况。^①除了不断分化重组的新政党以外，传统的在野党则一直处于萎靡不振的状态。在本届众议院解散前，共产党有12个议席，社民党仅有1个议席。由此可见，经过分化重组后，第一大在野党的势力虽有一定程度的扩张，但与执政的自民党相比仍有较大的差距，短期内恐难以撼动自公联合政权。

这从日本国内有关国民政治意识的舆论调查中可以得到验证。例如，在2021年众议院选举前夕，根据读卖新闻社的舆论调查（8月17日至9月22日实施），即便在疫情较为严重的时期，仍有64%的人希望自民党、公明党组建的联合政权能够维持下去，只有30%的人表示希望政权更替。^②根据产经新闻社与富士新闻网（FNN）的舆论调查（10月9日至10日实施），自民党的政党支持率仍高达45.3%，而立宪民主党为6.4%，共产党为2.5%，国民民主党只有0.5%，都处于十分低迷的状态。^③根据时事新闻社的舆论调查（10月15日公布），43%的受访者表示将投票给自民党，11%的受访者将投票给立宪民主党，5.9%的受访者将投票给公明党，表示要投票给日本维新会、共产党、国民民主党的受访者分别只占了3.6%、3.2%和1.6%。^④根据全日本新闻网（ANN）的舆论调查（10月18日公布），有44%的人希望执政党能够增加议席，34%的人希望在野党能够增加议席。^⑤上述舆论调查表明，内阁支持率与自民党的政党支持率是相互区别的，广大选民对执政党的信心与期望始终高于在野党，这就进一步降低了政权更迭的可能性。

①「新党名は「立憲民主党」 代表に枝野氏、野党第1党」、『日本経済新聞』、2020年9月10日、https://www.nikkei.com/article/DGXMZO63670190Q0A910C2MM8000/。

②「自公政権『継続を望む』64%、無党派層は55%…読売世論調査」、『読売新聞』、2021年10月3日、https://www.yomiuri.co.jp/election/shugiin/20211002-OYT1T50260/。

③「岸田内閣支持率63.2% FNN・産経合同世論調査【2021年10月】」、FNNプライムオンライン、2021年10月11日、https://news.yahoo.co.jp/articles/c4d4006857c821a04f36eae8596c217118dcea3d。

④「衆院選比例投票先、自民43% 立民11%―時事世論調査【21衆院選】」、時事通信、2021年10月15日、https://www.jiji.com/jc/article?k=2021101500751&g=pol。

⑤「ANN世論調査 衆院選6割『必ず投票』内閣支持43.4%」、テレ朝News、2021年10月18日、https://news.tv-asahi.co.jp/news_politics/articles/000232200.html。

二、朝野势力竞逐及政策论争

2021 年 10 月 14 日，日本发布第 49 届众议院选举公告，小选区候选人有 857 名，比例代表区候选人有 194 名，共计 1051 名候选人参选。这比上一届 2017 年众议院选举时减少了 129 名，成为现行选举制度下迄今为止候选人总数最少的一届选举。究其原因，在野党在本届选举中扩大了"共斗"的范围，在更多的小选区内统一候选人，导致本届候选人总数出现较大幅度的降低。此外，女性候选人共有 186 名，占全体候选人的 17.7%，与上一届相比，降低了 0.01%。①本届候选人的平均年龄为 54.2 岁，略高于上一届的 52.8 岁。②

为与执政党抗衡，立宪民主党、共产党、国民民主党、社民党、令和新选组五个在野党在选举中采取"共斗"的方式。与 2017 年众议院选举相比，参加"共斗"的党派由当初的三党（立宪民主党、社民党、共产党）扩大为五党，"共斗"的小选区数目也扩大到 3 倍左右。为推进在野党之间的合作，2021 年 9 月 8 日，立宪民主党与共产党、社民党、令和新选组之间，就消费税减税、建设无核低碳社会等达成了 6 项共同政策协议。10 月 13 日，共产党为配合立宪民主党，撤下了 21 个小选区的候选人。这样，共产党在小选区拥立的候选人总数降至 105 人，相较于上一届的 206 人，减少了近一半。③至 10 月 20 日，上述在野五党已在 213 个小选区中统一了候选人，其中 160 个小选区统一为立宪民主党候选人，39 个小选区统一为共产党候选人。

日本维新会拒绝了立宪民主党提出的加入"共斗"的邀请，选择"单打独斗"。作为第三极势力，日本维新会拥立了 94 名候选人，远高于上一届的 47 人，与在野五党形成了激烈竞争。并且，与执政的自民党、公明党一样，日本维新会认为共产党在对待日美同盟、天皇制及自卫队等基本政策方面与其他党派都存在较大差异，

①「衆院選の女性候補は前回より少ない 17.7%…政府目標は『25 年までに 35%』」、『読売新聞』、2021 年 10 月 19 日、https://www.yomiuri.co.jp/election/shugiin/20211019–OYT1T50193/。
②「平均年齢 54.2 歳【21 衆院選】」、時事通信、2021 年 10 月 19 日、https://www.jiji.com/jc/article?k=2021101901405&g=pol。
③「1051 人が立候補　現行制度で最少【21 衆院選】」、時事通信、2021 年 10 月 19 日、https://www.jiji.com/jc/article?k=2021101901197&g=pol。

日本第 49 届众议院选举及政局走向

对共产党加入"共斗"进行了猛烈抨击。[①]另外，希望之党、判定 NHK 违反律师法第 72 条党（简称"N 裁党"）等在野党或因党势日渐衰退，或因缺少完整合理的政策主张，难以形成较大的影响力。

因此，本届众议院选举主要是在执政两党（自民党与公明党）与"共斗"的在野五党（立宪民主党、共产党、国民民主党、社民党、令和新选组）以及日本维新会之间展开的竞逐。其中，在 132 个小选区形成了执政党候选人和在野党候选人"一对一单挑"的竞选局面，但在 148 个小选区中依旧是在野党候选人"乱立"。[②]在野五党的"共斗"也使执政党感受到了一定压力，自民党干部称"或许难以维持解散前的 276 个议席"。[③]尽管发生政权更迭的可能性不大，但自民党能否维持"单独过半数"，在野党势力能否实现扩张，则成为选举关注的焦点。

作为竞选纲领，2021 年 10 月 12 日，自民党正式公布了本党的政权公约。该政权公约以"与大家共度新时代"为竞选口号，列举了包括新冠肺炎疫情应对、经济发展、产业发展、地方建设、经济安全、外交安保、教育、修改宪法在内的八个重点项目。其主要内容是：在经济发展方面，倡导"新资本主义"，兼顾经济增长和分配，既要采取金融缓和、灵活的财政利用及经济成长战略以振兴因疫情而疲敝不堪的经济，又要采取合理的分配政策，增加国民收入，振兴数量庞大的中间阶级；在经济安全方面，不仅要实现在任何情况下都能在全国调度物资，还要防止本国的高精尖技术向海外泄露，并要采取有效措施应对逐渐增加的网络攻击，以保护国民生命财产安全；在外交安保方面，推进"自由开放的印太"战略，以日美同盟为基轴，加强与共同拥有"普遍价值观"的"伙伴"间的合作，制定新版"国家安全保障战略""防卫计划大纲"等；在修改宪法方面，将继续推进"自卫队入宪，应对紧急事态，消除参议院合区和充实教育"四个项目。关于这一政权公约，自民党政调会会长高市早苗表示，"这是新冠疫情下的第一次众议院选举，自民党想要带给

---

①「衆院選に向け各党幹部がテレビ討論、与党は『立共共闘』を批判」、『読売新聞』、2021 年 10 月 17 日、https://www.yomiuri.co.jp/election/shugiin/20211017–OYT1T50087/。

「『ひるおび』野党が大紛糾　維新・松井氏が立民＆共産に『談合』爆弾　制止不能の大げんか」、デイリー、2021 年 10 月 5 日、https://news.yahoo.co.jp/articles/b463ccf65c9f337cbd3ed804d13eb91697de4137。

②「『一騎打ち』132 選挙区…対与党　5 野党一本化『213』」、『読売新聞』、2021 年 10 月 20 日、https://www.yomiuri.co.jp/election/shugiin/20211019–OYT1T50307/。

③「与党、現状維持は困難　野党は統一候補カギ　衆院選」、『産経新聞』、2021 年 10 月 14 日、https://news.yahoo.co.jp/articles/c4d4006857c821a04f36eae8596c217118dcea3d。

国民安心和希望"，且称"这些政策都尽量做到了切实可行，而不是画饼充饥"。①

　　除自民党之外，截至 2021 年 10 月 19 日，其他参加竞选的各政党也相继发表了政权公约。围绕新冠疫情应对、经济财政、外交安保及修改宪法等政策议题，各政党在竞选过程中纷纷提出自身的政策主张。（具体情况参见表 1）

表 1　主要政党在竞选过程中的政策主张

	新冠肺炎疫情应对	经济财政	外交安保	修改宪法
自民党	在 2021 年内普及新冠口服药，修改紧急事态宣言下关于控制人员流动的法律规定	向非正规雇佣者、女性、育儿人群、学生等群体发放经济补助	以日美同盟为基轴，强化防卫力量，拥有在敌方领域内阻止敌方发射导弹的能力，将防卫费提高到 GDP 占比的 2%以上	推进"自卫队入宪，应对紧急事态，消除参议院合区和充实教育"四个项目
公明党	支持开发国产口服药，将核酸检测能力扩充到 100 万次/天	向高中三年级及以下人群发放 10 万日元补助	强化日美同盟，强化从平时到紧急事态下的无缝体制；为加入"禁止核武器条约"做准备	成立国会线上审议和讨论制度，以保证国会在紧急事态下仍能运行；对于自卫队入宪及紧急事态下强化政府权限持谨慎态度
立宪民主党	严格出入境管理，所有入境者必须隔离 10 日以上	对低收入者每年发放 12 万日元的补助，在一定时期内将消费税下调至 5%	以健全的日美同盟为基轴，慎重讨论是否保有"对敌基地攻击能力"	反对千篇一律的"护宪论""改宪论"，主张更新和贯彻立宪主义
共产党	多次进行大规模的免费核酸检测，增加预算以保证病床数量	对中间阶层发放每人 10 万日元的补助，将消费税下调至 5%	废除《日美安保条约》，实行裁军	反对自民党的修宪方案，主张维护和落实现行宪法
日本维新会	完善法律以保证病床数量，赋予都道府县知事命令停业的权限	在 2 年内将消费税下调至 5%	以日美同盟为基轴，探讨构筑"领域内阻止能力"	将"教育无偿化、统治机构改革、宪法审判所"写入宪法

资料来源：「衆院選公約、与野党『現金給付』競う…対中政策で違い鮮明」、『読売新聞』、2021 年 10 月 17 日、https://www.yomiuri.co.jp/pluralphoto/20211017-OYT1I50004/;

---

①「衆院選 2021　各党の公約　自由民主党」、NHK、https://www.nhk.or.jp/senkyo/database/shugiin/2021/pledge/political-party/jimin/。

日本第 49 届众议院选举及政局走向

「［衆院選 2021・政策分析］憲法改正…改憲勢力　議席に注目」、『読売新聞』、2021 年 10
月 30 日、https://www.yomiuri.co.jp/pluralphoto/20211030-OYT1I50008/；「［衆院選 2021・
政策分析］核・ミサイル　増す脅威…外交・安保」、『読売新聞』、2021 年 10 月 23 日、
https://www.yomiuri.co.jp/pluralphoto/ 20211023-OYT1I50026/。

通过比较可以发现，在应对新冠肺炎疫情方面，多数政党都主张强化核酸检测
体制以及国产疫苗和药物的开发，且自民党、公明党及日本维新会也都认为应当兼
顾经济活动和疫情防控。但是立宪民主党认为进行彻底的疫情防控才是最优先课
题，在政策论争中抨击自民党的防疫政策"被动迟缓"，"导致许多需要得到医疗救
助的人因得不到救助而死去"。①在经济财政方面，各政党都主张通过发放一定数额
的补助金来拉动消费、振兴经济，但各在野党普遍对消费税持否定态度，立宪民主
党、共产党、日本维新会、国民民主党都主张今后将消费税下调至 5%。对于经济
增长和分配的关系，执政党与在野党各有侧重：执政党强调经济增长和分配并重，
而立宪民主党党首枝野幸男则称"如今分配才是第一步"②。在经济安全方面，各
政党均重视国内高精尖技术泄露的问题，认为应当制定政策或法律维护经济领域安
全。在修改宪法方面，自民党、公明党与日本维新会虽都主张修改宪法，但具体内
容各不相同。

特别是在外交安保方面，各主要政党的政策主张相互交叉，横跨朝野政党界限。
其中，在执政联盟内部，关于防卫力量建设，自民党认为在中国不断扩充军备的情
况下，主张将发展"对敌基地攻击能力"纳入考虑范围；而公明党更加重视同中国
等邻国的友好关系，并未涉及相关政策议题。在"共斗"的在野党内部，关于日美
同盟，立宪民主党重视同美国的关系，将同盟视为日本外交和安保政策的基轴；而
共产党认为应该废除《日美安保条约》。针对钓鱼岛问题，执政两党认为应当谨慎
对待，防止事态升级，通过增加派遣巡逻船等方式，将行动主体限定在海保厅层面；
而立宪民主党持更加强硬的态度，认为应当制定法律，在海保厅提出申请的情况下，
能够行使最小限度使用武力的"海上警备准备行动"，从而将行动主体上升到了海

---

①「衆院選へ　与野党幹部　コロナ対策などめぐり議論　NHK 日曜討論」、NHK、2021 年 10 月 17、
https://www3.nhk.or.jp/news/html/20211017/k10013310671000.html?utm_int=word_contents_list-items_001&w
ord_result=2021%E8%A1%86%E9%99%A2%E9%81%B8。
②「各党『分配』主張合戦、財源議論は深まらず…目立つ批判の応酬」、『読売新聞』、2021 年 10
月 30 日、https://www.yomiuri.co.jp/election/shugiin/20211030-OYT1T50315/。

上自卫队层面。①此外，作为第三极势力的日本维新会也同自民党相近似，主张探讨构筑"领域内阻止能力"，防卫费应当突破 GDP 占比 1% 的限制。

与展开政策论争的各政党相比，广大选民显然更关注与自身密切相关的政策议题。根据 NHK 的舆论调查显示，广大选民在投票时最关心的政策议题依次为经济和财政政策、社会保障制度、新冠疫情应对，所占比例分别 34%、22%、22%；而对外交安保政策、环境和能源政策、修改宪法的关注度则低得多，分别为 6%、6%、3%。②

三、自民党维持"绝对稳定多数"

2021 年 10 月 31 日，日本第 49 届众议院举行投票及开票。在总计 465 名议员定额（小选区 289 名、比例代表区 176 名）中，各政党所获议席如下：自民党 261 席、公明党 32 席、立宪民主党 96 席、共产党 10 席、日本维新会 41 席、国民民主党 10 席、令和新选组 3 席、社民党 1 席、无所属 10 席。（具体情况参见表 2）

表 2　第 49 届众议院各政党所获议席

	自民	公明	立民	共产	维新	国民	令和	社民	无所属
小选区	189	9	57	1	16	6	0	1	10
比例代表区	72	23	39	9	25	5	3	0	0
当选合计（增减）	261 (−15)	32 (+3)	96 (−14)	10 (−2)	41 (+30)	11 (+3)	3 (+2)	1 (+0)	10 (−1)

上述议席分布状况表明：一是执政联盟赢得了众议院选举。与公示前的 276 席相比，自民党虽减少了 15 席，但远超过半数的 233 席，且仍维持住了"绝对稳定多数"的 261 席。加上公明党所获 32 席，执政联盟合计达 293 席。二是在野五党"共斗"未能取得预期成效。立宪民主党由公示前的 110 席减至 96 席，共产党也由 12 席减至 10 席。三是日本维新会势力得到扩张。日本维新会由公示前的 10 席大幅增至 41 席，一跃成为众议院第三大党。

---

① 「［衆院選 2021・政策分析］核・ミサイル　増す脅威…外交・安保」、『読売新聞』、2021 年 10 月 23 日、https://www.yomiuri.co.jp/election/shugiin/20211023-OYT1T50070/。
② 「衆議院選挙「必ず行く」56% 前週比 4 ポイント増 世論調査」、NHK、2021 年 10 月 18 日、https://www3.nhk.or.jp/news/html/20211018/k10013311841000.html。

日本第 49 届众议院选举及政局走向

本届当选议员的平均年龄为 55.5 岁，略高于上一届的 54.7 岁。从年龄分布来看，50 岁至 60 岁的议员所占比例最高，为 34.4%，其次为 40 岁至 50 岁、60 岁至 70 岁，均为 25.8%。[①]当选的女性议员为 45 名，比上一届少了 2 名，占议员总数的 9.7%。[②]

本届众议院选举小选区的投票率为 55.93%，比例代表区为 55.92%，略高于 2014 年（小选区为 52.66%，比例代表区为 52.65%）和 2017 年（小选区和比例代表区均为 53.68%）的众议院选举，为战后第三低。[③]至此，日本众议院选举连续 4 届的投票率都徘徊在接近 50% 的低水平线上。按照性别来看，男性投票率为 56.06%，女性为 55.8%，男性略高于女性。按照年龄来看，20 岁以下的选民投票率为 43.01%，比整体的投票率还要低。[④]此次，共有 2058 万 4847 名选民在选举中提前投票，成为自 2005 年实施提前投票率制度以来的第二高。[⑤]原因在于疫情之下选民更倾向于"错峰"投票，以及政府增设了 556 个提前投票的场所，为选民提供了便利。

在众议院的 289 个小选区中，自民党的得票率为 48%（与上一届 2017 年持平），获得 189 个议席，议席占有率高达 65.4%；作为第二大党的立宪民主党的得票率为 29.9%，获得 57 个议席，议席占有率为 19.7%，远低于得票率；日本维新会的得票率为 8.3%，获得 16 个议席，议席占有率为 4.2%，同样低于得票率。由此可见，每个选区只选 1 名议员的小选区制实际上对第一大党更为有利。同样，小选区的"死票"（选民为之投票的候选人并未获胜，这些选票被称为"死票"）多达 2673 万票，占选票总数的 46.5%。其中，自民党的"死票率"为 26.8%，但立宪民主党则高达 64.2%。[⑥]在 11 个比例代表区的 176 名议员定额中，自民党获得 72 个议席（2017 年为 66 个），连续四届成为比例代表区中获得议席数最多的政党；立宪民主党获得

①「平均年齢 55.5 歳、最年長は二階氏　20 代当選は 1 人【21 衆院選】」、時事通信、2021 年 11 月 1 日、https://www.jiji.com/jc/article?k=2021110100861&g=pol。

②「衆院選　当選した 465 人のうち女性は 45 人 前回より 2 人少なく」、NHK、2021 年 11 月 1 日、https://www3.nhk.or.jp/news/html/20211101/k10013330691000.html?utm_int=news-new_contents_list-items_080。

③「衆院選投票率、55.93%　戦後 3 番目の低水準―総務省発表【21 衆院選】」、時事通信、2021 年 11 月 11 日、https://www.jiji.com/jc/article?k=2021110100180&g=pol。

④「10 代の投票率 43.01%、全体を 12.92 ポイント下回る」、『読売新聞』、2021 年 11 月 2 日、https://www.yomiuri.co.jp/election/shugiin/20211102-OYT1T50170/。

⑤「期日前投票 2058 万人、前回に次ぎ過去 2 番目」、『読売新聞』、2021 年 11 月 1 日、https://www.yomiuri.co.jp/election/shugiin/20211031-OYT1T50080/。

⑥「自民、得票率 48% で議席 65%【21 衆院選】」、時事通信、2021 年 11 月 1 日、https://www.jiji.com/jc/article?k=2021110101001&g=pol。

39 个议席，日本维新会获得 25 个议席。①

执政联盟胜选的原因是多方面的，如前所述，自民党通过"临阵换帅"来实现"及时止损"，加之国内新冠肺炎疫情明显趋缓以及在野党势力孱弱，自民党在选前已处于相对有利态势。此外，也有媒体认为其原因在于自民党采取了缜密的选举对策。②在选举战中，自民党总部积极发动拥有较大影响力的资深议员前往各选区声援候选人。尤其针对战况激烈的选区或者根据预测显示自民党并不占优势的选区，优先派遣元老级议员（如安倍晋三、麻生太郎、菅义伟等人甚至首相岸田文雄）前往进行演讲，为自民党候选人拉票。以茨城 6 区为例，在选举战的最后几天内，岸田文雄、菅义伟、安倍晋三轮番前往该区进行演讲。在选举战的最后一天（30日），自民党将岸田文雄、菅义伟、麻生太郎、河野太郎等人集中投入到埼玉、东京、神奈川的激战区，以自身的影响力为候选人争取选票。实践证明，这些选举声援活动取得了明显成效。

另一方面，此次自民党虽独自维持住了"绝对稳定多数"的 261 席，但其得票并不十分稳固。2021 年 10 月 31 日，根据共同社实施的出口调查显示，在各政党的支持阶层中，通过比例代表区投票给其支持政党者的所占比例依次为：公明党92%、日本维新会 91%、令和新选组 90%、共产党 89%、立宪民主党 86%、国民民主党 84%，而在自民党的支持阶层中，只有 77% 的人通过比例代表区投票给了自民党。③此外，在小选区胜选的自民党议员中，有 34 人与第二名的得票率之间的差距小于 5%，有 59 人与第二名之间的差距小于 10%。④正因如此，甚至在 10 月 31 日晚即将开票之际，NHK 仍预测自民党很难保持单独过半数。⑤这也说明自民党是"艰难"胜选。

在野五党"共斗"未能取得预期成效，主要原因在于其内部分歧。作为"共斗"

　　①「比例第 1 党、4 回連続で自民…維新は北海道除く全ブロックで議席獲得」、『読売新聞』、2021年 11 月 1 日、https://www.yomiuri.co.jp/election/shugiin/20211101-OYT1T50248/。

　　②「直前まで大敗予想の自民党、なぜ絶対安定多数を確保できたか」、JBpress、2021 年 11 月 1日、https://news.yahoo.co.jp/articles/ccc40c785597723719bc9b037299bc518b324db0?page=2。

　　③「無党派層　立憲支持が最多 24%、維新伸び 21%　共同通信出口調査」、『毎日新聞』、2021年 10 月 31 日、https://topics.smt.docomo.ne.jp/article/mainichi/politics/mainichi-20211031k0000m010277000c。

　　④「次点との差わずか 391 票…衆院選小選挙区、自民当選者 2 割が辛勝」、『読売新聞』、2021 年11 月 4 日、https://www.yomiuri.co.jp/election/shugiin/20211103-OYT1T50230/。

　　⑤「衆院選　自公で過半数確実　自民単独過半数はギリギリの情勢」、NHK、2021 年 10 月 31 日、https://www3.nhk.or.jp/shutoken-news/20211031/1000072089.html。

的主要发起者，立宪民主党和共产党在对待日美同盟、自卫队、消费税废存等基本政策上"南辕北辙"。根据读卖新闻社对各政党候选人的调查，调查内容是"最希望和哪个政党联合"，结果有 99% 的共产党候选人表示希望和立宪民主党合作，但仅有 47% 的立宪民主党候选人表示希望和共产党合作；与执政联盟相比较，自民党有 96% 的候选人希望同公明党联合，公明党亦有高达 98% 的候选人希望同自民党联合。[①]虽然共产党承诺假若立宪民主党胜选则予以"有限的来自内阁外部的协助"，但这样的政权是否能够稳定地运行，不得不让大多数选民担心。因此，立宪民主党与共产党的竞选合作十分受限。

日本维新会的势力扩张，源于其在大阪、近畿地区的优势地位。在日本维新会所获的 41 个议席中，15 席来自大阪的小选区（定额为 19 席），10 席来自近畿的比例代表区（定额为 28 席）。这与日本维新会多年来在大阪市、大阪府取得的执政业绩是密不可分的。此外，也有分析认为，执政的自民党政策取向日趋右倾化，在野的立宪民主党因与共产党合作而政策左倾化，在此种情况下日本维新会选择不与任何一方合作，反而赢得了中间派选民的支持，坐收"渔翁之利"。[②]

值得注意的是，在本届众议院选举中，包括政界元老小泽一郎、自民党干事长甘利明、世博会担当大臣若宫健嗣、前数字大臣平井卓也、前奥运担当大臣樱田孝义等在内的多名资深政治家在小选区中落败，后在比例代表区"复活"当选。其中，甘利明在神奈川 13 区败给了立宪民主党推荐的新人候选人太荣志。这也是自民党现任干事长首次在小选区落败。此外，自民党前干事长石原伸晃、前自治大臣野田毅等都最终落选了。另据时事新闻社的统计，此次当选的新人议员多达 97 人，大幅度超过上一届的 56 人。[③]它在一定程度上反映出广大选民对"老人政治"的不满，意味着日本政坛新一轮"世代交替"的开始。

---

① 「野党各党と連携したい共産、でも選んだ他党は「47% ~ 93%」の『片思い』…立候補者アンケート」『読売新聞』、2021 年 10 月 28 日、https://www.yomiuri.co.jp/election/shugiin/20211027–OYT1T50364/。
② 大濱崎卓真「辻元清美氏までも敗北　維新が大阪を中心に 4 倍増の躍進を果たした背景は」、Yahoo!ニュース、2021 年 11 月 1 日、https://news.yahoo.co.jp/byline/oohamazakitakuma/20211101–00266074。
③ 「自民、参院選へ『刷新』カギ　薄氷の小幅減、胸なで下ろす　惨敗立民『共産寄り』修正も【潮流底流】」、時事通信、2021 年 11 月 6 日、https://news.yahoo.co.jp/articles/2c6b878fb801f13e375 ce69b17 d13f5b851582c3。

四、岸田的执政基础与政策取向

执政联盟赢得了众议院选举，不仅意味着岸田文雄内阁通过了广大选民的"信任"考验，更是在相当程度上有利于其巩固执政基础。这主要体现在朝野竞争与党内支配两个方面。

在朝野竞争方面，在野党在国会立法过程中抗衡岸田内阁的"合作"难度加大。

此次在野五党在众议院选举中的"共斗"未能取得预期成效，将对其今后在国会立法过程中的"合作"产生消极影响，恐更加难以抗衡岸田内阁。此前，立宪民主党、共产党、国民民主党及社民党在野四党每逢国会审议之际都会进行协商，其国会对策委员长会定期召开会议，并会议结束后由立宪民主党代表四党召开记者会。但是在此次选举结果公布后，立宪民主党的最大支持团体——日本劳动组合总联合会（简称"联合"）批判该党在竞选中与共产党合作的方针，要求立宪民主党修正"共斗"的路线，甚至要求更换以枝野幸男为中心的党的执行部门。2021 年11 月 2 日，枝野幸男在党内重要会议上不得不表明将引咎辞职，称"决定让立宪民主党在新代表的带领下迎接来年的参议院选举"。[1]今后，立宪民主党与共产党之间将会何去何从，不容乐观。与此同时，11 月 4 日，国民民主党也在党内会议上决定与立宪民主党、共产党及社民党的合作组合划清界限，今后将不再参加与之相关的国会活动。[2]国民民主党转而可能会探讨如何与日本维新会加强合作，认为"比同共产党合作阻碍更小"。[3]不论如何，各在野党在国会立法过程中"团结一致"的局面将遭受削弱。

在党内支配领域，自民党派阀势力的变化有利于岸田首相提升决策自主地位。

伴随安倍晋三内阁的长期执政，安倍所属的细田派（2021 年 11 月 11 日安倍接替会长，成为"安倍派"）与麻生派在自民党内部逐渐形成所谓"安麻支配体制"。岸田当选为自民党总裁，也是有赖于细田派、麻生派的支持。因此，岸田在党干部

---

① 「立民・枝野代表『新代表の下で来年の参院選を』…衆院選敗北で引責辞任へ」、『読売新聞』、2021 年 11 月 2 日、https://www.yomiuri.co.jp/election/shugiin/20211102-OYT1T50109/。

② 「国民民主、立共社の国会対応の枠組みから離脱」、『産経新聞』、2021 年 11 月 4 日、https://news.yahoo.co.jp/articles/8c980e1768b70201f414b5c4209c9db332b998d1。

③ 「国民、維新との連携も視野　玉木代表『国会で大きな力になる』」、『毎日新聞』、2021 年 11 月 1 日、https://news.yahoo.co.jp/articles/c0c02c6f90f58cfc52b43117fd810dd96e365e6d。

与阁僚的人事安排上"论功行赏",干事长甘利明、政调会长高市早苗、内阁官房长官松野博一等人均来自安倍派。这必将导致岸田内阁在决策过程中深受"安麻支配体制"的限制,难以真正突破既往的"安倍路线",执政的自主性遭到削弱。例如,此次自民党的政权公约就带有浓厚的"高市色彩",也加入了岸田竞选总裁时竞争对手的政策主张。[①]在众议院选举后,由于部分议员的落选和隐退,自民党内的 7 个派阀均遭到了不同程度的削弱,且产生微妙变化。2021 年 11 月 4 日,自民党干事长甘利明因在小选区落败而正式辞职,来自竹下派的茂木敏充接任干事长。众所周知,甘利明在自民党内部与安倍晋三、麻生太郎关系密切,被称为政坛"3A"(因三人姓名的首个字母都是 A)。而先前在自民党总裁选举中同"3A"进行对抗的"小石河"(即小泉进次郎、石破茂、河野太郎),却均在众议院选举中以压倒性票数胜选。[②]这显然将对自民党内的"安麻支配体制"产生制约性影响。此外,竹下派因会长竹下亘于 2021 年 9 月去世而一直空缺会长职位,或将由茂木敏充接任会长。石原派因会长石原伸晃落选而面临势力重组。上述动向均有利于岸田首相在决策过程中平衡或对冲党内派阀势力的影响力,提升其决策自主地位。

在赢得众议院选举之后,岸田内阁的施政将渐次全面展开。2021 年 11 月 1 日,岸田首相同公明党党首山口那津男举行了会谈,双方决定继续努力推进新冠疫情应对及社会经济的再生。此前,岸田首相已在 10 月 8 日的施政演说中勾勒了未来政策的蓝图。除了应对新冠疫情、强化日美同盟与推进印太政策之外,岸田内阁的下述政策取向颇为值得关注。

第一,岸田内阁在经济领域的"新资本主义"政策能否取得成效。多年来,日本政府实行新自由主义经济政策。以"安倍经济学"为代表,它虽然促进了经济增长与企业收益增加,但忽视了中间阶层的利益,使得日本社会贫富差距拉大。为此,2021 年 10 月 8 日,岸田首相在施政演说中明确提出"新资本主义"的经济政策,主张推行大胆的金融政策、机动的财政政策和经济增长战略,提出经济增长是财政健全的前提,而合理分配是经济增长的前提。[③]"新资本主义"经济政策注重经济

① 「自民公約、首相の看板政策に『高市カラー』も加え党内バランス…『令和版所得倍増』は見送り」『読売新聞』、2021 年 10 月 13 日、https://www.yomiuri.co.jp/election/shugiin/20211012−OYT1T50311/。
② 「直前まで大敗予想の自民党、なぜ絶対安定多数を確保できたか」、JBpress、2021 年 11 月 1 日、https://news.yahoo.co.jp/articles/ccc40c785597723719bc9b037299bc518b324db0?page=2。
③ 「岸田首相の所信表明演説全文 『対コロナ 危機管理を抜本強化』『成長と分配の好循環』」、『日本経済新聞』、2021 年 10 月 8 日、https://www.nikkei.com/article/DGXZQOUA0787N0X01C21A0000000/。

增长和分配的良性循环：一方面要通过科技立国战略、刺激地方活力和经济安全保障等促进经济增长，另一方面还要以增加劳动者所得分配、扩大中产阶级及应对少子化等措施促进合理分配。"新资本主义"经济政策在相当程度上是对"安倍经济学"的修正甚至取代，但在未来实践中能否取得成效，存有不确定性。

第二，岸田内阁将如何突破防卫政策的限制并推动军备建设扩张。2021 年 10 月 8 日，岸田首相在施政演说中明确提出将制定新版的"国家安全保障战略""防卫计划大纲"及"中期防卫力量整备计划"，以加快文件内容的"更新换代"。10 月 13 日，岸田内阁召开首次国家安全保障会议，就今后较长一段时期内安全保障政策的方向性展开了讨论。①在具体防卫政策层面上，自民党的政权公约提出要探讨拥有"在敌方领域内阻止敌方弹道导弹的能力"。显然，这一能力带有先发制人、主动打击的色彩，严重违背了日本"专守防卫"的政策原则。2021 年 10 月 20 日，针对朝鲜于前一日试射两枚弹道导弹的事件，岸田内阁召开国家安全保障会议探讨应对策略。岸田首相在会后的记者会上称，"朝鲜在核技术及导弹相关技术上取得的进步已经是日本在安全保障领域不容忽视的课题"，并且重申"已经向有关阁僚指示修改'国家安全保障战略'相关事宜，将讨论包括拥有'对敌基地攻击能力'在内的所有措施"。②在军备建设层面上，自民党的政权公约提出将防卫费提高到 GDP 占比的 2%以上，并计划加快人工智能、高超音速武器以及新一代战斗机的研发，强化防卫技术及产业基础。可以预见，岸田内阁执政时期日本的军备建设将加快扩张步伐，且有可能进一步突破"专守防卫"政策原则的限制。

第三，岸田内阁执政框架下日本的修宪进程是否会取得进展。修改宪法，一直是自民党政权的政治夙愿。岸田首相的施政演说与自民党政权公约，均提及修宪议题。通过此次众议院选举，主张修改宪法的自民党、公明党与日本维新会共拥有 334 个议席，超过了修宪提议所需的三分之二以上议席。此外，2021 年 11 月 7 日，国民民主党的代表玉木雄一郎与日本维新会副代表吉村洋文，就促进修改宪法一事达成一致。③岸田首相本人也对修宪表现出十分积极的态度。11 月 1 日，岸田首相

①「岸田内閣で初の NSC 閣僚会合　安全保障政策の方向性など議論」、NHK、2021 年 10 月 13 日、https://www3.nhk.or.jp/news/html/20211013/k10013306091000.html。
②「弾道ミサイル発射受け NSC　"SLBM の可能性も"」、NHK 政治マガジン、2021 年 10 月 20 日、https://www.nhk.or.jp/politics/articles/lastweek/70519.html。
③「維新と国民、改憲に向け連携　9 日にも幹事長、国対委員長会談」、共同通信、2021 年 11 月 7 日、https://news.yahoo.co.jp/articles/f3cd5390fc9d649a9b669609b659c614b5fa305f。

在记者会上表示"要将修宪作为党的基本方针而为之不断努力。在国会要深化讨论，使得修宪能够超越党派的框架，获得三分之二以上的赞成率"。[①]应当承认，尽管当前赞成在国会发起修宪讨论的政党势力超过了三分之二，但各政党之间的具体主张和侧重点仍不相同。对于修宪势力而言，还需要通过深入讨论来统一彼此间的政策主张，短期内恐难以达成一致。

第四，岸田内阁的对华政策调整是否有利于稳定中日关系。此前，岸田本人曾在安倍内阁长期执政时期担任外相达四年零七个月，自应是相当熟悉日本对外政策及中日关系。对于岸田内阁而言，在强化日美同盟与推进印太政策的同时，如何实现中日关系的稳定发展，是其对外政策面临的重要课题。不容忽视的是，岸田在自民党总裁竞选期间的对华政策主张趋于强硬，除了钓鱼岛争端、台海局势、参拜靖国神社等问题之外，影响中日关系稳定发展的不确定因素在增多。例如，2021 年 9 月 12日，岸田文雄在竞选总裁时曾提出拟将设立专门负责人权问题的首相辅佐官。[②]随后，自民党的政权公约亦提及"要为人权状况的改善做出实际贡献，开展'人权外交'"。[③]岸田内阁若试图利用"人权问题"来牵制中国，将明显有别于往届日本政府的做法。当然，岸田内阁执政后必将进一步"调试"其对华政策。2022 年是中日邦交正常化 50周年，这也将为双方共同构筑"建设性的稳定的中日关系"提供契机。

在日本战后宪政史上，在长期执政的佐藤荣作、中曾根康弘、小泉纯一郎内阁之后，日本政局演变均是陷入内阁频繁更迭的动荡期。在安倍内阁长期执政之后，菅义伟内阁也是仅仅执政一年就垮台了。因此，继任的岸田内阁能否摆脱往届内阁"短期执政"的历史宿命，更加令人关注。展望未来，为迎接 2022 年参议院选举的挑战，岸田内阁力求在较短的期间内取得有效业绩。对于广大选民而言，能否有效控制新冠肺炎疫情、实现经济复苏并推进再分配政策，将成为评价岸田内阁执政业绩的关键指标。

（作者：徐万胜，战略支援部队信息工程大学教授；张雨欣，战略支援部队信息工程大学研究生）

---

① 「『改憲勢力』躍進？　なお厳しい具体の議論と争点化」、『朝日新聞』、2021 年 11 月 1 日、https://news.yahoo.co.jp/articles/0090f277fd79ade36fde103da3d06823262db45d。

② 「岸田氏『人権問題担当の首相輔佐官を』　中国念頭に」、『日本経済新聞』、2021 年 9 月 12日、https://www.nikkei.com/article/DGXZQOUA121SJ0S1A910C2000000/。

③ 「政権公約『新しい時代を　皆さんとともに。』　2021 年第 49 回衆院選」、自民党ホームページ、https://jimin.jp-east-2.storage.api.nifcloud.com/pdf/manifest/20211018_manifest.pdf。

试析日本修改《原子能基本法》

乔林生

内容摘要 福岛核泄漏事故之后，日本政府在国民普遍反核的形势下，时隔 34 年于 2012 年修改了《原子能基本法》。此举不仅程序有违常规，修改形式存在很大问题，而且在核能利用的基本方针中加入了"有利于国家安全保障"的暧昧内容。这就以法律的形式堵住了国内反对核电势力的口，为日本核电站的存续、核能的继续利用提供了法律依据，也为日本维持核武器制造潜力，将核能用于军事方面开辟了法律通道，进而还对复杂的东亚国际安全环境造成了一定的负面影响。此次修改法律绝非偶然，其背后不仅有深刻的国际背景，也明确地反映出日本政治家根深蒂固的保守政治意识与日本核政策的发展动向。

关键词 日本核政策 《原子能基本法》 和平利用 核武装论

试析日本修改《原子能基本法》

An Analysis of Japan's Amendment of the Atomic Energy Basic Law

Qiao Linsheng

Abstract: After the Fukushima nuclear accident, the Japanese government revised the Atomic Energy Basic Law in 2012 under the general anti-nuclear mood among the people. This move not only violated conventional procedures, and there are major problems in the form of modification, but also included the ambiguous content of "conducive to national security protection" into the basic guidelines for the use of nuclear energy. This amendment blocked the domestic opposition movement in the form of law, provided a legal basis for the survival of Japan's nuclear power plants and continued use of nuclear energy, and opened a legal channel for Japan to maintain its nuclear weapons manufacturing potential and use nuclear energy for military purposes. Furthermore, it has a certain negative impact on the complex international security environment in East Asia. This amendment of the law is not accidental. It not only has a profound international background, but also clearly reflects the deep-rooted conservative political consciousness of Japanese politicians and the development trend of Japan's nuclear policy.

Keywords: Japan's nuclear policy; Atomic Energy Basic Law; Peaceful Usage; Nuclear Armament Theory

　　"3·11"福岛核泄漏之后，日本核能政策的走向，引起社会广泛关注。就在日本国内反核电运动风起云涌之际，日本政府却于2012年时隔34年修改了《原子能基本法》，各界普遍担心这是为核能应用于军事开辟了道路，而日本政府则辩称是为了"防止核扩散""防止核恐怖主义"。修改《原子能基本法》的问题，事关包括核能政策在内的日本核政策的基本走向，然而该事件仅日本国内外的几家媒体进行了简要报道，并未引起世人充分关注，学界也尚未就此展开深入研究。本文拟在阐释日本修改《原子能基本法》问题的特征的基础上，深入探讨该问题产生的背景及其影响，以揭示在新时期扩军、修宪背景下日本核政策的发展趋势。

一、日本修改《原子能基本法》问题的特征

2012 年 6 月 20 日，在"3·11"核灾难之后一年多，日本政府通过在《原子能基本法》和《原子能委员会设置法》中新增"核能应为保障国家安全做贡献"条款的修正案，时隔 34 年修改了《原子能基本法》。此次修改《原子能基本法》问题，具有非正常的程序、错误的形式和暧昧化的内容三个方面的特征。

第一，非正常的程序。本次法律修改程序有违常规，不仅时间短，而且没有经过正常的程序进行充分审议。2011 年 3 月福岛核泄漏事故之后，民主党政府考虑在环境省下设置原子能规制厅，于是 2012 年 1 月 31 日向参议院提出"为确保原子能安全而改革组织及其制度的部分修改环境省设置法等的法案"，即民主党政府提出了"原子能规制厅"法案。与此同时，自民党的盐崎恭久等议员则于 2011 年 12 月 14 日设立"原子能规制机构项目小组"，从 2012 年 1 月 20 日到 4 月 11 日进行了 21 次研讨，最后经自民党政务调查会和总务会通过，制订了设立"原子能规制委员会"的方案。该法案以议员提案（自民党议员盐崎恭久、吉野正芳、柴山昌彦和公明党议员江田康幸）的形式，于 2012 年 4 月 20 日由自民党与公明党联合提交众议院。然而，国会并未就如上法案进行审议。经过三党协商，民主党政府基本接受了自民党和公明党的提案。该法案并没有听取公共舆论，也没有在国会上进行充分讨论，事先也没有上传到国会的网页上，供国民事先查阅和提出意见。6 月 15 日（星期五）从上午 9 点到 11 点 44 分，众议院环境委员会简单审议后，遂将法案提交众议院大会，当日表决通过，随即送交参议院。6 月 20 日下午，民主党、自民党与公明党不顾其他政党反对，在参议院大会上表决通过该法案，《原子能规制委员会设置法》正式成立。包括周末，该法案成立前后仅用了 4 天时间。根据新闻报道，连国会小党大家之党，也是在当天上午 10 点才从法制局接到长达 265 页的法案，根本没有时间去准备有效的国会质询。这种短平快的做法，并非意味着立法效率，而是背后掩藏着不可告人的目的，给人以偷偷摸摸的感觉。

第二，错误的形式。本次修改法律以下位法的形式修改了上位法的核心性内容，从根本上说，修改法律的形式存在很大问题。《原子能基本法》处

试析日本修改《原子能基本法》

于《日本国宪法》与个别法之间，比一般法律具有更大的权威性。其第二条规定了"和平主义"和"公开、民主、自主"三原则，规定了日本利用原子能的方针，是《原子能基本法》的重要条款。倘若从正面进行正式修改的话，就像 2006 年修改《教育基本法》一样，必定会在国民中间引起广泛争议。更何况是在福岛核泄漏后国民普遍反核的情况下去修改敏感的《原子能基本法》。于是，本次以《原子能规制委员会设置法》附则的形式，未加讨论地轻易变更了上位的《原子能基本法》的基本方针，实属有悖常理。当然，若通读《原子能规制委员会设置法》的概要或要纲，哪里也没写变更《原子能基本法》的内容。诚如日本《东京新闻》社论指出："像本次这样的手法，缺乏公正，不能允许。日本政府因尽快撤销附则，重新履行手续。"①

第三，暧昧化的法律解释。如前所述，旧《原子能基本法》第二条规定了原子能政策的基本方针，即"原子能的研究、开发和利用，以和平为目的，在民主运营下自主研究；其成果公开，以利于不断推进国际合作"②。然而 6 月 20 日成立的《原子能规制委员会设置法》附则却修改为"原子能的利用，限于和平目的，旨在确保安全，在民主运营下自主进行，其成果公开，以利于不断推进合作。为了确保前项的安全，按照确立的国际标准，原子能利用的目的要有利于保护国民的生命、健康及财产，有利于保护自然环境，以及有利于保障我国的安全保障。"③"安全保障"，在日本通常被理解为"防卫与军事"，在核能研究、使用和开发的基本方针中，加入了"有利于国家安全保障"的表述，有人担心这很可能是为核能应用于军事开辟道路。④也有批评认为，以制定《原子能委员会设置法》为名，修改《原子能基本法》，或是考虑到了今后将核能应用于军事目的的可能。向国会提交该法案的众议院议员吉野正芳则解释为："并没有考虑转用于军事方面，而是为了落实防止核物质转用军事的国际原子能机构（IAEA）的保障措施，将其由现在的文科省等转交给原子能规制委员会。"时任环境大臣细野豪志也主张"这是为了核不扩散"⑤。然而有关核不扩散的"保障措施"英文单词为"safeguard"，而日语的"安全保障"对应的英文单词为"security"，其有明确的军事安全的含义，二者显然存在很大差

① 「『原子力の憲法』こっそり変更」、『東京新聞』朝刊、2012 年 6 月 21 日。
② 原子力委員会編『原子力白書』（第 1 巻）通商産業研究社、1957 年、178 頁。
③ 「原子力基本法」、http://www.houko.com/00/01/S30/186.HTM。
④ 「原子力の憲法、こっそり変更/軍事利用への懸念も」、『東京新聞』朝刊、2012 年 6 月 21 日。
⑤ 『朝日新聞』、2012 年 6 月 21 日。

别。如若是日本政府主张的"核不扩散""核恐怖主义对策"的话，实际上《原子能基本法》第二条的 "以确保安全为宗旨"，已经充分表达了这方面的意思，没有必要特意加上军事意义的"安全保障"。

二、日本修改《原子能基本法》的背景

在福岛核泄漏问题依然严峻的特殊时期，日本政府悄然修改了敏感的《原子能基本法》，可谓绝非偶然，其背后不仅有深刻的国际背景，也明确地反映出日本政治家根深蒂固的保守政治意识和日本核政策的发展动向。

首先，日本周边国际安全环境的变化，促使日本加速调整核政策。继 2009 年之后，2012 年 3 月朝鲜再次宣布计划在 4 月 12 日至 16 日期间用"银河 3 号"运载火箭发射地球观测卫星"光明星 3 号"，日本则借机强化导弹拦截体制。3 月 30 日，日本防卫大臣田中直纪向自卫队下达命令，在冲绳本岛、冲绳县石垣岛和宫古岛以及首都东京部署"爱国者 3"型导弹，在朝鲜发射卫星可能经过日本上空或在日本境内坠落时进行拦截。朝鲜进行核试验与试射导弹的行为，客观上为日本核武装论提供了舆论空间，也影响着日本当局的决策行为。与此同时，伴随着中国崛起和中日钓鱼岛领土争端的激化，特别是在中日钓鱼岛撞船事件之后，中方逐渐加强了对东海钓鱼岛海域的管控。在日本官方和媒体的渲染下，中国的正当维权行为一定程度上刺激了日本的民族主义情绪，拨动了日本右翼政治家的敏感神经。日本官方发布的历年《防卫白皮书》认为，日本面临的威胁多元化、复杂化，不确定性增加。早在 2000 年 5 月美国国防部的报告《2025 年的亚洲》便指出，日本将以统一的朝鲜半岛和中国的威胁为由，保留进行核武装的政策选项。[①]

美国一定程度上的纵容和支持，导致日本在核能的军事利用方面迈出了重要一步。21 世纪以来，随着中国崛起和朝鲜核试验的推进，实力相对衰落的美国为了制衡中国、压制朝鲜，积极谋求利用"日本牌"来影响东亚安全形势，配合美国的亚太战略。美国不仅支持日本行使集体自卫权，进而去推动日本修改宪法，还不时抛出"日本核武装论"，鼓动日本在安全方面发挥更大的作用。2007 年 4 月，美国众议院外委会主席汤姆·兰托斯在与日本首相安倍举行会谈时表示："日本应在安

---

① 杉田弘毅『検証　非核の選択』岩波書店、2005 年、226–227 頁。

试析日本修改《原子能基本法》

全领域发挥与其大国地位相称的作用，强烈支持安倍首相的修宪主张。"[1]2012年4月，东京都知事石原慎太郎在华盛顿的研讨会上提出废除宪法议题时，美国原国防部助理理查德·劳利斯表示，"日本宪法是美军占领时期的产物，日本有权利和自由进行修改。"国防部原日本事务官员吉姆·奥尔则进一步强调，"美国完全不会反对"日本修宪。[2]进而，时任美国驻日大使霍华德·贝克在2004年7月与美国记者团会谈时透露，"我认为，即使日本推进核武器开发计划，美国也不会表示激烈的反对"，"原因在于朝鲜这样的国家加入了核武器的游戏"[3]。其实，早在2002年秋美国共和党参议员麦凯恩在接受电视台采访时也曾指出："保护国民安全是政府义务，日本只能实行核武装了吧。"[4]他还向时任美国总统布什提议亮出"王牌"，倘若中国"未尽全力"制止朝鲜，美国就准许日本发展或拥有核武器，让日本保护国土安全外，又可以逼迫中国就范。[5]

其次，推进核能的军事利用原本就是日本右翼政治家长期以来一贯的政策理念。追根溯源，《原子能基本法》的基本框架，是1955年8月出席日内瓦召开的原子能和平利用国际大会的日本超党派议员代表团四位众议院议员（民主党的中曾根康弘、自由党的前田正男、左派社会党的志村茂治、右派社会党的松前重义）在海外调研中制定的。同年9月12日四位众议员回国后在羽田机场发表了"国会代表团共同声明"。该声明指出："（一）确立超党派的长期年度计划，推进实施。该问题要置于政党竞争之外；（二）尽快制订综合性的基本法即原子能法，在严守和平利用以及日本学术会议所谓三原则的基本路线的同时，要规定资源、燃料、技术的国家管理、安全保障、教育以及技术人员的培养、国际合作等事项。"[6]实际上，"安全保障"的概念从一开始就被提了出来，其强烈地反映了中曾根康弘等政治家的基本理念。只是当时为了避免政治上的争论，最终在出台的《原子能基本法》中没有出现"安全保障"的概念。

事实上，在日本某些右翼政治家看来，不要说《原子能基本法》，就是连《日本国宪法》也不应限制日本军事利用核能。岸信介上台后，公开鼓吹"核武器合宪

---

① 「同盟強化妨げ　米は改憲歓迎『反対まったくない』」、『産経新聞』2012年4月25日。
② 「同盟強化妨げ　米は改憲歓迎『反対まったくない』」、『産経新聞』2012年4月25日。
③ 杉田弘毅『検証　非核の選択』、222頁。
④ 杉田弘毅『検証　非核の選択』、224頁。
⑤ 《星岛日报》，2003年1月7日。
⑥ 核開発に反対する会編『隠して核武装する日本』影書房、2013年、86–87頁。

论"。1958 年 1 月岸信介在访问茨城县东海村原子能研究所时强调指出："核能技术本身,原本可和平利用,亦可用于武器。用于哪方面是政策、国家意志的问题……即使是和平利用,随着技术进步,作为武器的可能性也会自动提高。日本不拥有核武器,可随着潜在可能性的增加,在裁军、核试验等国际问题上的发言权也会逐渐提高。"[①]在其后一次演讲中,岸信介更明确地指出,"核能的和平利用和军事用途只隔层窗户纸……虽说是和平利用,有朝一日也不是不能用于军事目的。"[②]

如上所述,进入 21 世纪后,一些政客多次在不同场合发表了日本应拥有核武器、研究核武器问题或实行核武装等的言论,非但没有受到严厉谴责,反倒还赢得了相当人气。从时任自由党党首的小泽一郎,到安倍晋三、福田康夫、麻生太郎等均在不同场合下表示了相关"拥核"的论点。

最后,日本修宪扩军政策的发展促使日本核能利用政策发生变化。表面上看,日本修改《原子能基本法》的契机是东日本大地震引发的核泄漏事件。在福岛核泄漏事故一周年之后,日本核能利用处于一个十字路口。据当时有关民意调查显示,到 2012 年 6 月,日本国民的反核情绪逐渐加深,70%认为日本应该降低对核能的依赖,80%对政府处理核危机的效果不满意。[③]恰恰是这个"核去核从"的问题,为日本政府借机强化核能的利用与管理,推进核能利用的军事化,提供了一个千载难逢的机会。从日本军事安全政策的长期发展趋势来看,自冷战结束,特别是 21 世纪以来,日本政府从各方面不断推进修宪扩军政策,核能为军事安全服务,可以说也是日本安全政策发展的必然趋势。2001 年 4 月,小泉纯一郎在出任自民党总裁后的记者招待会上公开声称:"日本留有严重的战争后遗症,将来必须修改宪法第九条……"[④]小泉上台后利用"9·11"事件,2001 年 10 月通过了反恐怖三法案(《反恐怖特别措施法》《自卫队法修正案》《海上保安厅法修正案》),为海外派兵铺平道路。2002 年 4 月又通过了"有事法案"(《武力攻击事态法案》《安全保障会议设置法修正案》《自卫队法修正案》),日本有媒体评论说,这将是日本"走向军事大国的第一步"。2004 年 1 月,日本自卫队被派往伊拉克,首次开赴战争地区。2006 年 9 月安倍晋三出任首相后,同年 12 月通过《防卫厅设置法修正案》,将防

---

① 岸信介『岸信介回顧録』廣済堂、1983 年、395、396 頁。
② 岸信介『最近の国際情勢』国際善隣倶楽部、1967 年、13 頁。
③ 沈姝华:《民调显示日本 7 成民众希望国家降低对核能依赖》,http://news.hexun.com/2012-06-07/142215582.html。
④『朝日新聞』、2001 年 4 月 28 日。

试析日本修改《原子能基本法》

卫厅升格为防卫省，重新定位了自卫队的职能。同年9月，防卫厅出台了内部报告《关于核武器国产的可能性》，再次探讨了日本生产核武器以及日本实行核武装的可行性问题。2007年5月，安倍政府强行通过《国民投票法》，为日后正式修改宪法铺路搭桥。2008年5月日本众议院修改了1969年的《宇宙基本法》即《独立行政法人宇宙航空开发研究法》，删除了原有规定宇宙航空研究开发机构的活动"限于和平目的"的条款，增加了"安全保障"的字样，明确规定太空开发"要有助于确保国际社会的和平、安全和我国的安全保障"，这被认为是对1969年决议"非军事目的"限制的摆脱，是日本加快太空军事化步伐的重要举措。进而，日本积极谋求修改"武器出口三原则"[①]，2011年12月27日，民主党的野田佳彦内阁发表了"藤村修官房长官谈话"，缓和了"武器出口三原则"的条件，即"有利于国际和平、国际合作的情况下，可以向国外出口防卫装备；目的以外的使用、不向第三国转手得到担保等进行严格管理的前提下（进行目的以外使用、转手第三国的情况下，有义务征得日本的事前同意）；在安全方面与我国有合作关系，与该国进行的共同开发、生产有利于我国安全保障的情况下可以实施武器出口"[②]。实际上，日本政府谋求在国内外拓展军力的同时，也力求突破常规军事领域，在空天领域、核能领域推进军事化。

三、修改《原子能基本法》的影响

日本政府在福岛核泄漏事故之后，国民普遍反核的情况下修改了《原子能基本法》，不仅为日本核电站的存续、核能的继续利用提供了法律依据，也为日本维持核武器制造潜力，将核能用于军事方面开辟了法律通道，进而日本政府修改法律的动向还对复杂的东亚国际安全环境造成了负面影响。

首先，修改《原子能基本法》，为日本政府坚持利用原子能、重启核电站，提供了基本的法律依据。修改后的《原子能基本法》，申明在"有利于保护国民的生命、健康及财产，有利于保护自然环境"的情况下，将继续利用原子能。于是，民

---

① 所谓"武器出口三原则"，指1967年4月21日日本首相佐藤荣作在众议院决算委员会的答辩中针对武器出口问题提出三项基本原则，即"不向共产主义阵营国家出售武器""不向联合国禁止的国家出售武器"和"不向发生国际争端的当事国或者可能要发生国际争端的当事国出售武器"。

② 「防衛装備品等の海外移転に関する基準」についての内閣官房長官談話、2011年12月27日。首相官邸、www.kantei.go.jp › tyokan › noda。

主党的野田佳彦政府在众议院通过修改《原子能基本法》的翌日，即 2012 年 6 月 16 日，便批准重启大阪核电站 3 号和 4 号机组。由此引发数以万计的游行示威者从 6 月 29 日开始连续三天在日本首都东京市中心首相官邸前集会，抗议野田政府批准重启大阪核电站。组织方"首都圈反核电联盟"成员说，超过 15 万人参加示威，而警方称有"数万人"集会。进而，修改后的《原子能基本法》，实际上以法律条文的形式表明，"核电站事关国家的安全保障，所以将来也不可能实行零核电"。因此，野田佳彦政府 9 月 14 日在《革新性能源、环境战略》中提出的"投入所有政策资源，争取 2030 年代实行零核电"，①也徒然成为面对国民反核呼声的临时性口号。2012 年 12 月自民党复归政权，安倍内阁坚持"重启核电"，2013 年 8 月 11 日鹿儿岛县川内核电站 1 号机组重启，持续两年多的"零核电"状态宣告结束。据有关报道，在 8 月 10 日川内核电站门前举行的反对集会上，日本前首相菅直人甚至批评推进核电站重启工作的日本首相安倍晋三是"亡国总理"。②2014 年 4 月 11 日安倍内阁通过新的《能源基本计划》，将核电定义为"重要的基荷电源"，到 2030 年力争使核电占到整体发电量的 20% 到 22%，③彻底告别了民主党时代提出的"零核电"方针。日本前首相小泉纯一郎抨击称："现在明明是只要安倍首相做出决断就可以实现零核电的时候，却浪费了机会。作为首相，能发挥历史性作用的机会是非常少的。"④2018 年 7 月 3 日，日本政府公布了最新制定的"第五次能源基本计划"，表明将 "在获得国民的社会信赖，确保安全的大前提下，稳定地推进核能利用"⑤。

其次，修改《原子能基本法》为日本维持潜在核武器制造能力，将核能用于军事安全方面打通了道路。实际上这是一次危险的立法，是日本迈向核武装方向的重要一步。战后长期以来日本政府一直坚持"拥核合宪论"，主张拥有核武器不违反

---

① エネルギー・環境会議「革新的エネルギー・環境戦略」、平成 24 年 9 月 14 日、2、4 頁。https://www.cas.go.jp/jp/seisaku/npu/policy09/pdf/20120914/20120914_1.pdf。

② 「原発のスイッチ押した「亡国の首相」…菅直人元首相が安倍政権を批判」、http://japan.hani.co.kr/arti/international/21575.html。

③ 〈参考資料〉「エネルギー基本計画」（2014 年 4 月 11 日　閣議決定）、https://www.enecho.meti.go.jp/about/whitepaper/2014pdf/whitepaper2014pdf_1_3.pdf。

④ 史燕君：《日本压下争议重启核电》，《国际金融报》2015 年 8 月 10 日，第 25 版。《日本前首相小泉批评安倍政府违背竞选承诺》，人民网，http://world.people.com.cn/n/2015/0605/c1002-27109653.html。

⑤ 「エネルギー基本計画」、平成 30 年 7 月、49 頁。http://127.0.0.1:8580/do/za_k3/ ootLgiNez0LhgaRLy0LBk/xvaNy02E/0azN23/wv3AxKZDvY/ZM6/180703.pdf。

试析日本修改《原子能基本法》

宪法，因为《日本国宪法》并没有明确规定如何利用核能或核武器的问题。如今，时隔34年日本政府又修改了《原子能基本法》，在核能研究、使用和开发的基本方针中，加入了"有利于国家安全保障"的表述，实质上等于从具体的下位法层面，明确赋予了核能军用化的合法性。有人担心这很可能是为核能应用于军事开辟道路。[①]也有批评认为，以制定《原子能委员会设置法》为名，修改《原子能基本法》，或是考虑到了今后将核能应用于军事目的的可能。由诺贝尔奖获得者汤川秀树等人创立的知识分子团体"保卫世界和平七人委员会"发表要求撤回上述修订案的紧急呼吁，该团体表示："无法否认具有为实质性军事应用开辟道路等的可能性。"[②]精通能源政策的日本政府某官僚则做了这样的推理，他说："这还是想着六所村（青森县核燃料后处理工厂）吧。若推进'脱核电'的话，其就变成了无用之设施，但若说这是国策，将其是可以转用于军事（核武装）的据点之类的词句写入法律的话，就可以存活下来了吧。"[③]也就是说，日本借助修改法律，不仅要维持或扩大核电站，进而要维持或扩建可以生产核武器原料钚的核燃料后处理设施，维持制造核武器的潜力。鉴于国际上对日本持有过剩钚的担忧，日本表面上继续坚持不持有无利用目的的钚的原则，主张削减钚的持有量，实际上在着力推进青森县六所村后处理工厂的完工，还与法国、美国等合作继续推进快堆的研发。[④]于是，日本通过维持核燃料循环体系的同时，继续维持着核武制造潜力的政策。

最后，修改《原子能基本法》对原本复杂的东亚安全环境造成了一定的负面影响。《原子能基本法》的修改，不仅引起日本国内媒体的担忧，亦引发了周边国家与地区的担心。2012年6月22日韩国《朝鲜日报》报道，"韩国政府担心，日本政界的本次动向可能会在东亚地区产生很大影响。特别是日本的此种动作被理解为'核武装化'的场合下，也许会被朝鲜作为拥核正当化的口实"[⑤]。该报在当天社论中还指出："在日本守护《和平宪法》的政治防守阵线已经溃散，只要达成国民

---

① 「原子力の憲法、こっそり変更/軍事利用への懸念も」、『東京新聞』朝刊、2012年6月21日。

② 车雪峰：《日修改原子能法 意在踏上核武之路》，（韩国）《朝鲜日报》，2012年6月22日。http://www.zaobao.com/wencui/politic/story20120622-177843。

③ 山田孝男「狙いは核武装? 『六ケ所村』延命? 速くて軽い『原子力基本法』改正」、『エコノミスト』2012年7月17日、77頁。

④ 资料1「高速炉開発の方針（案）」、高速炉開発会議、平成28年12月29日、http://127.0.0.1:8580/do/z__k3/tooLXgaRLyOLBZ/x0XXAaaNN/CNYCEbCvA/NYN2yE/62/ZM6/004_01_00.pdf。

⑤ 「原子力基本法をどさくさで改悪 核の軍事利用に道を開く」、『週刊MDS』1238号、2012年7月6日。http://www.mdsweb.jp/doc/1238/1238_02u.html。

共识和国际环境允许，日本随时都可以修改宪法，为核武装和军事大国化创造条件……在日本国内要为"与中国的冲突"做好准备的呼声日益高涨。在这种情况下，朝鲜又准备进行第三次核试验，并在新宪法中明确为拥核国家，这无疑是在助长日本核武装论者的气焰。"社论还说，"东北亚未来的安全环境扑朔迷离，难以预测。试问，要成为下任韩国总统的大选候选人们是否对国家战略抉择进行过深思熟虑？"①毋庸讳言，除了朝鲜核试验的主要影响之外，日本的动向也可能对韩国"核武装论"的抬头产生一定消极影响。同年 6 月 4 日，由韩国执政党新国家党出马宣布参加总统竞选的郑梦准在记者招待会上便公开提出："韩国也应该立刻拥有自己的核武器。"②韩国盖洛普韩国研究所在 2013 年组织的一次关于韩国是否应该拥有核武器的民调显示：有 64%的受访者支持"韩国拥有核武器"，反对者占 28%，两者相差一倍多。③

朝鲜朝中社发表的文章指出："日本从二战时期就把核武装化当作战略目标。战败后，日本军国主义得出了结论，战败的原因是没有核武器。于是，他们一直为进行相关的法律物质准备制造借口"，"时下日本已是俱全核武装化所需一切核设施的世界第三大原子能国家、钚拥有量占据世界第五的国家，还充分具备高水平的原子能技术团队和洲际导弹实力。日本在《原子能基本法》中排除了至今限制核武装化的法律壁垒等，事实上已健全了拥有核武的法律制度……不能容忍日本极其危险的核武装化活动"④。

中国台湾《旺报》2012 年 6 月 26 日刊载淡江大学教授陈一新的文章称，最近日本在野的自民党、执政的民主党，以及公明党携手，将"安全利用原子能目的在于为国家安保做贡献"的字句写入《原子能基本法》之中。各界纷纷怀疑日本是否要走上"核武装"的道路。⑤

总之，日本政府在国民普遍反核的形势下，时隔多年修改了《原子能基本法》，

---

① 《朝鲜日报：日本"核武装"抬头》，中评网，http://www.crntt.com/crn-webapp/doc/docDetailCreate.jsp?coluid=70&docid=102148265。

② 木村干：《核武装韩国？》，"走进日本"网，https://www.nippon.com/cn/currents/d00044/。

③ 王骁：《韩国再兴核武装论，多数专家反对　美国需确保核保护伞》，观察者网，https://www.guancha.cn/Neighbors/2016_09_14_374381.shtml。

④ 《朝媒批评日本"朝鲜威胁论"　称对方才具核威胁》，环球网，https://world.huanqiu.com/article/9CaKrnJEL5s。

⑤ 《台湾学者关注：日本是否会走上"核武装"之路》，华夏经纬网，http://www.huaxia.com/thjq/jswz/2012/06/2902306.html?ejnc5。

试析日本修改《原子能基本法》

在核能利用的基本方针中加入了"有利于国家安全保障"的内容，这样以法律的形式不仅堵住了国内反对核电势力的口，而且为日本将核能用于军事方面开辟了道路。面对东亚复杂的国际安全形势，日本的做法无疑是逆时代潮流而动，有可能成为引发东北亚地区"核多米诺"现象的因素之一，对本地区的安全形势造成不可估量的负面影响。

（作者：乔林生，南开大学世界近现代史研究中心、日本研究院教授）

My Number 制度下的日本防疫管理体系重构

丁诺舟

内容摘要 COVID-2019 疫情不仅给日本的经济社会秩序造成极大冲击，而且暴露了日本现有防疫管理体系的诸多缺陷，日本政府无法有效管控居民行动，"紧急状态宣言"的要求难以得到贯彻，防疫手段过度依赖居民自觉性，无法有效控制疫情传播。为改革防疫管理体系，日本政府与学界通过多种渠道研究、总结中国经验，将以第二代身份证为基础的居民身份信息统一管理体系视为中国成功控制疫情的基础性管理制度。为效仿中国经验，日本政府以此次疫情为契机，加快了日本版居民身份证，即 My Number（个人番号制度）的推广力度，试图以此制度为基础，加强政府管控力度，重构防疫管理体系。

关键词 防疫管理 COVID-2019 疫情 居民信息管理体系 中国防疫经验 My Number 制度

My Number 制度下的日本防疫管理体系重构

The My Number system and the Reconstruction of Japan's Epidemic Prevention Management System

Ding Nuozhou

Abstract: The COVID-2019 epidemic not only caused a great impact on Japan's economic and social order, but also exposed many shortcomings of Japan's existing epidemic prevention management system. The Japanese government was unable to control the residents, actions effectively, and the requirements of the "State of Emergency" were difficult to implement. Over-reliance on the consciousness of residents cannot effectively control the spread of the epidemic. In order to reform the epidemic prevention management system, the Japanese government and scholars studied and summarized China's experience through various channels and regarded the unified management system for resident identity information based on the second-generation ID card as the basic management system for China's successful epidemic control. In order to emulate the Chinese experience, the Japanese government took this epidemic as an opportunity to accelerate the promotion of the Japanese version of the national ID card, that is, the My Number system, and tried to use this system as a basis to strengthen government control and restructure the epidemic prevention management system.

Keywords: epidemic prevention management; COVID-2019; resident information management system; experience of Chinese national epidemic control; My Number system

　　肆虐全球的 COVID-2019 疫情给世界各国的经济、社会秩序造成巨大影响，各国政府不得不改变既有管理思路与方式以控制疫情传播。日本是疫情重灾区之一，为遏制疫情扩散，日本政府于 2020 年 4 月 7 日发布"紧急状态宣言"，对企业运营、商铺经营与居民出行实行管控与限制。然而日本缺乏统一的、电子化的居民身份信息管理体系，无法精准识别并限制高危地区居民的移动，出行、聚集与否全凭居民自觉。同时，承担防疫责任的政府机构无法掌握居民的行动轨迹，居民的健康状况得不到实时汇总与共享，无法迅速甄别高危人群与感染途径，其结果是居民依旧上街聚集、部分企业拒绝停工、无法确定感染途径的大规模传染事件频发。虽然日本的疫情在 5 月末基本受到控制，紧急状态宣言也相继解除，但是 COVID-2019 给日本政府、学者乃至民众敲响警钟，迫使其反思日本防疫体系中的漏洞。

迅速成功遏制疫情传播的中国是日本的主要学习对象，日本学者、新闻媒体与医疗相关人员通过多种渠道了解、总结中国经验，试图将中国的抗疫经验引入日本。在日本看来，以第二代身份证为基础的居民身份信息统一管理体系是中国实施有效的隔离管控、移动限制、传染途径追踪乃至疫情大数据分析的基础，日本若要改革防疫体系，就必须建立健全类似的居民身份管理系统。因此，日本政府试图重推个人番号制度，意在以该制度为核心，重构日本防疫管理体系。

一、日本防疫管理体系的主要缺陷

2020 年 1 月 16 日，日本确诊第一例 COVID-2019 确诊患者，此后一个月内确诊患者数无明显增加，因而日本政府并未对居民行动采取实质性限制措施。然而自3 月 26 日起，日本国内确诊人数急速攀升，以东京都为中心的首都圈日增确诊人数迅速超过 100 人。4 月 7 日，日本政府不得不针对东京都、神奈川县等七个行政区发布"紧急状态宣言"，限制商户经营与居民外出，然而疫情并没有因此得到明显缓解。4 月 17 日，日本政府决定将紧急状态扩大至全国。截至 2020 年 5 月25 日紧急状态宣言解除之时，日本共确诊 COVID-2019 感染者 16581 人，死亡810 人。[①] 2020 年至 2021 年冬季新冠疫情出现第二次高潮，日本政府再度发布紧急宣言，截至 2021 年 3 月紧急状态基本解除为止，日本共确诊 COVID-2019 感染者 443001 人，死者则飙升至 8402 人，[②]可谓日本罕见的大规模公共卫生危机。

"紧急状态宣言"是日本防疫管理的最后手段，其主旨在于以官方宣言的形式，向全体居民发布公共卫生危机预警，提高居民警惕意识促使其自主防范。"紧急状态"要求全体居民减少不必要外出，除维持居民正常生活的商店外、所有商场饭店与娱乐场所暂停营业。视疫情传播状况，行政管理机构还可要求公立学校和福利机构暂停运营。日本政府原以为"紧急状态宣言"能够通过阻断病毒传播渠道的方式控制疫情，但"紧急状态宣言"产生的实际效果远低于日本政府预期，疫情扩散速

---

① 厚生労働省「新型コロナウイルス感染症の現在の状況と厚生労働省の対応について（令和 2年 5 月 25 日版）」、https://www.mhlw.go.jp/stf/newpage_11492.html[2021-03-12]。
② 厚生労働省「新型コロナウイルス感染症の現在の状況と厚生労働省の対応について令和 3 年3 月 11 日版）」、https://www.mhlw.go.jp/stf/newpage_17319.html[2021-03-12]。

My Number 制度下的日本防疫管理体系重构

度并未明显减缓，日本政府不得不重新发令以延长"紧急状态"。"紧急状态宣言"之所以没能真正奏效，是因为日本的防疫管理体系存在诸多固有缺陷。

第一，日本缺乏可应用于疫情管理的居民信息管理系统，疫情防控人员无法实时管控居民健康状况，导致高危群体可自由移动。居民健康状况与移动轨迹是疫情防控所需要的基础数据，只有将健康、移动信息与每一位居民个人一一对应，防控人员才能识别患者与高危人群，落实疫区人员隔离、规制高危人群移动。换言之，疫情的有效防控需要政府将统一的居民信息管理系统应用到疫情防控管理中。

在日本，同时存在多套居民信息管理体系，各体系相对对立，统合性较差。户籍和住民票是日本居民信息的基本载体，可用于识别居民身份，然而此二者一般只用于办理行政手续，并未被应用于防疫管理。在公共医疗领域，日本建有国民健康保险体系，在本领域内可以管理居民信息。然而国民健康保险证仅能在就医时提供身份信息认证，也未有效应用到防疫管理体系中。其结果是居民的健康状况信息仅存在于所就诊医院的病历记录和厚生劳动省的统计系统中，没有与任何可以迅速显示居民健康状况的信息管理体系挂钩。即便 PRC 诊断为阳性，国民健康保险证或其他身份管理系统都不会留下任何记录，超市、车站及办事机构等人员密集地区的防疫人员仅能通过当场测量体温的方式进行筛查，无法以核实身份证件或电子证件的方式获得入场人员长时段健康状况的官方信息，更无法追踪其行动轨迹。换言之，新冠肺炎确诊患者只要离开医院就基本可以恢复正常生活，只要体温正常就可以出入人员密集场所，是否自主隔离全凭自觉。在这种状况下，爱知县等多地的医疗机构出现确诊患者逃跑事件，逃跑后的患者或难以追踪，或进入公共场所引发交叉传染，①严重影响了疫情防控。

第二，居民信息的电子化程度低，疫情防控手续高度依赖人工处理，医院等防疫机构反成为传染源。住民票、国民健康保险证和护照是日本居民用于核验身份信息的主要证件，然而这些证件都不具备可以迅速读取信息的 IC 芯片，无法通过人机互动的方式完成病毒检测、入院治疗的相关手续，极大依赖传统的人工处理。在疫情迅速扩散的情况下，患者与医护人员过多的直接接触不仅给医院的人力资源带来压力，而且极大增加了医院工作人员被传染率，日本各地都有医院因医护人员被传染而成为当地最大的传染源，被传染的最主要人群是负责接待、导诊和办理各种

---

①東海テレビ「新型コロナ軽症患者の若い男性…愛知の受入施設から力ずくで突破し帰宅 引き留める強制力なし」、https://www.tokai-tv.com/tokainews/article_20200428_124727[2021-03-12]。

手续的人员。[1]未搭载 IC 芯片是住民票、健康保险和护照的原始缺陷，可以通过后期的信息处理进行弥补。日本政府在此前的行政管理信息化改革中，已逐步将上述居民身份信息构建为数据库，实现了初步电子化。然而日本政府的电子化改革并不到位，至今没有以这些数据库为基础，构建可以快捷准确输出信息的手机端电子平台，电子化始终停留在较初级水平，极大限制了医院等防疫机构的运转效率。

第三，承担疫情管控责任的各部门各自为政，信息难以实时共享。疫情管控不是日本政府某一个部门的责任，而需要厚生劳动省、国土交通省、总务省、经济产业省等各部门通力合作。由于日本没有等同于中国国家卫生健康委员会的统合型防疫机构，各部门缺乏统一指挥，加之居民信息管理体系缺位，居民信息难以在各部门间有效共享，导致各部门各自为政的倾向十分明显。在疫情防控中，限制疫区居民的向外移动以及全部居民的长距离移动是切断感染途径的重要方法。厚生劳动省掌握 COVID-2019 感染者信息，国土交通省管理铁路、公路等交通工具，即使没有电子化的居民健康状况核实手段，厚生劳动省与国土交通省也可以通过共享"高危人群名单"的方式实现有针对性的主动规制。然而即使在"紧急状态"下，日本政府也没能有效限制居民移动，国土交通省只能通过提高高速公路收费和劝告发烧者不要使用交通工具的方式进行被动规制。[2]无独有偶，经济产业省因难以实时掌握各企业、商店的人员健康状况而不得不实行"一刀切"措施，呼吁所有企业实行网上办公，只允许贩卖生活必需品的商店营业。日本各地疫情差异极大，缺乏针对性的停业要求必然招致商户的反抗，众多非疫区的店铺纷纷以实际行动拒绝经济产业省的"一刀切"措施，[3]"紧急状态"要求的店铺停业迟迟无法落实。各部门间联动的缺乏直接导致防疫政策具有明显被动性，且缺乏针对性。

同时，中央政府与各地方政府间同样存在各自为政和信息不对称现象，地方政

①日经ヘルスケア COVID-19 取材班「医療・介護・障害福祉で相次ぐ大規模クラスター」，https://medical.nikkeibp.co.jp/leaf/mem/pub/clinic/report/202005/565469.html[2021-03-12]。

②国土交通省「航空便をご利用のみなさまへ」，https://www.mlit.go.jp/koku/koku_fr5_000035.html [2021-03-12]。

高速道路株式会社「新型コロナウイルス感染症の感染拡大防止を図るための取組み強化について（第 3 弾）5 月 31 日まで取組みを延長します」，https://www.e-nexco.co.jp/rest/pressroom/press_release/head_office/r02/0508/pdfs/pdf.pdf [2021-03-12]。

③日本経済新聞「大阪府、パチンコ 6 店公表　休業要請応じず　全国初」，https://www.nikkei.com/article/DGXMZO58445240U0A420C2AC1000/ [2021-03-12]。

茨城新聞「新型コロナ 古河・パチンコ店　営業継続、絶えぬ客国のやり方が悪い」，https://ibarakinews.jp/news/newsdetail.php?f_jun=15881560976996 [2021-03-12]。

府无法从中央及时获取信息，只能靠医院与保健所（相当于中国的卫生院）上报的数据掌握确诊人数，但各保健所统计能力有限，持续出现漏报现象。仅 2020 年 4 月 7 日至 28 日，东京都就漏报了 162 名阳性患者。① 5 月 25 日日本中央政府宣布解除包括东京都在内的首都圈各行政区的"紧急状态"，6 月 2 日东京都知事却发布了"东京警戒"，开启东京都独自的紧急状态。②针对上述情况，由专门学者组成的"COVID-2019 专家会议"在向政府的提议书中明确指出应当在中央与地方政府、中央政府的各部门间建立信息联动机制，切实保证疫情防控措施的统一有效性。③

第四，居民居住分散，社区管控难度大，防疫工作高度依靠居民自觉性。与拥有统一物业管理体系的封闭式社区不同，日本的城市与农村普遍存在居住分散、封闭性差、统一管理困难的特征。日本的住房以独栋公寓和高密度的私家宅邸为主，被称为"町内会"的居民自治机构是物业管理的主要承担者，缺乏能够管理较大区域的物业公司。这种居住情况导致日本极难隔离高危区域或限制交叉移动。日本政府既没有组织公务人员或志愿者参与基层防控，也没有有效运用电子设备进行监控，其结果是居民自觉隔离、自觉减少外出成为防疫的唯一手段。高度依赖居民自觉性的被动防疫存在极大不确定性，在"紧急状态"持续期间，日本各地的繁华街区依然存在人员聚集现象。

上述四点基本缺陷形成了互为因果的逻辑循环，居民信息的电子化需要建立在统一的居民身份管理系统之上，而各部门的信息共享则以电子化、网络化的居民信息为前提，各部门对居民动向与信息的掌控能力又直接影响政府的管控能力，而只有政府才有权力与能力构建统一的居民身份信息管理系统。可以说，日本防疫管理体系的诸多缺陷均源于缺乏一套可以应用于疫情防控的居民身份信息管理系统。

①東京新聞「消えた東京の陽性者 162 人　保健所と医療機関の報告に差」、https://www.tokyo-np.co.jp/article/32226 [2021-03-12]。
②東京都庁「東京アラート発令」、https://www.bousai.metro.tokyo.lg.jp/1007942/1008167.html[2021-03-12]。
③新型コロナウイルス感染症対策専門家会議「新型コロナウイルス感染症対策の状況分析・提言」、https://www.mhlw.go.jp/content/10900000/000630600.pdf [2021-03-12]。

二、中国经验的借鉴与防疫管理体系改革构想

COVID-2019 疫情使日本政府与学者深刻认识到日本防疫管理体系的诸多问题，开始积极探寻海外经验以求克服既有缺陷。日本最先关注的是法国、美国、英国等西方国家，希望在所谓"保障人权"的前提下防控疫情。但是上述诸国的防疫措施相继失败，日本逐渐将目光转向迅速成功地控制疫情扩散的中国。日本在研究参考中国的抗疫经验后，总结出三点最值得借鉴之处。

第一，成熟的健康码制度，有效管控人员流动。中国建立起了以手机为主要载体的健康信息核实与移动轨迹追踪系统。通过整合居民身份证信息、移动履历、实时位置、感染者接触状况、医疗诊断结果等信息，生成体现个人健康状况的健康码，并与微信、支付宝等电子平台进行实名绑定，保证防疫人员随时可以获取居民健康信息。[1]手机逐渐成为人们随身携带的必备物品，普及度极高，基于手机平台的疫情防控数据处理具有极强的实时性与便捷性。

第二，医疗系统与行政管理的电子化，避免防疫人员成为传染源。中国主要城市的医院均已引进自助挂号缴费系统，居民凭身份证或医保卡可通过人机互动完成导诊、挂号、缴费、取药等各就诊流程，极大减少了医护人员与患者的直接接触。行政管理领域的电子化程度同样令日本感到惊叹[2]，具有人脸识别功能的无人机、摄像头相继被投入疫情管控领域，防疫人员可以在零接触的前提下识别过度聚集或疏于个人防范的居民，并对其进行准确引导。医疗与行政管理的电子化、无人化、远程化将防疫人员成为传染源的可能性降至最低。

第三，健康信息的多维共享与电子支付的普及，在保证流通领域安全的同时减少人体接触。中国的众多导航软件可以实时显示确诊患者及疑似患者的出现位置信息，以快递、外卖配送为主的物流部门可以根据实时信息规避高风险区域。同时，配送员的健康信息也会通过程序实时向用户报告，实现疫情数据的双向透明。[3]在

---

[1]野村総合研究所「新型コロナウイルス対応で進む中国のデジタル社会実装」、https://www.nri.com/jp/keyword/proposal/20200326 [2021-03-12]。

[2]中医臨床プラス「新型コロナウイルス感染症（COVID-19）中国の経験に学ぶ」、http://www.chuui.co.jp/chuui_plus/002905.php[2021-03-12]。

[3]テレビ東京「ガイアの夜明け 日本が今 中国から学ぶこと」、https://www.tv-tokyo.co.jp/broad_tvtokyo/program/detail/202004/17105_202004282200.html [2021-03-12]。

My Number 制度下的日本防疫管理体系重构

此基础上，线上支付、手机支付等非接触式支付手段又减少了人身接触与纸币交换带来的传染风险，中国因此可以在严格的管控状态下保证居民生活质量。

日本调研中国疫情防控体系的主要目的在于利用中国经验改良自身防疫管理体系的缺陷，然而导入中国经验绝非易事，日本意欲学习的上述中国经验均需要有统一、电子化的居民身份证为基础。日本并非没有构建居民身份信息管理体系，早在 2016 年日本政府就推出了个人番号（My Number）制度，但这一制度迟迟未能普及，截至 2020 年 5 月 1 日，申办个人番号卡的日本居民仅有 16.4%。[①]为了改革防疫管理体系，日本政府将推广普及个人番号体系再度提上议事日程，试图以此作为防疫防灾管理体系改革的中心。

个人番号制度可以理解为日本版的居民身份证体系，《个人番号法》全称为『行政手続における特定の個人を識別するための番号の利用等に関する法律』）形成于 2013 年 5 月，经 2015 年 9 月 3 日修订后，于 2016 年 1 月起正式推行，应用于纳税、社会保障和灾害防范等行政管理领域。通过一张卡片、一套管理软件、一个操作平台统一管理日本居民的全部个人信息，构建涵盖日本全国生产、生活各领域的"一卡通"体系是个人番号制度的基本构想。

日本政府计划从三个方面着手，以个人番号制度为基础，改革现有防疫管理体系。首先，建立日本版健康码制度，加强传染途径监控。由于中日两国法律制度与行政管理体系存在差异，日本无法照搬中国的健康码制度，因此日本政府构建了"接触确认 App"体系。"接触确认 App"由厚生劳动省负责运营，通过手机蓝牙的近距离感知功能，记录手机用户曾经近距离密切接触过的人群[②]，而无须记录手机用户的位置信息。一旦有居民确诊感染新冠肺炎，该居民的信息会通过个人番号系统记录入"接触确认 App"信息库，所有密切接触者也均会接到警告信息。[③]与中国的健康码相比，"接触确认 App"仅能通过追踪密切接触者管控感染路径，无法有效阻止高危或疑似人员移动。但是对日本现有防疫管理体系而言，这一系统的构建

---

① 総務省「マイナンバーカードの市区町村別交付枚数等について(令和 2 年 5 月 1 日現在)」、https://www.soumu.go.jp/main_content/000688470.pdf [2021-03-12]。

② 近距离密切接触的判定标准位半径一米之内，持续接触 15 分钟以上。参考「新型コロナウイルス接触確認アプリ　COVID-19 Contact-Confirming Application」、https://www.mhlw.go.jp/stf/seisakunitsuite/bunya/cocoa_00138.html[2021-03-12]。

③ 新型コロナウイルス感染症対策テックチーム「接触確認アプリ及び関連システム仕様書」、2020 年 5 月 26 日、1-6 頁。

已是极大的进步。

其次，简化就诊手续，提高医疗工作效率。内嵌 IC 芯片的个人番号卡将代替纸质的健康保险证成为日本居民的就医凭证，日本各级医院可以以个人番号信息库为基础，建立全国通用的导诊、挂号、支付系统与操作终端。由于国民健康保险证的电子化程度较低，日本各医院就诊手续的电子化程度存在极大差异。大型综合医院一般建有独立的电子就医平台，各医院的平台互不连接，居民可能持有不同医院发放的多张就医卡，管理极不方便，而众多地方小医院没有足够财力构建自己的电子平台，就医手续依旧主要依靠人力。个人番号卡不仅可以统合各医院的就医卡，而且可以将统一的电子就医平台推广至较小医院，通过人机对话减少医患接触，降低医护人员的受传染风险。

最后，简化身份认证手续，减少传染媒介与非必要聚集。日本居民在办理各种行政手续或签订商业契约时均需进行身份认证手续。印章、签字、手印等接触性方式是身份认证的主要手段，广泛应用于各种行政手续、银行业务与手机签约等长期性商业契约。使用接触性方式确认身份不但增加了传染媒介，而且导致日本居民为办理手续不得不聚集于行政机构、银行等地。个人番号体系中的 My Portal 已整合了居民身份信息，可以使日本居民线上完成各种手续而无须验证身份，加强了"紧急状态"中"减少不必要外出"要求的可执行性。同时，日本政府已将 My Portal 的使用权下放给各民间企业与商店，以此为基础，手机支付、无接触投递等中国经验均有可能在日本得到复制。

在这一制度下，日本的防疫防灾体系的精准性与效率会有明显提升，行政成本也会大幅降低。目前的日本疫情防控主要依靠提升居民警惕意识，促使居民自觉防疫。而个人番号及其配套的防疫系统全部上线之后，日本政府不仅可以通过信息化手段大幅减少聚集传染，而且可以在一定程度上主动监控、引导、规制日本居民行动，实现由被动到主动的防疫管理模式重构。

三、My Number 体系在疫情防控领域的缺陷

个人番号制度有能力实现居民信息的高度统合，是日本防疫管理体系改革的核心环节。只有建立健全个人番号制度，日本的防疫防灾部门才能以此系统为基础，重构既有管理模式，谋求防疫的高效化。然而不容忽视的是，受个人番号制度自身

My Number 制度下的日本防疫管理体系重构

缺陷、日本政府行政运营能力、居民信息保护体制等因素影响，日本的防疫管理改革依旧面临诸多障碍。

第一，个人番号卡的申领制度过于复杂，疫情下极难推广。COVID-2019 疫情在日本爆发之时，个人番号卡持有者仅有 15%，[①]大部分日本居民未加入个人番号体系，如果要实现以个人番号制度为基础的防疫管理改革，日本政府必须迅速普及该制度。然而个人番号卡的申领手续烦琐，办理效率低。自 2016 年起，总务省向全体日本居民派发了"个人番号卡通知书"，申领人需将信息填入"个人番号卡交付申请书"后邮寄回总务省，等待总务省寄回"个人番号卡交付通知书"后，持交付通知书与可证明个人身份的证件前往指定办事大厅领取个人番号卡。如果信息填写有误，申领人在接到修正通知后需重复上述手续。在疫情暴发前，申领过程耗时一个月，在疫情下则耗时两个月以上。[②]换言之进入疫情期后，即便立即申请个人番号卡，最早也要到 6 月以后才能领取，很难在此次疫情中发挥作用。由于总务省派发"个人番号卡交付通知书"是在近 4 年前，很多居民已将通知书遗失，遗失通知书者需亲自前往各级行政办事大厅申请重新发放，待交付通知书送达后，还要再次前往办事大厅窗口领取。已申办个人番号卡的居民也并非高枕无忧，个人番号卡的有效期为 10 年，但内嵌电子芯片的认证有效期却只有 5 年。在个人番号制度实施之初就申办个人番号卡的日本公民恰好需要在 2020 年更新电子认证，电子认证的更新同样需要前往行政办事大厅专柜。办事大厅是典型的"三密"[③]地区，人员极为混杂，极有可能成为大规模传染源。

日本政府欲以此次疫情为契机，加速个人番号制度的普及，因此将每人 10 万日元的补助金发放与个人番号制度相绑定，使用个人番号通过网络申请补助金最为简单快捷。然而以个人番号为基础的补助金发放系统同样存在问题。个人番号卡片虽然是一人一卡，但是补助金却是以户为单位进行发放，由户主替户下所有成员提交申请。若户主没有个人番号卡，即便其他成员办理了个人番号也无济于事。以户为单位进行申请原本是为了减少申请数，降低行政工作量，但这一举措忽视了个人番号的普及现状，反而招致日本居民对该制度的反感。

---

①総務省「マイナンバーカードの市区町村別交付枚数等について(令和 2 年 1 月 20 日现在)」、https://www.soumu.go.jp/main_content/000665763.pdf[2021-03-12]。

②地方公共团体情报システム機構(J-LIS)「マイナンバーカード交付申请」、https://www.kojinbango-card.go.jp/kofushinse/[2021-03-12]。

③三密指密闭空间、人员密集地、近距离密切对话场所。

　　第二，日本政府的行政运营能力不足，尚无法妥善运营信息高度统合的防疫管理体系。在疫情暴发之前，日本各行政部门已捉襟见肘，防疫物资的调配与发放十分缓慢。疫情全面暴发后，为缓解行政部门的人力资源压力，日本政府逐步将以个人番号为基础的防疫系统投入应用。防疫系统的设计理念并无明显问题，但日本政府运营能力缺陷却立刻暴露无遗。第一个投入应用的是政府补助金申请系统，该系统主要负责网上处理 10 万日元政府补助金的分发事宜。虽说可以通过 My Portal 申请 10 万日元补助金的只有少数持有个人番号卡的户主，但 2020 年 5 月申请系统开放之时，地方公共团体情报系统机构（J–LIS）的服务器立刻因访问数过载而宕机。各基层行政机构虽然通过网络受理了申请，但却因管理系统尚不完备而不得不转为人工处理，某些地区甚至因行政负担过重而停止了 My Portal 网上申请。[①]

　　日本政府计划推出的第二个系统是"接触确认 App"，是此次防疫管理改革的重要组成部分。厚生劳动省原本计划于 2020 年 5 月底上线的"接触确认 App"，却因技术问题而延期到 6 月中旬，但到了 6 月中旬该程序依然没有如期上线，仅向社会公布了系统的运作机理。可见日本政府的制度设想与实际行政能力存在较大差距，这构成防疫管理体系改革的最大瓶颈。

　　第三，居民的电子信息保护体制尚不健全，信息泄露风险大。日本的防疫管理体系改革以高度统合居民个人信息的个人番号制度为基础，保护居民身份信息安全不仅关乎疫情的有效管控，而且体现对居民基本人身权利的维护，本应是日本政府工作的重中之重。然而 COVID–2019 疫情暴发后，通过伪装成补助金申请系统或接触确认 App 等防疫系统盗取居民身份信息的事件时有发生。违法分子或利用盗取的身份信息冒领国家补助金，或利用假身份以分发防疫物资为名骗取财物，诸如此类与防疫体系改革相关的欺诈案件数量剧增。[②]日本的警察、信息安全保护机构都没有事先制定和完善居民电子信息的保护办法，只能通过宣传提高居民自我防范意识，没能切实保障日本居民的人身财产安全。

　　综上所述，日本政府各部门尚未做好落实防疫管理体系改革的万全准备，只有在试运行过程中不断提高政府行政能力、完善相关制度，才能扫清改革的各项障碍，

---

　　①岩崎薫里「新型コロナ対策で露呈した マイナンバー制度の課題 新型コロナシリーズ No.25」、『日本総研』、2020 年 5 月 28 日。
　　②警視庁「特別定額給付金の給付を装った特殊詐欺に注意」、https://www.keishicho.metro.tokyo.jp/smph/kurashi/higai/bohan_info/coronavirus_sagi.html [2021–03–12]。

My Number 制度下的日本防疫管理体系重构

真正实现改革的原定目标。

<h1 style="text-align:center">结　语</h1>

　　自 2020 年 5 月起，日本日增 COVID-2019 确诊人数开始呈下降趋势，疫情逐渐稳定。5 月 25 日，日本政府宣布全国各行政区解除紧急状态，新冠肺炎疫情在日本暂告一段落。然而，2020 年至 2021 年冬季，COVIP-2019 再度肆虐全日本。因此，日本政府不断强化疫情管理体系改革与个人番号制度普及的推进力度，试图通过立法手段，靠国家强制力清除该制度普及的各种障碍。2020 年 6 月 9 日，总务大臣高市早苗表示，日本政府正在考虑修改相关立法，将个人番号与存款账户进行绑定有可能成为日本公民的义务，①申办个人番号卡自然也随之成为义务。2021年 1 月 26 日，主管疫苗事务的河野太郎表示政府计划将疫苗接种信息与个人番号绑定，以确保实时掌握接种信息。②个人番号制度的建立与实施可以弥补日本防疫防灾体系的众多基本缺陷，因此日本政府力推个人番号制度与防疫体系改革并非只为应对此次 COVID-2019 疫情，而是试图以此次疫情为契机，借助中国经验改革日本既有的过度依赖居民自觉的被动式防疫管理模式，通过建立统一的、高度电子化的居民信息管理系统，加强政府管理深度与精度，变被动为主动，实现防疫管理模式的重构与升级。虽然防疫管理体系改革存在诸多障碍，但此次改革的方式、方向与目标存在合理性因素，改革的进程与效果值得我们持续关注。

（作者：丁诺舟，南开大学日本研究院讲师）

---

　　①朝日新聞「マイナンバーに 1 人 1 口座の登録義務化方針　高市総務相」、https://www.asahi.com/articles/ASN693DN5N69ULFA005.html [2021-03-12]。
　　② ITmedia NEWS「コロナワクチンの接種状況、マイナンバーとひも付け　国が新システムを構築へ」、https://www.itmedia.co.jp/news/articles/2101/26/news178.html[2021-03-12]。

日本思想与学术史

张伯伦的日本文化批判
——以《新宗教的发明》为中心*

唐小立

内容摘要　巴兹尔·霍尔·张伯伦是19世纪后期至20世纪初最负盛名的西洋日本研究学者之一。作为他的日本学研究收官之作的小册子《新宗教的发明》是其日本文化批判中最具有代表性的作品。张伯伦以冷峻的视角还原了近代日本官僚阶级出于现实的政治目的创立"忠君爱国"的新宗教，以蒙昧主义的施策向普通民众灌输新宗教的教义，并最终引领全国上下走向狂热的爱国主义的过程。《新宗教的发明》一经出版就引发了欧美与日本思想界的强烈反响，其中，在日本思想界，加藤玄智与村冈典嗣的反应值得注意。二人均是意图以科学实证的研究回应张伯伦在此文中提出的质疑。同时以此为契机，他们自身的研究方向也发生了转变。张伯伦的日本文化批判，体现了外部视角研究对唤起文化自省的重要性。

关键词　近代思想　日本思想史　巴兹尔·霍尔·张伯伦　新宗教的发明

*本文系国家社科基金重大项目"近现代日本对'满蒙'的社会文化调查书写暨文化殖民史料文献的整理研究（1905—1945）"（192DA217）的阶段性成果。

Chamberlain's Criticism of Japanese Culture
——Centering on "The Invention of a New Religion"

Tang　Xiaoli

Abstract: Basil Hall Chamberlain is one of the most famous scholars in Western Japanese studies from the late 19th century to the early 20th century. As the end of his Japanese studies, the pamphlet "The Invention of a New Religion" is the most representative work in his Japanese cultural criticism. Chamberlain restored the modern Japanese bureaucratic class to create a new religion of "loyalty to the monarch and patriotism" for realistic political purposes and instilled the teachings of the new religion to the ordinary people with the policy of obscurantism. And finally lead the whole country to the process of fanatical patriotism. As soon as "The Invention of a New Religion" was published, it aroused strong repercussions in the ideological circles of Europe, the United States and Japan, among which, in the Japanese ideological circle, the reactions of Kato and Muraoka are worthy of attention. Both intend to use scientific empirical research to respond to the questions raised by Chamberlain in this article. At the same time, taking this as an opportunity, their own research direction has also changed. Chamberlain's criticism of Japanese culture reflects the importance of external perspective in arousing cultural introspection.

Keywords: Modern thought; History of Japanese thought; Basil Hall Chamberlain; "The Invention of a New Religion"

　　巴兹尔·霍尔·张伯伦（Basil Hall Chamberlain，1850—1935）是 19 世纪后期至 20 世纪初最负盛名的西洋知日学者之一，与萨道义（Sir Ernest Mason Satow, 1843—1929）、威廉·乔治·阿斯顿（William George Aston，1841—1911）齐名。张伯伦的研究成果主要集中于语言文学领域，如日本古语、口语、文法、诗歌、戏剧、少数民族语言等，他不仅是首个尝试将俳句英译者，也是最初将全本《古事记》英译之人，因其语言学研究的业绩，他甚至破天荒地被东京帝国大学聘用，成为讲授日语文法的教师。这些语言文学的研究积累也为张伯伦开展日本文化批判奠定了基础。张伯伦从来不是一个谦逊的解释者或是文化的中介人，而是致力于"让批判的

张伯伦的日本文化批判——以《新宗教的发明》为中心

阳光照亮每一个问题的每一个角落"。^①其主著《英译〈古事记〉》（*Translation of "Ko-ji-ki": Or, "Records of Ancient Matters"*）、《日本事物志》（*Things Japanese*）均非单纯的释义书，而是随处可见张伯伦对于日本的历史、文化、宗教、社会思想等议题展开的论述与批评。此外，作为张伯伦日本学研究收官之作的小册子《新宗教的发明》（*The Invention of a New Religion*）更是其日本文化批判中最具有代表性的作品。

国内学界对张伯伦的关注始于 2009 年。张瑾《明治时期西方人的日本观探析——以小泉八云和张伯伦为例》（2009）中，将小泉八云与张伯伦的日本观进行了比较研究。张伯伦因其西方中心主义的立场、经验主义实证研究法，与小泉八云基于直观、同情共感的日本文化论在立场和方法论上都形成了鲜明对比，同时因二人常有书信往来，观点有直接的冲突，故张伯伦成为了探寻小泉八云日本论内涵的绝佳对照者。^②聂友军《张伯伦的〈古事记〉研究》（2011）一文则将视角集中于张伯伦在《译者导言》谈及的多种日本历史文化论题，以及对此开展的论述之上，并指出，张伯伦的研究打通了文本内部与外部的诸多界限，具有方法论的意义，为日本研究开拓了新的空间。^③牟学苑《西方早期日本学中的神道研究》（2013）梳理了包括张伯伦在内的早期西方日本学研究者关于神道的研究成果，其中关于张伯伦，作者指出，其神道观"建立在大量日本学人和西方日本学家的研究基础之上，所以体现出一种历史性的高度和旁观者的清醒"。^④陶德民《"大日本史完成者"栗田宽的神道观——明治国家形成期的水户意识形态》（2015）中，张伯伦的文化批判又成为了剖析栗田宽国家神道观的一把称手利刃，剜出了其狂热爱国主义新宗教的本质。^⑤刘岳兵、王萌《村冈典嗣的"日本精神"论与近代日本思想史学》（2018）中，指出张伯伦在《新宗教的发明》中提出的近代日本"忠君爱国"思想是明治的官僚政治家为了现实目的发明出来的一种新宗教这一观点，即"张伯伦式疑惑"，刺激了村冈典嗣的思想史学向着围绕天皇制国体重建日本精神的历史的方向转变，最终迫使村冈原本分散的思想史研究最终发展成为天皇中心的通史性的国体思

---

① チェンバレン著、高梨健吉訳『日本事物誌 1』平凡社、1969 年、101 頁。

② 张瑾：《明治时期西方人的日本观探析——以小泉八云和张伯伦为例》，《外国问题研究》，2009 年第 4 期，第 15～19 页。

③ 聂友军：《张伯伦的〈古事记〉研究》，《外国文学》，2011 年第 1 期，第 52 页。

④ 牟学苑：《西方早期日本学中的神道研究》，《世界宗教研究》，2013 年第 1 期，第 186 页。

⑤ 陶德民：《"大日本史完成者"栗田宽的神道观》，载刘岳兵主编：《日本的宗教与历史思想——以神道为中心》，天津人民出版社，2015 年，第 275 页。

想史论说。①

通观先行研究不难看出，国内学界对张伯伦的关注从最初就侧重于其作为文化批判者的一面，但在大多时候，张伯伦往往作为研究者研究其他对象时的一种参照系出现在这些研究成果之中，这一方面体现了张伯伦作为同时代日本的观察者，其日本批判确实切中要害，而另一方面，这些研究对张伯伦观点的引用通常是片段的，不利于从整体把握其思想内核。因此，本文拟以张伯伦《新宗教的发明》为主要研究对象，对其日本批判的内容及影响进行梳理和考察。

一、构建"新宗教"的现实动机

《新宗教的发明》在开篇引用了伏尔泰"宗教是僧侣的发明"这一观点来作为整篇文章的理论前提。张伯伦认为，虽然后世学者嘲笑这一学说过于浅薄，但此说并非一无是处，因为佐证这一观点的活例证就在人们的眼前，即现代日本（此处指明治日本）——尽管日本人通常被认为是无宗教的，但在这样一个无神论的日本，宗教可以出于某种现实的、世俗的目的而被制造出来。②

张伯伦在文中对"无宗教"进行说明时，引用了福泽谕吉的话："我原本就缺少宗教心，也从未主动相信过。"③这句话出自福泽的《宗教如茶》一文。福泽在此文中指出，尽管其自身并不相信宗教，但是为了维持社会的安宁，宗教无疑是必要的。无论是佛教、基督教，抑或是其下的种种教派，在经世的观点上来看，他们之间的差别恰如不同种的茶叶，而宗教家则如同贩卖茶叶的商人，饮茶者饮用何种茶并无多大差别，其关键是使未识茶叶者理解其味道，即让所有未信教的人入信，而至于信仰何种宗教、何种宗派并无多大差别，各宗教、宗派在传教时，也不应该互相诋毁倾轧，而是应当专注于宣扬自身的长处。④福泽谕吉的认识可以代表当时日本的知识阶层——尤其是具有汉学背景的知识人对宗教的认识。久米邦武也曾回忆道："彼时所谓宗教总的说来充满了淫祀的气息，做学问的人都觉得是非常愚蠢的

---

① 刘岳兵、王萌：《村冈典嗣的"日本精神"论与近代日本思想史学》，《历史教学》，2018 年第 18 期，第 26 页。
② 『日本事物誌 1』、86 頁。
③ 『日本事物誌 1』、86 頁。
④ 福沢諭吉「宗教は茶の如し」、福沢諭吉『続福沢全集 第五巻』岩波書店、1934 年、208–210 頁。

张伯伦的日本文化批判——以《新宗教的发明》为中心

东西。不仅是我，明治以前的人大抵是这样想的。"①久米曾随岩仓具视使节团出访欧美，并担负考察西方国家宗教状况的任务，而经过一系列的观察，久米对宗教的本质也得出了与福泽类似的结论："以敬神之诚，踏修身之实，西洋之民兴勉强竞励之心而相协和者，以此为本也。故宗教者，难以形状论说辨讼，但顾所谓实行之如何耳。"②即宗教的本质在于其社会机能。这一认知成了官僚阶级可以为了世俗目的来创造新宗教的思想基础。而这一被制造出的宗教，便是所谓的"忠君爱国教"。

> 天皇崇拜及日本崇拜（忠君爱国教），是日本的新宗教，当然并非自发的现象。一切制造品的前提条件是提供制造的材料。对于现在而言，其所依据的过去必不可少。然而，二十世纪的所谓忠君爱国这一日本宗教，是完全崭新的事物。究其原因，该宗教对古来的思想进行筛选、变更，进行新的调和，朝向新的效用，围绕新的重心来运行。此宗教不仅是崭新的，亦是未完成的，尚且处于由官僚阶级有意识地，或者说半意识地进行构建工事的过程之中，以使其服务于官僚阶级的利益，顺便，服务于一般国民的利益。③

官僚阶级是构建新宗教的主体，而彼时的日本官僚阶级又与知识阶层高度重合。张伯伦也指出："日本的官僚是值得大加赞赏的组织团体。国民中的一流人物大部分包含于其中。"④在张伯伦看来，日本的官僚阶级与犹太、埃及或是印度的僧侣阶级极为相似，他们不仅在政治上统治人民，也担负着在知性问题上教导人民的重任。明治初年急剧的全盘西化带来了社会思想的动摇，彼时"外国的一切事物都被视作完美，而古来的民族的事物则受到非难。随着对美国民主思想的了解加深（或许未必很深），国内的民主精神也发展起来。爱国心也让位于外国的典范。国民个性被如此放弃，为政者对此感到惊愕也就并不奇怪了"⑤。为了对抗这样的浪潮，官僚阶级选择了借助天皇的权威。张伯伦指出，"拥有悠久历史的皇室，是日本的知识阶级引以为豪的根源，他们热衷于将万世一系的日本独裁君主与短命的中国王朝进行对比"⑥。同时，统治阶级想要一同解决日本民众对于长久浸透于民间的佛教的依赖，因此也将神道一并挖掘了出来。

---

① 久米邦武「神道の話」、『久米邦武歴史著作集 第三巻』吉川弘文館、1990 年、320 頁。
② 久米邦武『特命全権大使米欧回覧実記 第 1 編』博聞社、1878 年、362 頁。
③ 『日本事物誌 1』、87 頁。
④ 『日本事物誌 1』、87 頁。
⑤ 『日本事物誌 1』、88 頁。
⑥ 『日本事物誌 1』、88 頁。

　　神化天皇的本质是压制民权：天皇作为"现神"，自然可以要求臣民绝对的忠诚；法律制度也成了天皇的恩赐，与民权毫无关系；政府官员也并非人民的公仆，而是至高权威的执行者；神道因与皇室相关，故因单独受道尊崇。而在政府的推动下，神道夺取了原本属于佛教的主持婚丧仪式的权利，并以此介入了普通人的生活。不仅如此，日本政府还采用了许多强制性的制度来不断深化天皇崇拜在国民心中的印象，例如强制官僚员出席某些神道祭祀仪式，在学校中御真影拜礼制度，设置一系列新的有关皇室的节日等。同时，恰逢日本对外战争不断取得胜利，因而"尊王主义与复活的神道崇拜的威名被进一步提升了"。统治阶级将对外战争的胜利归结于天皇及皇祖皇宗的美德，每当取得胜利就派遣敕使向神禀告，并将缴获来的大炮公然陈列在神社之中。通过这些政治手段，统治阶级将对外战争的胜利带来的民族自信心的膨胀引导向新宗教的方向，强化人民心中对尊王主义、神道、国威的同一性认知。①

二、新宗教布教中的蒙昧主义

　　新宗教最主要的布教方式，是通过学校和军队中的历史教育进行思想的灌输。这是因为，所谓的"历史事实"较之神话具有更大的欺骗性。张伯伦在《日本事物志》的"历史与神话"词条中指出："受教育者 99% 会拒绝或无视神话传说，但却会心照不宣地相信着公元前 660 年神武天皇以来的天皇们的传说。但是对于这种独断的区别对待，我们丝毫不应该认同其正当性。"②《新宗教的发明》也言及了神武纪元这一问题。日本官方声称神武建国在公元前 660 年，张伯伦讥讽其荒谬程度就如同欧洲中世纪史将李尔王、特洛伊的布鲁图斯视作真实存在的人物一样。③张伯伦早在 1882 年完成其《古事记》的英译以及相关研究时，就已经对日本国族记录的可信性提出了批判，并推断出，日本历史的可信性最早仅能推至公元 5 世纪。④在《新宗教的发明》中，张伯伦同样指出，这一结论是批判性研究者的共识，不仅是

---

① 『日本事物誌 1』、88—89 頁。
② 『日本事物誌 1』、289 頁。
③ 『日本事物誌 1』、90 頁。
④ 关于张伯伦对《古事记》的研究，聂友军《张伯伦的〈古事记〉研究》一文有着极为详实的梳理。

张伯伦的日本文化批判——以《新宗教的发明》为中心

西欧研究者，日本国内的研究者也同样熟知这些研究成果。但即便批判实证的历史研究早已证明是伪说的内容，当权者依然会给予这些国民神话大开绿灯，甚至强制人们一字一句地相信。直到张伯伦撰写《新宗教的发明》时，日本官方仍然坚持采用神武纪元这一说法，"从已故伊藤（博文）公爵那极具误导性的《大日本帝国宪法义解》到学校的教科书，仍然主张这一荒谬的纪年"。[1]官方刻意忽略的研究成果当然不止于此：

> 神话与所谓的"古代史"被记录在同一部书物中，并同样地充斥着醒目的奇迹；年表则明显是虚构的；从古代天皇口中说出的敕语，不过是从中国的古典中摘录的语句；一些天皇的名字也来源于中国；已知的最古老的日本历史故事、最古老的社会风俗，甚至中央集权天皇政府的形态，全部具有浓烈的中国色彩。而其结果就是，古来固有的思想留存下来的碎片还占有多少比重，如今已经不可能确定了。[2]

张伯伦指出，即便面对这些通过实证研究揭露出来的事实，日本政府仍然将出自中国圣贤教诲的道德理想强行归于"皇祖"的遗德，尤其是"忠孝"思想，并宣称，自上古时代起，日本便一面是慈爱的君主，一面是感谢君恩的忠实臣民，呈现出"君民合体"的一种完美的和睦，从没有像外国那样被叛乱和反逆玷污过。[3]

事实当然并非如此，张伯伦讽刺道，"一个清醒的事实是，从有信史的时代直到现代，没有哪个国家像日本的国民这样傲慢地对待君主了"。张伯伦毫不留情地将日本历史上天皇的窘境悉数披露了出来：

> 众多的天皇遭到废黜，众多的天皇遭到暗杀。数个世纪中，皇位的继承常常是阴谋与血腥争乱的前兆。众多的天皇被流放，有一些在流放途中被追杀，有一人被流放至远方的海岛，躲在晒鱼的船里，终于逃出生天。到了14世纪，事态更加严重，两个对立的皇统互相争斗长达58年之久，这就是所谓的北朝和南朝。最终获得胜利，将神器传予子孙的，是被后世史家定性为僭越不法的北朝。无论是这之前还是之后，在长达几个世纪的历史中，政权都掌握在大宰相的手中。一个又一个幼年的天子被拥立，在他们成年时便会被废黜，这是常有的事。在有的时代，这些大宰相任凭日神的子孙（天皇）穷困潦倒而放置不

---

① 『日本事物誌 1』、90 頁。
② 『日本事物誌 1』、90 頁。
③ 『日本事物誌 1』、91 頁。

顾，天皇与皇族不得不以贩卖亲笔字画来维持生计！而国中的大豪族面对这种事态无人抗议。即便是现在政权的初年，明治天皇的光辉治世之下，也发生了两场叛乱，其中一次在日本的另一边拥立了别的天皇，同时还在地方上建立起了共和国。①

《新宗教的发明》中还特别提到了官僚阶级对武士道的构建："他们还主张日本国民效法其统治者的超自然美德，称之为'武士道'，这是劣等诸国所不知道的高尚的骑士道，所以特别优越。"②对此，张伯伦指出，武士道并非自古以来之物，而是最近才被创造出来的。张伯伦举出了两点理由：一是早期的知日学者的著作中从未出现过"武士道"的表述，若是一种国民共有的思想，他们不可能注意不到；二是 1900 年以前，武士道一词在各类辞书中都没有出现过。张伯伦因此得出结论，日本历史上虽然也有骑士道式的人物出现，但作为制度或是法典的武士道却并不存在。而关于武士道的解说，主要是针对外国人的。这是因为，日本的官僚阶级面临的课题之一就是必须向世界证明日本与西方国家没有本质上的区别。而历史的实际上，就忠诚方面，诸侯的家族远没有表现出过度的理想主义，而是逐渐形成了一套非常现实的计划——例如让子嗣分别从属于不同的党派，以保证任何情况下都能站在胜利一方，以免土地被没收。③

但是在另一方面，那些坚持挖掘历史真相，坚持批判实证研究之人，则会受到政府残酷的弹压。张伯伦记载道，"背离正统学说的日本人教授是极其不幸的，他的妻子和孩子——日本男人勿论多么年轻都会有妻子和孩子——会忍饥挨饿"。④在张伯伦旅居日本期间所发生的学问弹压事件，最有名的当属 1892 年的"久米邦武笔祸事件"，久米在这次事件中被迫辞去教职。关于这件事，张伯伦在《日本事物志》的"历史与传说"词条下发出了这样的评论："日本政府仅在历史教育方面是反启蒙主义者，关于历史问题明确地表现出推奖正统派的态度。即是说，久米（邦武）博士被从东京大学赶了出来，其理由只是因为他批判地书写了古代天皇的问题。"⑤ 1905 年，在日旅居 30 余年的张伯伦因健康原因决定离开日本移居日内瓦，

① 『日本事物誌 1』、91-92 頁。
② 『日本事物誌 1』、91 頁。
③ 『日本事物誌 1』、92 頁。
④ 『日本事物誌 1』、90 頁。
⑤ 『日本事物誌 1』、289 頁。

张伯伦的日本文化批判——以《新宗教的发明》为中心

而 1910—1911 年间因取材事宜又回到日本，这时期又恰逢"南北朝正闰问题"发酵。虽然不能说这些弹压事件是张伯伦撰写《新宗教的发明》的直接原因，但很显然他对这些事情都有持续性地关注。甚至在其去世的前一年，仍向《日本事物志》的第六版书稿中追加记载了 1926 年发生的井上哲次郎"不敬"事件："最近在一九二六年，另一位有名的文学家井上哲次郎博士，陷入了不得不从贵族院辞职的窘境。这是因为，他发表了意见说，三种神器中的两种（镜与剑）可能并不是真品。一个很奇妙但重要的事实是，对他的历史批判首先发难的是大众杂志。这让我想起了美国的原教旨主义者（坚信《圣经》中的创造说而排斥一切进化论的人）和猴子城（嘲笑进化论的用语）的故事。"①井上作为典型的国家主义者和日本主义者，也沦落到为舆论所抨击的境地，可见当时的社会狂热程度已经又进了一步。

三、走向狂信的爱国主义

新宗教由官僚阶级构建成形，通过政治手段将其内容强制灌输进国民脑中，于是，"在如人的一生般短暂的时间中，所谓忠君爱国的日本新宗教便粉墨登场了"②。而这样一种新宗教究竟呈现了怎样的形态，张伯伦做了下述的概括：

> 日本的新宗教，在现在的初期阶段，是以对神圣的天皇与皇祖的崇拜，以及对作为军队首领的天皇的绝对服从（顺便一提，这一地位是与日本自古以来的所有观点相违背的。在日本古来的观念中，朝廷的本质是文官）构成的。此外，还有一种与此呼应的信仰是，天皇并非那些随处可见的王或是皇帝，而是有着神一般的优越，同样地，日本比起那些随处可见的国家，也要优秀得多。日本的国土是最先被创造出来的，而其他的国家不过是在造物主结束主要的工作后，其矛尖滴落的余滴形成的——这些不都是记载在了上代的史书中吗？只有日本的武士才拥有真正的勇气，而外国，无论中国还是欧洲，都沉溺在了使人堕落的商业主义之中——这些不都为后世的历史书所证明了吗？对于"神国"的居民来说，为了引进一些微不足道的机械的发明品而厚待这些外国佬，是一种满怀慈爱的谦让行为。③

---

① 『日本事物誌 1』、289–290 頁。
② 『日本事物誌 1』、93 頁。
③ 『日本事物誌 1』、93 頁。

张伯伦指出，此种狂信的爱国主义在日本国民中浸透得相当彻底，大多数国民毫无疑问是热烈的天皇崇拜者以及日本崇拜者，尤其是国民之中的活跃者，例如学生、军人、殖民者或其他充满激情的人。即便是固守佛教的农民阶级，也不会有组织性地对抗这些布教的想法。①

身为世界主义者的张伯伦，对日本国内狂信的爱国主义倾向的发生是非常敏感的，1893 年张伯伦写给小泉八云的信中，就小泉八云对文部省疏于进行忠君爱国教育的慨叹，表示了激烈的反驳，认为诸如《军人敕谕》和《教育敕语》、御真影拜礼、学生的军事操练、天长节纪元节等新设法定节日，无一不是日本政府向人民强行灌输尊皇爱国思想的手段。②但是比起感情上的批判，张伯伦则更加克制地对新宗教的教义能够在短时间内浸透国民思想的原因进行了分析。他指出，这种新思想的弘布是非常容易的。一方面从利害上看，社会的大多数可以借由其普及来获得权力，而抵抗既不能获得利益，也并非是谁的责任或义务。而抛弃利害执着于挖掘真理，这在东洋来说是非常罕见的。另一方面，从感性因素上看，爱国心本身就是滋长妄信的强大引擎。新宗教作为一种一经创出就产生了出色的实际效果的思想体系，人们是乐于相信它的。与此同时，与新宗教的普及一同成长起来的一代人，"他们甚至毫不怀疑自己怀抱的信仰只不过是昨日的发明"③。

当然，或许有人会认为，作为新宗教创造者的日本官僚阶级，信仰自己的创造物是不太可能的。但张伯伦对此表达了反对的意见，他指出，人类总会相信能够为自己带来巨大利益的东西。即便是欧洲人中受教育的佼佼者，也会执着于缥缈的来世教义。对于日本的官僚阶级来说，新宗教思想在国民中的普及是一件极度重要的事情，故而为此，他们做到了不可能做到的事情。张伯伦这样写道："他们中的一个人，最近对我这样说道：'虽然我知道这不是真的，但我相信它。'特土良④也说过同样的话，而没有人怀疑他的虔诚。"⑤

---

① 『日本事物誌 1』、94 頁。

② 楠家重敏「B・H・チェンバレン研究序説——『新宗教の発明』における日本批判とその波紋をめぐって」、『史叢』第 20 号、1977 年、100 頁。

③ 『日本事物誌 1』、95 頁。

④ 特土良（Quintus Septimius Florens Tertullianus，约 160—约 225），又译德尔图良。早期基督教拉丁教父，罗马帝国的著名神学家。最早提倡理性服从信仰。张伯伦此处所指特土良的名言"Credo quia absurdum"（我信，因在此无理）。

⑤ 『日本事物誌 1』、102 頁。

张伯伦的日本文化批判——以《新宗教的发明》为中心

通过新宗教构筑的狂信的爱国主义图景，是自上而下浸染了日本社会全体的，就连作为创造者的官僚阶级也主动投入其中。而对于官僚阶级的这些行动，以及他们有关新宗教的狭隘的、蒙昧主义的施策感到愤慨的，就只有张伯伦这样在日的欧洲人，以及欧化的日本人了。张伯伦对原因做了如下的归结：

> 我们近代的西洋人热爱个人的自由，我们之中受教育者，热爱让批判的阳光照亮每一个问题的每一个角落。自由与科学的正确性是我们的神明。但日本的官僚却不愿让光明进入。以他们的做派来说是这相当自然的，因为要使他们种植的信仰的根生长传播，黑暗是必要的。无论何种宗教，如果受到批判性的精密检查就无法生存下去。
>
> 这也解释了为什么日本的官僚对于日本的自由主义者如此严苛。在当局者的眼中，他们不单是政敌，对于选民（被神选中的国民）来说还是叛逆者，是反抗独一无二的真正教会的权威、亵渎神圣的异端者。[①]

四、《新宗教的发明》在日本的影响

《新宗教的发明》最初于 1911 年在伦敦以单行本的形式进行出版，[②]一经出版就引发了欧美与日本思想界的强烈反响。最初是以 Japan Weekly Mail、Japan Times、Deutsche Japan-Post 为代表的亲日派欧美报纸对其进行了批驳，而日本思想界，包括井上哲次郎、斋藤励、辻善之助在内的学者都表达了反对意见。但是二战前的思想界对张伯伦的批判，大体是集中于其武士道论的层面，而对张伯伦批判天皇崇拜的内容，则并没有予以正当的评价。[③]

战前日本思想界中，有两人对此的反应是值得注意的，即加藤玄智与村冈典嗣，二人的共同点是均因此导致自身学问的志向发生了转变。加藤玄智（1973—1965）尚在井上哲次郎门下学习时，正逢井上的《关于宗教将来的意见》引发了第二次"教育与宗教的冲突"论争，加藤深受这一思潮的影响，致力于新宗教的构想，而并非神道的研究。加藤在这一时期主要以荷兰宗教学者康内利斯·蒂勒（Cornelis Petrus

---

① 『日本事物誌 1』、101–102 頁。
② 高梨健吉「解説」、『日本事物誌 1』、361 頁。
③ 楠家重敏「B・H・チェンバレン研究序説——『新宗教の発明』における日本批判とその波紋をめぐって」、106 頁。

Tiele）的比较宗教学研究法以及宗教进化论为自身的方法论来源，其所构筑的以天皇为 Deus–Homo 的神人同格教"天皇教"也并没有同神道直接关联，毋宁说时比照基督教建立的。①

　　然而同时期的欧美知日学者们的研究成果给予了加藤非常大的刺激。而其中最为直接的，便是张伯伦的《新宗教的发明》。他在明治 45 年发表的《我建国思想之本义》一文中，便针对张伯伦的《古事记》英译本以及《新宗教的发明》发表了感想：

　　　　说到那位张伯伦，是我帝国大学的名誉教授，是能够说日本语，也同情日本的外国人，即便如此，仍然不能充分理解日本，这是外国人的悲哀。……当然，张伯伦所云并非完全的编造，其中也包含着真理，……。原本说来，外国人无论如何都免不了会有许多这样的误解。允许这样的误解原封不动地向海外介绍的话，恐怕彼国人就不能充分认识到日本的真相了。对此施以纠正，将日本的真相向海外传播，即是说，将日本的思想感情，以及存在的一切，原封不动地传递到海外，这除了日本人亲历亲为之外，别无他法。②

　　　　……

　　　　驳斥内外人的误解，传播日本的宗教道德等的真相，就不能用从来的顽迷固陋的国体论，而必须充分承接并容纳时代思想，并在此基础上，基于采用了科学方法的新研究，以精确的事实为基础进行立论，立于谁也无法反驳的根基之上来建立忠君爱国之说。③

　　以上也是加藤自述其研究方向转为神道的原因。一方面，加藤有着不假于外国人之手，由日本人自身向世界介绍日本的使命感，另一方面，他也承认，当下的国体论并没有基于"科学方法"和"精确事实"，因此不足以说服欧美人。故以此为契机，加藤的研究方向转为了神道研究。众所周知，加藤关于神道的代表性的思想便是其国家神道说，而支撑国家神道说的关键理论，是其宗教发达史观。加藤之所以执着其宗教发达史观，竭力论证神道从自然宗教发展成伦理宗教的"特殊连绵性"，其目的就是为了回击张伯伦提出的忠君爱国教是"官僚阶级发明的新宗教"

---

① 前川理子「加藤玄智の神道論：宗教学の理想と天皇教のあいだで(1)」、『人文学研究所報』第46号、2011年、89頁。
② 加藤玄智『我建國思想の本義』目黒書店、1912年、21—22頁。
③ 加藤玄智『我建國思想の本義』、27頁。

张伯伦的日本文化批判——以《新宗教的发明》为中心

的观点。加藤特别倾注精力的"生祠"研究，更是为了证明，将天皇作为"现人神"崇拜的思想是"日本古来的传统"。只是加藤的宗教发达史观即便并没有完全脱离历史现实，但毫无疑问是一种带着目的意识的归纳，即加藤对"国家神道"的历史连绵性，有着先入为主的自明的认识。这种局限性使加藤玄智的研究虽然具有科学研究的"形"，其内涵却是主观的。

村冈典嗣（1884—1946）是近代日本少数对于张伯伦有着较为全面评价的学者。在关于《新宗教的发明》的评价中，村冈先是驳斥了当时诸多的欧美记者关于张伯伦写作此文的动机是所谓"对于归欧之际日本政府给予的待遇感到不满的泄愤之作"，而是明确指出，张伯伦在《新宗教的发明》中体现出的见解，都可以在他的其他著作中找到参照。例如关于忠君爱国教是官僚阶级的近代发明这一点，在《日本事物志》的第五版（1905 年）Religion 一项中，便有类似的内容，即认为忠君爱国教是日本近代各种制度欧洲化导致的间接结果之一，与其说是新日本的宗教，不如说是新日本的理想。而第四版（1902 年）以前的版本，还未见这样的表述，可见这是张伯伦研究不断深化而得出的结论。[①]而村冈也对此表示赞同，认为这是亲眼见证新旧日本的发展的公平冷静的观察者所作出的发言，具有倾听的价值，但是张伯伦全盘否定新宗教的本质中的宗教的或者说国民情操的渊源和由来，认为新宗教是完全从无制造出来的看法，是没有理解日本国民精神的历史以及广泛的精神现象的本质。村冈将此归因为，张伯伦"是语言学者，是科学者，毋宁说，是理性主义者"，以及"毕竟是一个外国人"，认为张伯伦无法"从隐微之中、或波光粼粼的水面之下洞察并理解国民的情操"。[②]这种归纳体现了村冈对个人研究的一贯思路，即用人格来表示其思想的一贯性。但将张伯伦对日本国民精神的"误解"归于其"人格"，并不能说是对其论点的有力还击。因而村冈也承认，"比起对教授没有充分理解国民精神的激愤，不如说，让教授这样来自外国的、'以自由和科学的正确性为神'的真理的学徒能够首肯和承认的近代的学术性著作在当时的日本还尚未存在，这才是真正值得遗憾的。"[③]村冈的国体思想史，便是以回答"张伯伦式疑惑"为学科的目的和任务。如同刘岳兵、王萌在《村冈典嗣的"日本精神"论与近代日本思

---

① 村岡典嗣「日本国学者としての故チャンブレン教授」、『新編日本思想史研究』平凡社、2004 年、342-343 頁。

② 村岡典嗣「日本国学者としての故チャンブレン教授」、343-344 頁。

③ 村岡典嗣「日本国学者としての故チャンブレン教授」、345 頁。

想史学》中指出的那样，村冈恐怕是最早一批试图以学术的方式认真应对"传统的发明"论的日本学者，这正体现出了村冈作为学科开创者的敏锐的问题意识。①然而即便有这样的问题意识，以皇室为中心的国体论仍作为自明之物存在于村冈的日本思想史之中，使得村冈的国体思想史在关于天皇崇拜的问题上，最终变成了预设结论的证明。

加藤与村冈作为日本学者，在积极拥抱近代西欧传来的科学精神以及实证的研究法的同时，最终也未能摆脱时代特有的民族情感所设下的无形局限，从另一个方面来说，这更加证明了，张伯伦这样没有所谓民族情感的先入观的外来视角，对于打破思维惯性，创造出怀疑天皇崇拜论的契机的重要性。

而事实上，日本政府的应对恐怕更加能直接证明张伯伦这一批判的分量：《新宗教的发明》一文在出版后被作为"武士道"词条的内容，收录进第六版《日本事物志》（1939 年出版），然而在战时，在日出版的该书中，"武士道"词条与"退位""历史与神话""帝"等词条一并遭到了删除，并且直到日本战败为止，《日本事务志》都是禁止译为日文的"禁书"。其日本批判切中要害的正确性也可见一斑。②

结　语

张伯伦以冷峻的视角还原了近代日本官僚阶级出于现实的政治目的创立"忠君爱国"的新宗教，以蒙昧主义的施策向普通民众灌输新宗教的教义，并最终引领全国上下走向狂热的爱国主义的过程。张伯伦以其深厚的日本历史研究基础以及科学实证的批判精神，对日本官僚阶级罔顾历史事实和历史规律，向民众灌输"君臣一体"的虚像的行为进行了大胆的揭露。尤其值得注意的是，通过张伯伦的揭露，我们不难看出，新宗教从构建到实践的整个过程中，日本人民一直出于一种缺位的或者说被动接受的状态。官僚阶级无视民间对于佛教的亲近而利用官权以神道取而代之；为"凝聚民心"于忠君爱国之上，在历史教育中掩盖真相，愚化民众，并严厉打击那些自力挖掘历史真相者，而最终使国民成为实现新宗教目标，或者确切地说，成为实现官僚阶级利益的狂信的工具。

---

① 刘岳兵、王萌：《村冈典嗣的"日本精神"论与近代日本思想史学》，《历史教学》，2018 年第 18 期，第 26 页。

② 高梨健吉「解説」、『日本事物誌 1』、361 頁。

张伯伦的日本文化批判——以《新宗教的发明》为中心

　　以天皇作为有形的中心构筑国民思想，以唤起国族认同，并不是近代日本唯一的选择，只能说是官僚知识分子从江户时代继承而来的一种思维惯性，在面对西化洪流的冲击时，他们毫不犹豫地选择了这一道路，则透露出官僚阶级与民众之间的对立性，他们深知必须借助民众的力量，但又不相信民众，并惧怕着民众的启蒙，因此以蒙昧主义来履行他们教导民众的职责，就变成了理所当然的选择。值得注意的是，张伯伦对新宗教的批判虽然提到了官僚阶级或是政府的诸多施策，但本质上他并没有站在民权一侧进行政治上的批判。他批评的焦点始终是停留在国家强制力对学术自由、思想自由的损害之上，因此，他的批判本质上是一种文化的批判。

　　张伯伦的批判也并非没有其局限性，其武士道论因为知识的欠缺，其观点中有一些值得商榷之处，而这些瑕疵也成了二战前日本学界对《新宗教的发明》一文抨击的重点。同时，尽管在《新宗教的发明》中较为罕见，但还是能够看出，张伯伦对西方近代文明怀有的自负和优越感，例如他将"欧化"等同于崇尚科学与自由的理性主义，视作文明进步的代名词。但讽刺的是，正因为他的自负，反而逾越了一些亲日派知日家无法逾越的东方幻象。另一方面也能够看出，近代日本思想界由于其时代的桎梏，无法做到充分的自省，因此，外部视角就十分重要，在考察近代日本的思想时，在客观辩证地看待这些研究的前提下，应当多引入这些国外学者的研究。

（作者：唐小立，南开大学日本研究院博士研究生）

中山久四郎《唐音十八考》的研究方法、成就与学术史意义

姜复宁

内容摘要 《唐音十八考》是日本学者中山久四郎对日本"近世唐音"中所存留的来自汉语的部分特殊语词进行考辨的一部作品。他在批判性地继承前代学者研究成果的基础上，将现代语言学尤其是日汉对比语言学的知识运用到研究过程中，并从文化学角度考辨唐音中部分特殊词汇的语源及其读音对应，从而解决了诸多困扰日本汉学界许久的与唐音有关的难题。中山久四郎《唐音十八考》的考证方法是在传统考据学基础上的开拓与创新，其中所引用的诸多稀见资料、基于实地田野调查所知的日本民间风俗等也具有宝贵的资料性价值，对于近世唐音研究、汉语音韵学研究等均有作用，在学术史上具有一席之地。

关键词 中山久四郎 《唐音十八考》 近世唐音 考据学

中山久四郎《唐音十八考》的研究方法、成就与学术史意义

The research methods, achievements and academic history significance of *the Eighteen tests of Tang Yin* Written by Kyushiro Nakayama

Jiang Funing

Abstract： *The eighteen tests of Tang Yin* is a work by Japanese scholar Kyushiro Nakayama to examine and distinguish some special words from Chinese in Japan's "modern Tang Yin". Based on critically inheriting the research results of previous generations of scholars, he applied the knowledge of modern linguistics, especially Japanese Chinese comparative linguistics, to the research process, and examined the etymology and pronunciation correspondence of some special words in Tang Yin from the perspective of culturology, so as to solve many problems related to Tang Yin that have plagued Japanese Sinology for a long time. The textual research method of Kyushiro Nakayama's *the eighteen examinations of Tang Yin* is a development and innovation based on traditional textual research. Many rare materials cited, and Japanese folk customs based on field investigation also have valuable information value. It plays a role in the study of Tang Yin and Chinese phonology in modern times and has a place in the academic history.

Key Words： Kyushiro Nakayama；*the Eighteen tests of Tang Yin*；modern Tang Yin；textology

中国文化传入日本的过程中，无论是以华僧东渡开创的宗教交流阶段，还是以遣唐使来华为重要途径的科学技术、文化艺术引进阶段，还是后来以知识阶层、商贾船队为主体的交流互鉴阶段，中国人的对日汉语教学和日本人对汉语的主动学习与接受都具有建构沟通中日文化桥梁的重要意义。开展"唐话教育"的日本江户时代被誉为日本汉语教育史上两个最具代表性的时期之一，这一时期产生的诸多唐音资料数量众多、种类多元，吸引了诸多研究者的目光，日本"唐话学"也随之产生。

1945 年以前从事"唐话学"研究的日本学者主要有青木正儿、中山久四郎、石崎又造等。其中，中山久四郎《唐音十八考》是通过结合语言学与考据学方法，综合运用中日两国历史文献、现代方言、现代民俗等材料对日本唐音进行考证的著作，也是近世唐音研究的早期重要文献。中山久四郎（1874—1961），日本汉学家，以《近世支那文化の近世日本に及ばしたる勢力影響》获东京帝国大学文学博士学

位，早年留学德国慕尼黑大学，师从欧洲汉学家夏德（Friedrich Hirth），后任职东京文理科大学教授，著有《歴史上にあらはれたる》(中央朝鮮協會昭和 4 年版)、《參考東洋歷史》(与佐藤惠合著，立川書店昭和 6 年版)、《史學及東洋史の研究》(賢文館 1934 年版) 等。综观中山久四郎的汉学研究偏好与研究实绩不难发现，其研究侧重点为中日文化交流史、中日关系史，而汉语语言学并非其着力最多、论著最精深的研究领域，但《唐音十八考》一书因其时代较早，代表了日本汉学家对唐音相关问题关注与思考的早期形态，并保留了诸多民俗样态、原始文献的资料性价值而在近世唐音研究乃至与之关系密切的中日文化交流史研究上具有重要的价值。此书于昭和 6 年（1931）由东京文理科大学（后改为东京教育大学，即今筑波大学前身）列为《东京文理科大学文科纪要（第三卷）》单行出版，此后 90 年间该书未有再版重印，这也使得该书存世较少、流传颇尠，未见绍介、研究此书的专论。

中山久四郎此书采用札记体，主体部分共分 18 条，分别探讨了近世唐音文献中的诸多疑难问题。18 条札记所讨论的内容可以归纳为四个大类：（1）对保存唐音词汇的日本古代资料如典籍、文物、琴谱等予以探讨；（2）对部分难以对应其汉语"原音"的唐音词汇予以离析；（3）探讨重要日本作家、学者对唐音的接受与运用；（4）分析唐音与江户时代日本民间风俗、文化事类的关系。书末单列"结论一言"，集中讨论唐音传播的功用。中山久四郎在研究过程中所使用的跨学科研究方法具有开创性意义，而书中引用的诸多稀见资料、基于实地田野调查所知的日本民间风俗等也具有宝贵的资料性价值，对于我们今天的研究仍有重要的参考作用。此外，《唐音十八考》作为日本"唐话学"研究中较早出现且颇有其独特之处的论著，在学术史上也具有重要地位。因此，本文拟对中山久四郎《唐音十八考》的研究方法与成就略作探析，钩稽、评述其学术史价值与意义。

一、从文化学角度考辨唐音中部分特殊词汇的语源及其读音对应

中山久四郎在《唐音十八考》绪言中明确指出，其撰作此书的最主要目的乃是研究近世中国文化对日本言语文字特别是唐音方面所产生的影响，尤其是部分已经混杂、融入日语中的唐音词汇更是难以翻译成其原本语言——汉语，其中比较困难的成分在于需要经过比较、解说，以判定其对应原语原本读音的情况，而这也是《唐

中山久四郎《唐音十八考》的研究方法、成就与学术史意义

音十八考》的重点关注对象。这些特殊的唐音词汇往往与民间娱乐、风俗习惯、宗教信仰、文学艺术等关系密切，此外，部分汉语词汇本身也是从其他语言中借用而来的外来语。因此中山久四郎不赞同单纯文献对读、考证的方法，而是特别重视从文化交流的角度探其本源、考其异同、辨其源流，从文化学角度考证这些特殊词汇的语源，进而确定读音对应，最终得出确凿可信的结论。

唐音"ミイラ"一词向为研究者目之难解，在不同的日本学者著作中存在着数种与之意义相同或相近的汉字词解说，如《熟语便览》《八十翁物语》二书均称其为"密人"、《假名用例》《俳字节用集》《和汉合类大节用集》则称其为"蜜人"。值得注意的是，《和汉合类大节用集》和《俳字节用集》以"蜜人"所解说的乃是"木乃伊"一词，并在"木乃伊"旁标注振假名"ミイラ"。中山久四郎据此指出"这一词语经过对比可知应当是汉语'木乃伊'（荷兰语 mummie；拉丁语 mumia；英语 mummy）读音的转讹"，并认为上举诸书的用例可以论证这一观点的佐证。[1]但中山久四郎也注意到《采览异言》《樱阴腐谈》《俚谚集览》中都提到了木乃伊的另一种称呼——"蜜人"，而溯其源头则为陶宗仪《南村辍耕录》中的记载。《唐音十八考》中"将《辍耕录》卷三'木乃伊'条过录于左"：

> 国人殓以石棺，仍满用蜜浸，镌志岁月于棺盖，瘗之。俟百年后，启封，则俗曰蜜人，番言木乃伊，蜜剂也。[2]

但中山久四郎此处所引并非《南村辍耕录》原文，而是节引。陶宗仪所记这一条目全璧如下：

> 回回田地有年七八十岁老人，自愿舍身济众者，绝不饮食，惟澡身啖蜜，经月，便溺皆蜜，既死，国人殓以石棺，仍满用蜜浸，镌志岁月于棺盖，瘗之，俟百年启封，则蜜剂也。凡人损折肢体，食匕许，立愈。虽彼中亦不多得。俗曰蜜人，番言木乃伊。[3]

将《唐音十八考》所引《南村辍耕录》文句与相应的原书原文相较不难发现，中山久四郎未引陶宗仪所记载的"绝不饮食，惟澡身啖蜜，经月，便溺皆蜜""凡人损折肢体，食匕许，立愈"等带有明显传说色彩的文句，以及在论述中所流露出的"异闻"色彩实际上反映了中山久四郎对这一说法的怀疑。事实上在陶宗仪记载

---

① 中山久四郎「唐音十八考」、東京文理科大學、1931 年、12 頁。
② 前揭「唐音十八考」、12 頁。
③ 陶宗仪撰，李梦生校点：《南村辍耕录》，上海古籍出版社，2012 年，第 39 页。

"蜜人"之后不久，李时珍便已对其提出质疑，在《本草纲目》过录《南村辍耕录》对木乃伊的记载之后指出："陶氏所载如此，不知果有否？姑附卷末，以俟博识。"[①]前人对"蜜人"的制作过程、外观表现多有怀疑，我们认为出现这种问题的根源实际上在于对"蜜"的理解上。《南村辍耕录》除了记载"木乃伊"外，还记载了一种名叫"人腊"的药物，其制作方法乃是"剖开背后，剜去肠脏，实以它物，仍缝合烘干，故至今无恙"，由其称名和制作过程看，"人腊"实质上就是木乃伊。中山久四郎认为木乃伊"亦一名'蜜人'"，认为实际上是一种同物异名现象，而也有学者以《南村辍耕录》中　"蜜人"和"人腊"被列为两物的做法认为"蜜人"是一种特殊的、以蜜浸泡而成的木乃伊，与"人腊"代表的一般木乃伊不同。《唐音十八考》中未说明作出这一判断的依据若何，但通过更进一步的考察，找到了可为中山久四郎观点提供支持的佐证：《回回药方》收录"木蜜纳亦"，注文曰"即是蜜煎回回"[②]，"木蜜纳亦"中的"蜜"显然不是可以独立使用的语素，后人所谓"蜜煎回回""蜜人"之谓，很可能乃是由"木蜜纳亦"转称。当然，也有可能"木蜜纳亦"是音译兼意译词，但将其与当时木乃伊的另一个称呼"腊人"联系起来考虑后可以发现，"蜜"即使带有意译色彩，也不应为"蜜糖"之意。腊，《说文》"干肉也"，《广韵》思积切，"干肉"，即"腊之以为饵"之"腊"字含义，"腊人"的制作方法也证明"腊"在此处当作此解。《西京杂记》："南越王献高帝蜜烛二百枚"，《札朴》认为所谓蜜烛"即今之蜡烛"，可见"蜜""腊"确有互通之例。联想到"腊人"与"木蜜纳亦""蜜煎回回""蜜人"之间的关系，我们认为："木蜜纳亦"带有极其明显的音译色彩，至于是否含有意译成分尚难以确论；"蜜煎回回""蜜人"则是在"木蜜纳亦"基础上形成的，继承了"木蜜纳亦"音节中的"蜜"音，同时又采用了"蜜"与"腊"相通的义项，最终形成了以意译为主、带有音译色彩的称呼；至于《南村辍耕录》中所载的"蜜人"制作过程，则应是后人不明"蜜人"词源而望文生义、牵强附会的产物。

---

① 李时珍：《本草纲目》，人民卫生出版社，2017 年，第 2988 页。
② 宋岘：《回回药方考释》，中华书局，2000 年，第 165 页。

中山久四郎《唐音十八考》的研究方法、成就与学术史意义

二、对前代著作研究成果的继承与批判

《唐音十八考》征引、参考前代著作数量宏富，同时中山久四郎并未单纯地罗列材料、排比故实，而是在继承前人研究成果的基础上对其进行慎思明辨。上文中所提及的对《南村辍耕录》所载内容的批判性继承可为此说之旁证，但由于中山久四郎出于日本学者学术研究中美人之美、少言人误的君子气象而未明言个人观点，因此此处列举其对"ベーロン"（又名"パイロン"）一词的考证、对前代学者观点的明确反对以为之证。

长崎具有一种特殊的年度活动——爬龙舟竞渡，所用的龙舟之名便是"ベーロン"，又名"パイロン"。但在不同著作中，对应这一音读的当用汉字不尽相同，概而观之约略有如下数种：剗龙、划龙（《长崎名胜图绘》），扒龙（《长崎闻见录》），排龙（《俳谐岁时记》《大广益博物筌》），扝龙（《琼浦通》），爬龙、披龙（《外国竹枝词》），扒龙（H.A.Giles:*A Glossary of Reference*），此外还有"白龙""伯龙""把龙""剡龙"等不同的写法。[1]但不论是哪一种汉字写法，其与唐音音读之间都存在着不整齐的对应或难以从词源学上予以说解的难题。

中山久四郎在解释这一问题时，首先引述了前代著作的研究结论：一是《长崎名胜图绘》卷三"市中之部上"的观点，这一观点将"剗龙"解释为"剗龙船"，认为"剗"也可被写作"划"，为用桨划水之意，至于"パイロン"之名则是长崎俗言华语不甚准确而致误；二是《倭训栞》后编第十五"波"条所指出的"划龙"一词带有唐音成分之说；三是《长崎闻见录》卷一所载流行于岐阳地区的五月五日、六日赛船会中，赛船俗称为"ばいろん"，其中的"龙"是说龙船的船头做得像龙的头一样，而"扒"由所谓"镰"完成，称其为"镰"是因为以桡划水就好像以镰刀割草一样的说法。这三种观点都是江户时代学者著作中的记载，在当时影响很大，尤其《长崎闻见录》中的记录虽然存在漏洞，但却因为细致地描摹赛船会景象而具有较强的感染力，且较之另外两种难寻所本的观点更具解释力与实证性而得到很多学者附和。尤其值得注意的是，《清俗纪闻》在描绘龙船竞渡时，也认为"关刀"（即船桨）的得名缘于"因用木板将舵制成青龙刀状，故称关刀"[2]，这与将"桡"

---

① 前揭「唐音十八考」、9–10 页。
② 中川忠英编著：《清俗纪闻》，方克、孙玄龄译，中华书局，2006 年，第 37 页。

比作"镰刀"、将划水动作比作"镰刀割草"的说法十分相近。而《清俗纪闻》一书在日传播广泛、影响深远，其解释与《长崎闻见录》的相近也大大增强了此说的影响。

但中山久四郎并未囿于以上三种观点，而是在兼收并蓄、吸取其合理成分的基础上进行了更进一步的思辨。他首先引述了《集韵》《正字通》《辞源》以及 Giles 所著 *A Chinese-English Dictionary* 中对"划"字的音注和说解，支持《长崎名胜图绘》的观点，认为"剗船"即"划船"之异写、划龙船的"划龙"应当就是パイロン之原语。而后又提及"中国通"也即熟悉中国事务的日本人的说法，认为流行于广东的"白龙船"与"パイロン"音近意通，或为其原语。这将"パイロン"的语源学解释向前推进了一步，也为《长崎名胜图绘》和《倭训栞》的观点提供了支持。但中山久四郎并不完全赞同《长崎闻见录》的观点，他引用了《康熙字典》中对"扒"的解释，发现"'扒龙'的'扒'字在《康熙字典》中也无与之类比的义项"，因此"这样的解释仍有不明了之处"，进而指出"这样一来，很难对パイロン一词的语源做出明确的解释"。综合中山久四郎的解释可以发现，他实际上是明确反对《长崎闻见录》简单地将意义不同、不存在同源关系的汉字强生联系的解释方法。但即便如此，他仍然持审慎的态度，并未言之凿凿地将"パイロン"的语源定为"划龙"或"白龙"，而是强调还需要寻找更多的材料作为旁证。中山久四郎共列举了以下三条旁证：

（1）清人尤桐《外国竹枝词》所附八闽沙起云《日本杂咏》中有"当日谁开竞渡风，相缘亦学唤披龙"之句，而作者在此句后加有自注"方言'爬龙'为'披龙'"，也即"爬龙"一词与长崎方言中的"披龙"相同。

（2）日本传统词源学家曾经提到"爬龙"和"披龙"两个词，这两词与中山久四郎此前曾提及的词语都可与长崎方言中的"パーロン"建立联系。而在长崎市之外的一些地方，这一活动还被称为"ビヤアロン"，也可佐证"パーロン"存在着较多的讹变现象。

（3）长崎还有着一种所谓"陆上パイロン"，也有人将其写作"陆上划龙"。而长崎名胜图绘》卷之五"市中之部上"有"陆龙船"的名称，并且在插图中描绘"陆上パイロン"所用"竞渡船"时标注了"パイロン"的振假名。

中山久四郎根据这些旁证进一步质疑了"划龙"乃是"扒龙"之异写的观点，对这一唐音词语的词源以及其背后的文化问题作出了较为合理的推测。值得注意的

中山久四郎《唐音十八考》的研究方法、成就与学术史意义

是，中山久四郎所运用的文献资料其实并非穷尽爬梳的，还有其他材料可以为其观点提供佐证，如《甲子夜话》中有"择龍"的汉字写法、长崎民俗资料馆藏《长崎民俗年表》指出长崎初次竞渡便是由"唐人"举行、《长崎实录大成》第十四卷中详细记载了滞留长崎港内的中国船只为平息海浪而举行"龙舟竞渡"等载录，也可为中山久四郎所提出的"パイロン"与唐音关系密切、考察此词词源应从汉语方言入手的观点提出了佐证。此外，现代闽方言中仍然保存有"爬龙船"一词，这一词汇在闽方言区民歌中得到了较好的保留，莆田、仙游、福清、晋江等地至今仍有此类民歌，如晋江民歌《龙船歌》："五月初五爬龙船，爬龙船。啊唛啰嗹啊，柳嗹啰柳嗹啊。江中锣鼓（伊都）闹纷纷啊，闹纷纷。啊啊啊啊唎，啊唎啊唎啊。"[1]由歌词可知其描绘的便是五月初五龙舟竞渡的场景。此外，这一民歌在台湾民间也广为流传，当是自闽南祖籍地传入，可见此类民歌出现年代较早，那么其中出现的"爬龙船"一词也不应是近年来的词汇创新，而是原本就有的词汇。

行文至此，还有必要关注一个中山久四郎并未予以讨论的问题：不同文献中对"爬龙"这一汉语词汇标注了不同振假名，它们之间又是怎样的关系呢？中山久四郎对前代文献的爬梳表明，江户时代的诸多日文文献中对"爬龙"的音注不尽相同，共有"ベーロン""ばいろん""パイロン""パーロン""ビヤアロン"五种不同音注，将其分别对应"爬""龙"两个汉字，可以采用表格的方式予以直观表示：

爬	ベー	ばい	パイ	パー	ビヤア
龙	ロン	ろん	ロン	ロン	ロン

可见"龙"字的音注方式均相同，而对"爬"的标注则存在着歧异之处。

第一个需要讨论的问题是这一音节的长短，"ベー""パー"的音注很明显是长音，"ビヤア"中在"ヤ"后跟上"ア"的做法实际上导致了元音重写，与日语的（C）V：式长音节是等价的，也标明了长音。需要注意的是"ばい""パイ"，这一表现方式有可能是以"い"作为特殊标记表示长音，但也有可能是方言表现。由于缺乏相关的材料证明，这一问题还无法确证。

第二个需要讨论的问题是，由日语音节的构成特点和日本文献中采用假名标注

---

① 陈增瑞：《晋江民谣百首》，菲律宾安海公会，1995 年，第 35 页。

汉字读音的方法可知，表示"爬"的几个假名组合中，位于首位的 CV 音节在振假名的拼合中实际上只提供辅音 C。那么"ベ""ば""ビ"所提供的均为全浊音，而"パ"提供的则是相应的半浊音，为何会出现这种差异呢？我们认为这与日语中辅音送气与否并不能成为区别性特征有关，因此汉语中具有送气/不送气之分的塞音、塞擦音在日语中实际上是伴生的。且日语的ハ行辅音的变化较为特殊，桥本进吉将ハ行辅音的演变过程概括为两条路径：（1）词首的ハ行辅音初期读为双唇塞音[p]，奈良时代乃至更早期就擦化为双唇清擦音[F]，大约在江户时代变成现代日语的[h]或[ç]，但「ふ」仍读为[ɸ]，保留了更为原始的状态；（2）词中或词尾的ハ行辅音最初也发生擦化，至迟在奈良时代转入ワ行，也即所谓「ハ行転呼」。[①]近世唐音标注振假名的日语语音基础，乃是江户时代的读音。处于变化中的ハ行辅音，加之辅音送气与否问题上固有的区分不严格因素，出现上述的现象也是不难理解的。

三、中山久四郎唐音研究的学术地位与影响

中山久四郎《唐音十八考》基于敏锐的学术眼光，采用独特新颖的研究方法和种类丰富多元的研究材料，对日本传世文献、文物中包含的唐音材料进行辑录、考辨、释证，故而在唐音研究、日汉对音与汉语历史音韵学研究上具有一定学术地位，并产生了深远影响。

首先，具有开风气之先的重要地位。

在中山久四郎时代之前，就已有诸多研究汉语音韵学的日本学者高度重视传入日本的"汉字音"，以译音对勘法解决汉语语音史上的疑难问题，如大矢透运用日本汉音考察汉语侯韵明母字与模韵的合流现象[②]、本居宣长《汉字三音考》对比起普通"汉音"更近于中国实际语音的"新汉音"予以离析[③]等，但这些著述所关注、运用的日本汉字音材料均属吴音、汉音，而对唐音材料尤其是"近世唐音"的研究长期以来都处于空白状态。中山久四郎《唐音十八考》是最早成系统地关注日本唐音疑难词的著作，也将近世唐音相关问题真正引入研究框架内，从而在学界掀起一

---

① 橋本進吉「国語音韻の研究」岩波書店、1957 年、101 頁。
② 大矢透「隋唐音図」、1988 年。
③ 本居宣長「漢字三音考」勉誠社、1978 年。

中山久四郎《唐音十八考》的研究方法、成就与学术史意义

股研究唐音相关问题的热潮。嗣后，山田孝雄于 1940 年出版「国語の中に於ける漢語の研究」[①]、饭田利行于 1957 年出版「日本に殘存せる中国近世音の研究」[②]，以及著名音韵学者有坂秀世撰写的唐音相关研究论文等，都或多或少地受到了中山久四郎的影响。中山久四郎的研究，是对日本考据学、汉语音韵学研究的一种开拓，也因之得到了后世学者的充分肯定与高度评价，如汤泽质幸在「唐音の研究」中评论道："中山久四郎氏所著《唐音十八考》对近世唐音的来历与使用状况进行研究"[③]，而中山久四郎还曾专门撰写《唐音考》《唐音考续篇》，为今后学者的研究奠定了基础，可谓是日本近世唐音研究的第一人。

其次，继承与开拓传统考据学，对日本学者汉学研究具有指导意义。

中山久四郎对传统考据之学十分精通，从他在《唐音十八考》一书中大量继承传统考据学研究方法如排比异文、考察典章制度、考证名物、结合文字音韵训诂之学、重视金石材料与古器物等方面，可以明显看出他对传统考据学的熟稔和"无征不信"的研究态度。但在他看来，仅以传统考据学的方法来讨论近世唐音的相关问题仍有不足之处：近世唐音作为中日语言与文化交流的产物，具有明显的跨语言、跨文化特质，因而传统的考据学方法并不能完全解决这些问题。所以中山久四郎在《唐音十八考》中另辟蹊径地采用语言学方法尤其是日汉比较语言学的相关知识来考察"相对较难予以比较的唐音语"，并取得了丰硕的成果。中山久四郎的这种研究方法，是对传统考据学的一种开拓。在此之前，虽然已有诸多考据学者运用比较语言学知识从事考证工作，如钱大昕《十驾斋养新录》中便有牵涉蒙古语的内容，但毕竟体量较小、种类单一，且未能采用现代语言学的视角考察其中的音转与历时音变现象。因此，中山久四郎的研究方法得到了日本汉学研究者的充分肯定和很高的评价，如汤泽质幸盛赞他所采用的比较方法"对江户时代唐音称呼、当时社会对唐音的受容等问题予以解明"[④]，为日本汉学家研读江户时代唐音著作扫清了诸多障碍。

最后，重视田野调查的研究方法保存了大量宝贵资料。

中山久四郎考察《唐音十八考》时充分考虑到唐音词汇在长期的传播、应用过

---

① 山田孝雄「国語の中に於ける漢語の研究」寶文館、1940 年。
② 飯田利行「日本に殘存せる中国近世音の研究」名著出版、1957 年。
③ 此处日文原文为 "中山久四郎氏著「唐音十八考」（「東京文理科大學文科紀要」第三卷，昭和6 年）近世唐音の来歷や使用状况を追究するもの"，载湯澤質幸「唐音の研究」勉誠社、1987 年、20頁。
④ 前揭「唐音の研究」、21 頁。

程中用途广泛："有的成为全国各地日常使用的通用民族语言，有的成为地区方言，有的成为宗教界的专用词，有的成为文学和其他用途的专用词，有的用于音乐，还有的用于游戏"。①因此除却像以往的研究者一样重视文献爬梳、考证之外，还特别重视对与之相关的民俗活动、民俗事项进行考察。如在探讨与长崎"爬龙舟竞渡"活动相关的唐音词汇时，他特别对当时长崎地区的龙舟竞渡、陆龙船等活动进行了调查、记载。但与长崎地区现代的龙舟竞渡活动、《清俗纪闻》所记明治时代相比，中山久四郎所记载的龙舟竞渡显然更具古风，也为我们保存了昭和初年长崎地区龙舟竞渡活动的面貌。《唐音十八考》所具有的这种非语言学专业领域的特殊价值来自中山久四郎亲力亲为的田野调查，他从事田野调查的起因并非一时心血来潮，而是与他对唐音价值的理解关系密切。中山久四郎在《唐音十八考》一书的结论部分列举了十五条"唐音传播的功用"，除了前辈学者早已指明的"有助于汉文解释与研究""可以作为音韵解释与研究的资料，有助于音韵学发展进步""可以作为我国（此指日本）汉字音标准论定的资料""有助于我国语（此指日语）解释与研究""有助于佛典梵语解释及研究"等着眼于语言学、文献学本体的功用外，还可以为其他学科领域与研究方向提供参考，中山久四郎特别指明了其在文化研究中的作用：

> 唐音语是使得我国（此指日本）语言在近代变得丰富的因素之一。事实上，语言是社会生活的反映，是文化发展的表现之一。如果国民身处的社会生活、民族文化变得排外、保守、锁国，那么语言也会变得固定不动，几乎没有任何增减变化。语言的变化——增加或减少，是社会和人们活动的变化的有力证据。近年来研究以唐音形式出现的外来语词，发现它在大约九百年的时间里我国语（此指日语）中数量增加，与近世日本语中葡萄牙语、西班牙语、荷兰语等西洋外来语的传播过程相似，可以作为近世日本发展的证明。②

---

① 此处日文原文为"或は全國日用の普通國語となり、或は一地方の方言となり、或は宗教界の專門語となり、或は文學其他の特別語となり、或は音樂に用ひられ、或は遊戯に用ひられて"，见前揭「唐音十八考」，1頁。

② 此处日文原文为"唐音語は、近世の我國語をより多く豐富ならしめたる事。元來、言語は社會生活の一反映、文化發展の一表現なり。若し國民の社會、生活、民族の文化發展が排外的、鎖國的、保守的となりて固定不動となれば、言語も亦固定不動のとなりて、殆んど何等の變化增加なかるべし。言語の變化增減特に增加するは、社會の進化遞變、民族活動の一大證據なり。而して今多數の唐音的外來語＝年來研究する所によれば、我國語中唐音語は九百許りあり＝が近世の我國語に增加したることは、近世日本に葡、西、蘭等の西洋語的の外來語の傳播したる事と相併びて、近世日本の進展活動を證明するものといふべし"，见前揭「唐音十八考」，44–45頁。

中山久四郎《唐音十八考》的研究方法、成就与学术史意义

    中山久四郎跳出纯粹的"为语言而语言"的藩篱，以文化学、国际交流史的视野全面、多领域地探讨近世唐音在日本所具有的独特作用。也正因为此，他十分重视调查、考辨与之相关的文化事项，并搜集、记录了大量与之相关的文献记载或田野调查手记，这些内容除却语言学、考据学价值外，还为民俗学与文化学研究保存了第一手材料

    当然，中山久四郎考辨近世唐音的方法也有不足与失误之处。比如虽然《唐音十八考》一书采用了现代语言学观念和日汉对比语言学的方法，但通览全书可以很明显地发现实际上他在考察唐音语词时仍然更多地使用传统考据学、语文学的研究方法，对现代历史比较语言学的重视程度仍显不够，这也使得《唐音十八考》对部分具有特殊音变或方言色彩的语词的解说存在着解释力不够的弊病。此外，《唐音十八考》一书采用问题导入模式，这在保证考证扎实严谨、排除干扰性因素、为相关学者翻检提供便利的同时，也不可避免地使得全书难以找到一以贯之的逻辑链条，呈现出较为支离的面貌。可见，对于中山久四郎使用的综合语言学与考据学知识研究近世唐音的方法和从具体语词入手、进行具体而微考辨的研究范式，我们应该客观地评价与使用，继承并发扬其有利之处，而中山久四郎研究过程中存在的疏失也应该被我们视作镜鉴，努力填补其研究方法的空缺与短板。

    要之，中山久四郎在前人研究成果的基础上，运用语言学与考据学相结合的方法考察日本近世唐音中保留的特殊词汇，这是对传统考据学的开拓与创新。尤其是他创造性地将日汉比较语言学方法纳入研究过程中，可谓新颖独到，因而产生了很大影响。虽然他的研究方法仍有可补之处、对语言学方法的运用也有过于粗疏之弊，但经过修订完善仍可应用于其他唐音词汇的个案式考辨。况且作为"开风气之先"的研究著作，除却具体问题考证的价值外，还为汉语音韵学、日汉比较语言学和日本汉学研究者提供了一种思路上的提示，在探讨前代学者得失之时所迸发的思想上的火花，亦应被视为中山久四郎留下的一笔精神遗产，故而中山久四郎及其《唐音十八考》在学术史上仍具有相当重要的地位及意义。

（作者：姜复宁，山东大学文学院博士研究生）

史海钩沉与翻译

复辟论与余等之主张

西本省三

史料解读

《复辟论与余等之主张》一文最早刊载于 1921 年 4 月 25 日的日文周报《上海》。该文的作者是周报《上海》的主笔西本省三。报纸上的原文为日语文章，其中文版收录在上海杂志社编的《白川西本君传》（芦泽印刷所 1934 年）的"遗稿"部分中，推测由西本省三本人翻译而成。本文即采用的是《白川西本君传》收录的中文文章。

西本省三（1878—1928），号白川，出生于日本熊本县。1899 年春，跟随井手三郎、宗方小太郎等人来华，在东亚同文书院学习。辛亥革命后，西本省三与宗方小太郎等人逐步形成支持清室复辟的立场，并于 1913 年在上海成立报人团体春申社，刊行日文周报《上海》。自此开始，西本省三长期为周报《上海》撰写社论，以其鲜明的复辟论旗帜，在上海的报刊舆论界闻名。20 世纪 20 年代，西本省三陆续完成了《中国思想与现代》《现代中国史的考察》《大儒沈子培》《康熙大帝》等中国研究相关的著书。在共和肇始的民国，鼓吹清室复辟的保守言论，自然受到来自中国社会各界的质疑与批判。在激烈的批判声中，西本省三于 1921 年发表《复辟论与余等之主张》一文进行回应。这篇文章占据报纸的四个版面，相较于西本省三过去的社论，这样的超长篇幅十分少有，中文版的文章也长达 8000 余字。相应地，该文在内容上极为丰富，详细地回答了"为什么要复辟帝制"和"为什么是清室复辟"两大问题，系统地总结了此前西本省三在周报《上海》所发表的复辟论观点。从研究价值来看，该文从一个角度清晰地反映了近代日本人支持中国清朝复辟的思想脉络，对于深入理解近代日本的对华认识有着重要意义。此外应当注意的是，文中西本省三的复辟论建立在其对民国长达 9 年的观察与认识上，其中国观察的偏颇与复辟理论的缺陷值得留意与思考。（陈凌菡）

提倡复辟论之动机

余及余之同志等，阅最近寄到之东报，忽见其电报栏内，载有上海所发之记事长电，而标其题曰，复辟谣言之出处。余等现在之于某报发表此种记事，其意何居，及拍发此电者，为何等人物，完全无研究之必要，且亦不屑琐琐诠索及此。以为人心之不同，各如其面，或者各异其见解，容或有之。唯该记事中，提及在华日人一语，以余及余之同志向来之地位关系而言，则余及余之同志历来对于中国时局之言

复辟论与余等之主张

论及行动，或者间接直接被采为该记事之论据与材料亦在意料之中。因此，不得不将余及余等同志间所提倡之主张，加以详细之说明焉。该报所载上海电报，原文极长，然余及余之同志，仅欲就可视为因欲表明复辟谣言之出处而列举之第三第四项，而评判其是非，决不涉及他项，兹将第三第四两项照录于左，以供众览。

（第三）为清室遗老及在华之日本人之一部所主张之大义名分论，此辈于时代之大势，及在中国共和与帝制孰者较为适合之理论，皆毫不研究，只以感情论主张清室复辟，每有机会，动辄从事于复辟之宣传，此是流布谣言最危险之分子也。

（第四）为从儒教教理推演而广之，以赞美帝制者，古典派之中国学者，又同一系统之在华日本人属之，此一派主张，欲统一中国，不可不恃道统，而道统之主体则为皇帝，故不可以不拥立皇帝，此在今日中国之青年社会中，固有马耳东风之感，唯彼等之宣传，时时呈现于报纸上，当为复辟谣言之源。

右列两项之记事中，既明白提及在华日本人一语，余及余之同事，亦在在华日本人之列，因是乃获得向当世说明其主张之机会，是为甚幸，而亦吾党之光荣也。因第四项中所谓道统云云，即视为对于余所办之周报《上海》之论旨而下断语，亦无不可，故于兹言及，良非得已。推原余及余之同志所以欲创办周报《上海》之动机，实因欲发表对于东亚大局之见解，并鉴于中国革命，改为共和国之结果，甚貌视世界之大势，动摇国本，将使国运之进步陷于混沌之状态，故欲借此以发表言论也。是以余及余之同志向所倡导之主张，专注重于中国四千年来之文化的国风与传统的国风。换词言之，即余等之言论，乃力说可为政治道德与个人道德之原则之王道民彝之大本对于四万万民生之关系，以冀促进将此主张宣示全世界之目的。不仅当时世人，对于余及余之同志之见地，横施论难攻击，即至今日，依然不变其态度，洵属遗憾。但自根本上言之，余等之理想，反因受此等论难攻击，而得足以发见其真相与确实其信念之端绪，故愈受论难攻击，愈使余等勇气百倍，于是乎余等胸中怀有苟信道者不可不如此之观念。自此以来，九阅星霜，余等之所唱之王道民彝，乃产生复辟论，竟于不知不识之间，呈现曙光东上之气象，令世运之开展与余及余之同志畴昔之言论，若合符节，此则余等所衷心喜悦，而不能自已者也。昔韩昌黎有言，信古者遗于今，余虽乐而甚忧之。余及余之同志，则适相反，信古愈笃，愈不为世所遗弃，反因异论百出而愈大放其光辉。余等既乐且喜怀有不浔不继续提倡复辟论之信念，与日俱进固不足怪也。

大义名分论之意义

　　读某报所发表之复辟谣言之出处第三项曰，在华之日本人之一部所主张之大义名分论，于时代之大势及在中国共和与帝制孰者较为合适之理论，皆毫不研究云云。殊不知余及余之同志之见解，非但随伴时代之大势，且为指导此大势利导此大势之复辟论也。在中国已改为共和政体，余等所唱者，乃无足重轻之复辟论。况余等之所谓大义名分者，君臣之大义也，名分，亦指君臣间之名分而言，即孔子之所谓君君臣臣。浅言之，即秩序之意也，不过积极的称为大义，消极的称为名分而已。总称之，则曰大义名分，吾人常以此为题目为旗帜，以鼓励时代之精神，制舆论之趋向。而指示其方向然谓此题目与旗帜系从感情论所发生者，则僻论也，私论也，愚论也即视为奴隶的根性论，示非过。何则，某报所举复辟谣言之出处第三项内之所谓感情论，从文字上解释之，某所含意义，无非爱与憎，认感恩怀惠之类。否则如乞儿求食所发之乞怜语。所谓感情论者，以如此之意义解释之，最为适切，在中国古代，对于根据如此之动机而发生之大义名分论，亦常斥为愚忠，为学道者之所不取，况我辈非中国人士，断无代中国人士提倡愚忠论而取厌于中国学道者之理。盖此事在于吾人实不成问题，何得对于余等所主张之大义名分而施以此种之误解乎？盖其持论之根据，苟外与世界之大势及公论相背驰，内而不顾中国之利害者，则其所构成之大义名分论，固非余等之所谓大义名分论也。必先有事实，而后始有理论，断无先有理论，后有事实者。必先有天文，而发始有天分学，断无先有天文学，而后有天文者。宇宙有宇宙之秩序，世界有世界之秩序，一国有一国之秩序，国民有为国民之秩序，人类有为人类之秩序。以中国言之，向以君臣间之秩序为其立国之大纲。余等所主张之大义名分论，以阐明此大纲而正确之为职志者也。就其近者而言，乃欲劝告中国人士，促其反省也。我周报《上海》既往九年间所主张者，其议论之范围，虽常涉及各方面，不无纷杂歧出之感，然其归着点，则尽以事实为事实；无非欲阐明其原则及理论耳。此属既往之事，更无赘述之必要。

清朝之三大贡献

　　余等所以深言清室有复辟之可能性者，良以清室支配中国之始，曾对于中国民族大有所贡献，其成绩非常优越良好故也。由此观之，则身为中国民族之子孙者，

复辟论与余等之主张

宜对于其贡献，致感谢之意，宜更进一步，将清室之所贡献者，依传统的惯例，使子孙继承之。此实中国人士应尽之义务也。盖慎终追远之意义，为足以维持中国四万万人心之根本要义，所以使清室复活者，即欲使感谢敬虔以及尊重秩序等意义复活，以期奠定能与世界之大势相终始之基础耳。试将其事实之重要者，分为三大项，列举如左：（一）清室曾统一四千年所未有之领土且扩充之，足为中国民族之光荣；（二）与中国四千年来所未有之文化运动，并统一而发展之，亦为清室之伟业；（三）集中国历代之法律制度而为大成，亦为清室不朽之业。

康熙继爱新觉罗之后，而统治汉民族也，更拥汉民族而征服新疆伊犁西藏等地方，试读其史乘，即足见其规模之雄大，其统一汉满蒙回藏五大民族，且于其间，发挥互让之精神而整理之，以光被中国民族之文化的伟力，其功绩不朽，洵有不可没者。观东西各国历史，扩充领土之事实，亦所常有，然从未见有扩张领土后，又能整理之，统辖之，恩威并施，能使所扩充之领土，与本国同化，而变为纯然己国之领土，如当时之清朝者，不问思想之新旧，学术之有无，与智愚贤不肖，事实总属事实，以上所云，皆为清室不朽之事实，中国人士决不能将此等事实付诸云过眼者，其理由即胚胎于是。

清室对于文化事业，尤为与力，康熙尊重圣道，礼贤下士，一面收揽四万万之人心，统一天下之言论思想。更以阐明考证圣经贤传为宗旨，而奖励宋儒之理学，尊重程朱所发现之哲学的原则，并研究天文地理战术音乐算术以及骑射医药蒙古文腊丁文等。于是刊行堪称为中国文化之真髓之佩文韵府、渊鉴类涵、历象考成、康熙字典等十大著作，成就中国历史上所未有之伟业。此可谓中国足以自夸于世界之文化事业之一端，其最足以令人记忆者中国古代所发明之天元一术向为最高之算术，但至明朝而失传，康熙深惜之，令学者大研究其原理，研究之结果，发见当时由欧洲输入之代数学，与天元一术异曲同工，乃译作"借根方"而公布之。中国地图，向无经纬线，至此主始出现照西法设经纬线之皇舆全览图。凡此种事实，皆堪称开中国科学思想之端绪。乾隆时代，承康熙奖励经术文学之遗绪更努力进行，故此时足以代表中国文运之著述之丰富，为古所未有者，其重要者，当以四库全书之告为最，此实千载不可磨灭之事实也。但今日中国人士中，几无人类问，反依法国人之手，介绍之于欧洲文化之中心地点，该书之价值，渐次为全世界所公认，此种情形，洵可视为促进中国文化与世界之进运相接触之机会，亦可视为中国文化开参加于世界之端绪。至其法律制度，则以中国之人道即伦理之即则为经以四万万民族之公共之习惯为纬，且归纳各地方含一种特性之地方的不成文法规，以明代所编纂之明律纲领为蓝本，而制定大清律例，同时又编纂大清会典两两相对，而发布之，使四万万民族各得其所。我日本在德川时代，对于大清律例，亦尝奉为刑法之模范，而从事研究，宛如今日学界之崇尚罗马法律，于是日本刑法之萌芽，乃渐次由此胚胎，其价值之重，可想见矣。

以上所述，为余等所以信清室在今日有复辟之可能性之原因中三大事实也。可知余等所主张者，并非仅从感情上提倡复辟，因如斯之事实之演释而得经论，于是乎发地论理，盖复辟之论旨，乃公议也，公论也。至感情论，不过私论，试以简单之词约言之，余等劝告中国人士促其反省之大义名分论，并非以私恩为起点之大义名分论，而以天下之公论为本之大义名分论此刻无须再述。况中国人士之所谓大义名分论，与余等之大义名分论，其手段同，其目的不同，一只以中国为限，一以求有所贡献于世界之文运为目的。

追远感谢与法美二国之事实

世人目余及余之同志欲使四万万之民族夸耀其二百余年前之祖先之功业，更发扬其遗风而光大之，即崇尚报本返始及追远之意义，谓因循，谓顽固，谓不合时宜，不自今日始矣。窃思追远感谢之观念，关系一国之盛衰，一民族之兴亡，一个人之强弱者甚大。日本与英国同属君主国，为避自赞之嫌，姑置不论，试就法美两国之事实而言，彼二国民族之富于追远感谢之观念，有非余等所能想象者，每至表现此观念之情绪熟烈之际，势如燎原之火，或且更甚于此，无可形容。兹就近事述其一端，以为例证，去年法国举行贞德女杰纪念祭之日，当行祭典之始，移贞德之神位赴礼场时，巡游队之第一人，捧神位而先行，法国大总统邦凯雷氏，与福煦元帅密尔兰氏等，率势如潮涌之民众徒步而随其后，当时之摄影片，曾为日本各报之插画，至今尚保留之，贞德系一法女子，在距今四百九十三年前，即一四二八年，为救法国之国难，起义师，解哇尔良之围（因哇尔良地方当时为英国所围），更进而从各方面扫荡英国之势力，使当时之法皇卡洛洛第七，得安然行加冕之礼，其后战机失利，被英军生擒，在庐安市受焚毙之酷刑。是时年只十九岁耳，四百九十三年之后，法国总统尚代表全体国民以最虔敬之态度执行贞德祭典者，无非致追远之义，表感谢之意，举国一致，皆欲继承其精神而已，此种追远感谢之信念，即维持法国命脉

复辟论与余等之主张

至于无尽期之要素。无论至如何国步艰难之际，绝不放弃此要素，然从未闻有人目之谓感情上之仪式，或目之谓愚忠的态度者。观诸美国，亦复如是，威尔逊氏为美国总统时，曾于国祖华盛顿坟墓所在之佛尔依山下开举国一致之大会，于华盛顿墓前，宣告参加对德战争。本年三月四日，新总统哈定氏在美国华盛顿政府中央政厅之上院议事堂行总统就任礼时，哈定氏之演说，大旨谓，我国民临如斯之时局，应知责任之重大，为国牺牲，同时不可不追思定我国基之诸先烈创业之艰辛，对于诸先烈建国之精神，尤须以感谢尊敬之念，谋所以更新而光大之，以底于完成，凡此种种，皆出于追远感谢之意义也。夫法美二国，对于此追远感谢之念头，既逐年扩大，逐年增长，使其色彩愈加浓厚，则余等欲中国民族对于二百余年前清朝之政治方面文化方面之贡献致其追远感谢之诚敬，亦此意也，而欲此举彻底实行，则势必不能不提起复辟论所谓水到渠成者，即此之谓也，苟以中国之大道为主体之复辟，自在其中矣。法国民族与美国民族之追远感谢，亦追远感谢也，中国民族之追远感谢，亦追远感谢也，其道一也。追远感谢之意，既见许于美法两国民族，而谓独须禁止中国民族有追远感谢之意，无是理也。若谓中国民族之追远感谢，系属感情论，然则法美两国民族之追远感谢亦可目之为感情论乎。且彼维持发挥追远感谢之信念之法美两国民族，则骎骎日上，而破坏放弃追远感谢之信念之中国民族，则呈今日之状态，此何故耶，夫维持发挥追远感谢之信念之法美两国民族，既国运日隆，则中国民族必不至因维持发挥追远感谢之信念而亡国。有人指摘清朝之文化的贡献为满洲人之功业者，但此系华人之言，满汉之区别，乃中国民族中之区别也。从余等之地位而论，则同为中国人，无彼此之别，苟合乎大道，则清朝之功业，孔子之功业，以至尧舜禹汤之功业，皆无所异，只须能彰明大道足矣，欧美学者，因崇拜中国古代之文化至于极度遂有中国亡而文化共存之说，且将更进一步，令中国之文化，对于世界之文运，大有所贡献，所以欲劝告中国人士重追远感谢之信念而饮水思源者，即因此也。

民国现象之暴露

吾人见中国共和政体成立以来，其所有施设与事业，与前清时代相比较，皆不及前清时代，然则苟假以岁月，其所举成绩，能否逆料其必超越前清之上，吾人对于此点，虽未深加研究，但中华民国创业十年，于国法之大本制定宪法之事，尚未准备完成，则为眼前之事实，无可掩饰者也。或谓美国制定宪法，须经过多少岁月，以此责备中国未免太苛乎。此又不然，盖中国系既成之国，一定之国家法则，素所具备，即其人情风俗习惯，久已各成固有之形式，且有数千年之历史。美国系未成品之国，由来自欧洲各国之移民凑集而成，各州各异其风俗习惯，甚难一致，完全非中国可比。试观中华民国成立以来，前清所统一所整理之领土，呈如何之状态，名虽五族共和，然其实际的意义果安在哉，西藏问题之纷纠，常无已时，外蒙古自革命告成后，旋即独立，受俄国之保护，而保其治安，迨至去年乘俄国之溃乱，赖徐树铮之计划，稍有眉目，暂时统一于中国，而今者解决外蒙古问题，又束手无策矣。至中国之内治，内阁固俨然存在，然其内幕中，无非军人官僚政客等互争政权之暗斗，彼等所唱之南北统一说，无非为彼等各自之地盘说此天下有识者之所公认也，所谓联省自治说也，各省自法说也。试研究其论旨，无一不足以证明其私利之心，以言自治，自宜联省，其理由有三，第一，可使蟠踞各省之军人互相让步也，第二，可使一般不干涉政治之民性奋起而力谋自治也，第三，可乘此破除省界之观念，俾各省互相联络也。实际言之，省自治乃清朝时代之自治之名目，其实与古来民团乡社之自治相反者也。被政客口头之所谓自治，则不足为训矣。进一层言之，今日之各省自治，即称为各省自壤，亦不诬也。即如最近之新选举问题，中国人士之言论，亦有直言共和政治不宜中国者，本月七日上海时事新报之社论，题曰"国会制度之破产"该论之结论曰，"观于既往之选举与，此次之选举，则中国之选举，可谓日近末日，此后恐不能再行，国会制度之不宜于中国，殆无疑义，然则中国将以何种制度代之乎。曰是不难，可采用分地自治与分业自治之二重制度。"翌日，该报又载一社论，题曰"何者为国会"，其词旨略谓"国会以外，对于社会的阶级养成自觉的势力，非一日之功能成就，国会在今日尚非其时，固不待言，护法二字非易言也。"国会亦系自治，共和政治亦系自治，国会制度者，所以发挥共和之本领者也。苟国会制度不宜于中国，则分地自治与分业自治，其能适合于中国乎，在上位而为国民之代表者，已陷于破产之态度，其能以分地分业之自治希望于在国会中充代表之人民乎，以此论之，足见如此之议论，何能承认国会制度不至破产之理由乎。时事子之立言，无异间接否认共和民国，时事子之所谓分地自治分业自治若又破产，则将何所归乎，况对于社会的阶级，养成自觉的势力，尤非一朝一夕之功，言念及此，不禁令人有鲁一变至于道之感，且中国人民，自共和民国成立以来，苦于虐政，已达极点，盖今日中国，惯起风波惯造谣言借端结党营私之似是而非之

复辟论与余等之主张

军人官僚政客等，遍布全国，使中国不得统一，变乱频仍，而受其苦痛者，则为安分守己之多数良民。因此，中国多数人民，自然不能忘情于前清，此亦势所当然，近接陕西来函，谓该省人民，皆追慕前清不止，而极端怨恨今日之所谓伟人者，彼等目中之视伟人殆与虎狼无异，昔日发匪起事于广东，谋侵中原，遭其蹂躏者十三省，支持十三年之久，幸有湖南道学派之代表者曾文正公等，以殉道之精神，起兵抗之，遂灭发匪而挽回清朝之运命，盖曾文正公等，良以清朝扶持中国之名教，多所贡献，故欲尽力保全之，以重君臣之义，且对于当时耽耽环伺中国之西力，尤为曾文公等之所注目也。曾文正公如有不臣之心，而出于袁世凯之态度，则中国当时早已立于列国监视之下，亦未可知也，今日复辟谣言之兴，必有来由，其理由必极充足，此殆为中国安分良民之心声，此心声之发皇，为日不远也，由此亲之，余等所唱之复辟论，仅就中国之现状而言亦不失为公论公议也。美国总统哈定氏行就任礼时，对国民发表宣言，其中有一节云纵令变更制度组织，但决不可发生奇迹，盖试行暴乱之实验，其效果不过增加困难而已，此言也。宛如指今日之中国。

罗马法与道统

第四项所谓"欲统一中国不可不怖道统。"此种见解，与余等同志之主张之观察，可谓得其正鹄，然所谓"道统之主体，则为皇帝，故不可不拥立皇帝"云云，则余及余等同志所不解。指皇帝为道统之主体，未免谬误，此种主张只可目之为一家言耳。从中国之古道言之，余及余等同志所研究之范围中，所谓皇帝者，不过指实际上施行王道之人格及其地位而已。与日本美浓部博士等所主张之天皇机关说，殆相仿佛。万不可与如斯之见解大相反背，谓余及余等同志鼓吹以清朝为道统之主体之说也。若承认此说，则不得不归束至本末颠倒之结论。约言之，既说中国古道，则清朝之复辟，殆不成问题，譬如既称十数，则一与二与三，自然包括在内。盖余及余等同志，将议论君主政治之得失是非，与专议论清朝之复辟，尽然区为二而研究之者也。儒教素以君主政治为理想之政体，其论理上，以共和为君主政治之变则，即以君主政治为政治之原则，以共和政治为其权道，而视为弥缝一时之方法，故共和政治进一步，必为君主政治。儒教中常确认必有是理，换言之，亦可谓共和政治不过为使政治过渡之阶梯耳。例如法国关于大总统之制度与惯例，亦渐次染着君主之性质。而美国对于国际问题之态度，亦渐次倾向帝国主义倾向专制主义，此其明证也。其中如美国者，建国以来，未满二百年，其国家的组织，将来有如何之变化，难以逆料，观今日美国政治上中央与地方之关系殆不足以言国家，其不合体裁，殆至极点，此次共和党之哈定氏被选为美国大总统，该党素所主持之中央集权主义，或将大有所施设，以稍改变其面目，未可知也盎格鲁撒克逊民族之特性，苟迫于必要，无论何事，皆不顾前后，任性而行。例如美国之中央与地方之关系，及其解决移民问题等，动辄出此态度，不止一次，总之，为保中央之威信起见，无论如何，必将设法以施行之，固不待言也，至谓道统论在今日中国之青年有马耳东风之感云云，则确近于事实，可谓能得正鹄之言论。唯道统论何以在今日中国之青年有马耳东风之感，非余等所欲深论，若谓因有马耳东风之感之故，余及余等同志，遂运用巧妙之手段，或暂时停止此种主张而取客观之态度，是为对于吾道极不忠信之行为，亦为对中国青年极不恳切不知友谊之行为，目中国青年之耳为马耳，而冷眼观之，可谓刻薄太甚，断非信道之士所忍为也。要之，中国青年对于中国之道统而出于马耳东风之态度者，在说者方面必以为提倡者智识程度太浅，不足语此，二者必居其一，亦非无理，将来虽未可料。然今日之中国青年，其多数皆为曾经留学日本者，或为就学于曾经留学日本之先辈者，此辈青年留学日本时，其所获得者，大都仅得其皮毛耳，剖之，演释之，归纳之，而洞悉如斯之制度典章，关于中国民族之生活之文化之特质，在于如何之位置者，恐不过少数之人士，此非诬言也。中国留日学生归国，其他皆不足怪，唯既学法律，而不知罗马法是可怪矣。罗马法在今日之世界，为法律之鼻祖，法律之灯塔，法律之基础，凡各文明国之法律，几无不受其影响，然如此之宝典，在日本学界，能直接读其原文者，亦不多见，即各大学，亦以末松博士之译本为唯一之参考书，研究法律者而不一读罗马法，直等于完全未曾研究法律，其重要宛如腊丁文之于文学，罗马法者，距今一千三百八十七年前，西历五百之著作，孔子编纂五经，亦在二千五百年以前，但此二种古籍，无论后人之读与不读，其不朽之价值自在，无须再述。因是不待余及余之同志更为此而运用巧妙之手段以特倡复辟论也。

要之，余及余之同志所信之一端，大略如右所叙述，仅止如此而已，至于是非得失之断案，则自有公论，将来其所归束之点，自然一定不变，将与天地共悠久也，况毁誉褒贬，在天而不在人乎。（大正十年八月）

九一八事变后日本社会的思想转向*

藤田省三

　　*本文系教育部人文社会科学重点研究基地重大项目"一战后日本的'转向'与对外战略误判研究"（编号：17JJD770010）的相关研究文献编译成果。日文原文为思想科学研究会编《转向》上卷第一章"1933 年前后的转向状况"（平凡社，1959 年）。本文由总编译者策划和组织实施，具体工作分工是：李佳乐译第一、第二部分，杨舒文译第三部分，王振涛译第四部分；宋爽校对全文；杨栋梁终审核校全文，并对部分内容做出删节处理。

【导读】1931 年 9 月 18 日，日本关东军在奉天城郊的柳条湖附近制造南满铁路爆炸事件，是为"满洲事变"（即九一八事变）。当时，无论是国家权力层面，还是反权力层面，抑或是民众层面，还都没意识到由此已拉开长期战争的序幕。这一事变引起的社会变化，对转向者产生了重要影响。1937 年"日华事变"（即七七事变）后的转向，轮廓清晰，是大范围、有组织的转向运动，直至 1945 年，这一时期的转向是高度一致的。相比之下，从 1931 年开始、于 1933 年 6 月 7 日佐野和锅山的转向声明达到顶点的昭和初年转向，虽然也有集体转向的形态，但与 1937 年后的转向相比，显然属于个人想法或小集团想法。个人、团体、思想流派都在分析日本的现状并开具处方笺，探索着时代的转向。

20 世纪 30 年代日本的权力运作，如同浜口内阁、犬养内阁、斋藤内阁、冈田内阁时期那样，是依托于重臣进行的。从某种意义上说，重臣和财阀是军部的傀儡，但在当时还不至于脱离国家的规则行事。因此，政府对于批判权力的思想倾向还未采取过苛的镇压方针，而是只以共产党员为主要对象，否定其国民地位，实施逮捕监禁，进而在强权的背景下，诱导普通民众实现自发的转向。当局通过各种机构关照转向者，使其成为顺民并回归社会，由以彰显日本天皇制所特有的温情。治安维持法是政治强制的主要依据，据此可以对激进主义者实行逮捕、监禁、说服以及保释出狱后的特高警察的监视。再就是向"满洲"出兵后，在乡军人会、爱国妇人会等开展爱国捐款活动。1937 年以后，这种居住地的小集团压力活动进一步扩大，到翼赞运动阶段，媒体更是花样翻新地在广播中专设慰问"满蒙"的特别节目，在街头上反复播放军歌的唱片。当时，受经济大危机的影响，东北地区大量儿童缺衣少食，普通市民受到失业威胁，重新择业非常困难。在这种环境下，想不转向也不容易。

20 世纪 30 年代初期的镇压政策，主要是针对激进主义者，与后期相比，具有自觉转向、大角度转向和知识阶层转向的特征。导致这一时期转向的因素包括：（1）日本民族传统的影响，如赤松克麿、宫崎龙介、佐野学、锅山贞亲、林房雄、龟井胜一郎、长谷川如是闲、保田与重郎。（2）激进的前卫分子本身的生活形态就是庶民，但又是理论与行动不一致的庶民，如山田清三郎、德永直、太宰治、岛木健作。（3）希求加强知识分子与大众的关系，如岛木健作、高仓·泰、水野成夫、河合悦三。（4）希求消除各种激进思想流派和团体的宗派主义，如妹尾义郎、山川均、青野季吉、大宅壮一、三木清。（5）鉴于集团运动的脆弱性，希求在个人或超越个

九一八事变后日本社会的思想转向

人的传统中，创造批判集团运动的主体，如埴谷雄高、荒正人、三好十郎、村山知义、椎名麟三等。当时，他们曾为解决这些问题提出重要方案，虽然结果归于失败，但却留下了宝贵的思想遗产。

（鹤见俊辅执笔，杨栋梁译）

序　言

在现代日本思想史中，"转向"无疑是个重要研究课题。"转向"一词在大正末期讨论无产阶级运动的"方向转换"时，就已经有了思想史的特殊含义。当时的"转向"不是对统治权力的屈服或赞同。相反，转向是作为褒义词而非贬义词使用的。"福本主义"批判山川均提倡的方向转换是工会主义（即经济主义）与革命主义（即政治运动化）的"折中主义"，同时提出应该用"转向"一词来表示"真正的方向转换"。在"历史的普遍法则"中，存在辩证的"转化"原理，因此能动的主体应积极采取适合于自己的行动。福本认为，通过"深入"群众将群众与社会主义结合的运动方式，违背"无产者联合的马克思主义原理"，辩证的运动方针应该按照列宁的纲领，首先"必须在联合之前彻底分断"。马克思主义的联合，不是"模模糊糊"的联合，而是阶级阵线分明的联合。我们以前没有经过原则性切断，便开展社会主义运动，"越过一个阶段而将目光放在下一个阶段，现在须面对现实后退一步，到了转向的关头"。至此，转向已成为一个整体概念。要深入现实，并有目的地改变现实，仅仅依靠现实中存在"转化法则"是不够的。除了"客观世界的法则"外，还必须尽可能准确、合理地把握现实与变革主体的关系，进而制定主体原则，再按照原则行动。也就是说，运动本身是有规律的，运动的规律要符合"客观世界"的规律，要符合辩证法的定律，转向便是在这种探索中产生的。能动的行为就是尊重事物发展规律，从无规则运动向有规则运动转变。因此，福本一再强调的"转向"，是"自我扬弃"，是大众工作的能动变化，也是单方面的自我批评和反思。

由此看来，转向的概念是作为主体的人依照法则和自身力量改变对外行动与依照法则加深对内反思的统一，由此才能整体把握其主体结构。这是一种思想观察，是思想领域的转向。

福本主义论述的转向，反过来被国家权力或日本的统治体制所利用。当那些忘却日本体制中正统的国民哲学，为不可能实现的"完全空想的外国思想所惑"者①经过自我批评，再次树立认可体制的国民思想时，便在现代日本思想史中诞生了转向这一特定研究范畴。这种转向意味着主体停止了"非国民行动"②、积极顺从日本天皇制的现状。1933 年，佐野学和锅山贞亲共同发表《日本无产阶级觉醒分子的意见》声明，这一转向对于转向概念的成立具有决定性意义。当时这两人的"思想转向"，一是对现实（即大众）基本采取肯定的态度；二是从历史的角度出发，以共产党三二年纲领为界，前后明确分开，批判或自我批判了共产主义运动的现状。从表面看，这与福本创造的转向概念相同，但其根本区别在于，福本认为应该变革令人不满的日本现状，因此应该按照相应的"理论"去"转向"。相反，佐野和锅山认为，理论脱离了日本社会实际，应该向现实的日本工人、农民及大众的实际感受回归，不要对日本民族的国民哲学做出任何改变，要以积极的态度肯定"原生态"，进而能动地构建回归原状的理论。这意味着，在同一种形式下，可以承载含义完全相反的内容。这一思想转向，顺应了日本社会潮流，不仅影响了社会精英和大众、影响了共产主义者，而且影响了非天皇制的思想流派。

由于"转向"是主体对现状基本态度的转变，因而反过来被司法当局视为"比《治安维持法》好得多"的办法而利用。现实存在也许是必然，也许是偶然，在自己活动范围内适应现状，本来也不会产生转向，彻底的适应主义是不会转向的，因此适应主义作为维持思想上不转向的技巧，某种程度上有利用价值。不过，我们所关注的问题是，任何情形下，主体精神态度的存在都是转向的前提，而使这种精神态度在现代日本产生，进而丰富现代日本思想史内涵的，显然是建设性与破坏性兼而有之的共产主义。

一、转向论前史：福本主义批判

转向的思想史是从转向概念的"转向"开始的，其发展始终与转向概念的变化相伴。在大正、昭和时期，尽管各种人和团体的转向有各种各样方式，但在光怪陆离的时代思想状况中，仍能发现一条贴近历史的主线。我们既重视个体差异，也努

---

① 1928 年 6 月 27 日原嘉道法相关于拘捕共产党的谈话。
② 1928 年法相原嘉道语。这恐怕是昭和时期政府首次使用这一词汇。

九一八事变后日本社会的思想转向

力探寻共同点。在此，我们将专门探讨共同点以及在共同点中占有核心地位的基础思想结构。

首先探讨一下共产主义的福本主义。福本主义的目标是培养理论家，因此要抽取纯粹的"马克思主义要素"，"联合"起来武装自己，彻底否定以温情或仁慈为细胞的"理论法则"，重新塑造自己，以便在日本的环境下铸就铜墙铁壁。借用昭和初期加入共产党的一位农民运动家的话说，成为共产主义者后"变强大了，仿佛有了一股魔力"[①]。这种性质是福本主义的典型体现，但并非福本主义所独有，共产主义、特别是日本的共产主义都有这种特征。由此看来，可以说共产主义是现代日本思想史的起点。

福本和夫是日本天皇制教育的优等生，曾作为文部省公派留学生赴德国留学，成为马克思列宁主义者后回国。大正末年的1925年至1926年，福本试图以《马克思主义》等杂志为舆论阵地，构建"前卫组织"的理论，当时的基本构想是专门论述福本纲领在既往各种"社会主义运动史"中具有的政治价值。不过，这里不拟将其作为社会主义运动的内部问题讨论，而是从一般思想的角度探讨福本主义，这样才能对不同的"主义"进行比较。可以认为，福本主义具有如下思想特征。

第一，与"模模糊糊"的随波逐流彻底断绝。

日本天皇制社会的原理是，在人类社会与自然世界之间，国与家、部落、地方团体之间，在为公的忠诚与私人的情感之间，在整体与个人之间，并不存在正面冲突。并且，彼此关系中何者是起源、何者是归结，也不甚清楚。因此，如果不结束这种糊里糊涂的状况，那么即便发起社会运动，也不知道会出现什么结果。统治者与被统治者的感情是相通的，因此通过某种方法扩大被统治者经济利益的运动，也许是政治上统治者所乐见的结果。因此，终结这种模模糊糊的精神态度和运动方针是非常重要的。对此，福本没有展开具体分析，他所重视的是如何把经济主义运动发展成政治运动，首要目标则是摈弃"模模糊糊主义"。他批评河野密说："（河野）是庸俗而粗糙的经验主义者……必然走向模模糊糊的表象罗列。""粗糙的经验主义者"是模模糊糊地从工人运动的观点出发，试图把社会主义的工会运动发展成政治运动，从而完成"方向转换过程"的。应该说，福本的批评切中要害。

实际上，早在明治末期的自然主义文学中，已经出现与社会上"模模糊糊"

[①] 小野阳一：《在脱离共产党之前》。

的现象扩散相对抗的主体思想。田山花袋在《东京的三十年》中写道："前无古人，后无来者，同舟乃为妥协之心"，"常人之悲，强忍于心"。这是一种比福本主义更纯粹的与日本社会原理抗争的精神。当时，掌控日本文坛的砚友社并不是规范运营的团体，而是专门以尾崎红叶为中心形成的私人关系密切的日本式社团。田山认为，这种社团具有"妥协性、社交性乃至朋党性，还只是停留在'群'的范畴"。他看到参加红叶葬礼的友人及弟子们悲泣的场景后，痛切地认识到，在这种社会结合的原理下，"友人、门徒之情"全都在于"群"的"单纯仪式"。因此，要"还原人的感情"，就必须排除这种"共鸣"，探求只属于自己的"真实情感"。"真"的感性，也许是在咬死、除掉"普遍"感性之后才能显露。自然主义的方法，是通过事实传递感情。自然主义作家懂得，不写"普遍的"感情，只写"事实"，反而能唤起"真"感情（初期的现实主义就是这种动态的结构）。这种哲学，是"从外国的书籍"中学来的。

由此看来，在大正末期和昭和初期，以福本主义为代表的共产主义，是自然主义的反社会哲学理论，两者的共同点就在于唯一主义精神，即自然主义试图营造"宇宙唯我"的实感，而福本主义试图构建"宇宙唯一"的理论。在其后的历史发展中，大正德谟克拉西（民主主义）时期知识的制度化及国际主义思潮的兴起，曾构成这种理论转换的契机。尽管没有详细的统计数据，以第一次世界大战为契机，中学、女子学校、高等职业学校的数量成倍增加，大学扩招，产生了大量的知识分子。在此制度下产生的知识分子，通过学习形成思想，学习的对象是从欧洲滔滔涌入的知识。于是，作为知识传播者的大学教授成了日本文化层面的指导者。此后，如《哲学丛书》《史学丛书》《德国文学丛书》《音乐丛书》等，丛书类以及各种外国词典类书籍大批量生产和销售，势头强劲。自不待言，在第一次世界大战的战胜国日本，诞生了文化层面的国际主义思潮，反过来又促进了这种思潮的发展。反社会的精神，是在这种环境下，通过学习世界普遍的反社会模型形成的。理论具有普遍性，因此反社会精神的出发点不在于自身理论形塑的反社会，而是希冀将来建立自己理想的社会，并从现在开始准备，组建团体。作为"前卫"理论的福本主义，正是基于这一理路形成的。福本主义的要求不是个人与"模模糊糊"社会的分割，而是以组织的形式与这种社会分离。自然主义主张自己与社会分割，但是如果成为组织的成员，则要密切联系社会的实际行动，发扬革命精神，这就等于在自然主义之上又加入了理论和组织。福本主义与自然主义的区别，就在于其引入了理论和组织。

九一八事变后日本社会的思想转向

福本主义是大正德谟克拉西时期的产物，但它与同时期的另一思想倾向针锋相对，后者是以人格主义形态表现的日本型人道主义和政治调停主义。人格主义是大正德谟克拉西的思想主流，从政治上看，正如岛田三郎所说："时下支配世界的一般因素，是人而不是物，这就是真理。"如果按照这种哲学观点来推行普通选举，就要"把物的标准改为人的标准"①。普选是"时代的要求"，是顺势而为，但绝不是马基雅维利所设想的那种把"人"作为政治学意义上的"Menschen·material"（人类材料/人力资源）。

把人作为政治学意义上的材料来使用的政治精神，只是在明治初期伊藤博文等少数变革期的政治家身上有所体现，之后便消失了。但是"大正德谟克拉西"依然认为朝着相反的方向发展就是民主，因此其民主主义观充满理想色彩，鸠山一郎亦因此提出了"友情民主主义"。我们有理由认为，许多进步知识分子友善待人的态度，就是在走大众路线，是践行民主主义，这是日本史上罕见的模范时代。

然而不能把"人"视为建筑材料，也不能把人的权利抽象化，二者互为表里。也就是说，"大正德谟克拉西"终究无法把人还原成单纯状态，而是如武者小路所说，"人类的妙趣"不变。这不是日本公认的"资产阶级人道主义"，而是当时的"专业哲学家"们所讨论的"人格主义""自我觉醒"及"自我发现"等问题，这是一种时代的潮流。

这种情况的出现，对于维护天皇制的统治体制非常有利。在他们看来，相对于获得抽象的权利，日本国民更希望获得有人情味的具体人格。1922 年 2 月召开的佃农制度调查委员会特别会议决定，由于农村存在"低头不见抬头见"的关系，"有必要先设立法院治理，但不必先行确定权利和义务"②。显然，这不是要制定佃农法，而是要制定调停法的思路。"低头不见抬头见"的原理不只限于农村，所有人际关系固定的地方皆可适用，共同体思想利用新的法律制度固化，其典型的做法是制定调停法，如 1922 年的《土地房屋租赁调停法》《和议法》、1924 年的《佃农调停法》、1926 年的《商事调停法》，这种做法一直持续到昭和前期，直至 1932 年制定《金钱债务临时调停法》。毫无疑问，这是"大正德谟克拉西"的政治成果。1922 年 5 月，司法大臣大木在司法官会议上训示：这些调停法"不受权利与义务观念的

---

① 1920 年 2 月 15 日，岛田三郎在第 42 次帝国议会的演说。
② 农商务省农务局的会议记录，其二。

束缚，充满提携互助的诚意……其宗旨一为慈爱，二为协调"。至此，法律已成为超越统治者的抽象存在，并不约束所有人格，按照 1924 年 10 月横田司法大臣的训示，它是交给老练的"法官适当裁断的"。这样一来，便进一步加强了官僚统治。由此说来，大正德谟克拉西是伪人道主义，从历史的连续性角度看，无法推卸其为日本法西斯准备条件的责任。

福本主义采取的是针锋相对的态度，是力图在抽象理论而非现实状态中发现事物的本质。知识分子是体制的产物，因此首先是维护体制。但是在被国家制度所排斥的贫苦百姓中，通过福本主义的教育，也培养出一批社会活动家。

可以认为，不通过体制、仅通过理论，也能获得领导能力。以山边健太郎为例，其思想的整体风格在什么语境下有效或者无效姑且不论，反正他坚信革命的自然法。我们战后派一般会认为，沉默权受战后日本国宪法即现行法律的保护。然而山边反对这种态度，他认为无论宪法上写了什么，我们都有权按照自己的意志，随时随地地行使自然赋予的权力。这种思想是"大正德谟克拉西"的精髓，是开展工农运动的强大动力。

第二，超越主义。

要切断历史的进程，就必须讲究方法，发挥主观能动性。赤松克麿在成为国家社会主义者之前曾说过："近代的社会运动不是观念的斗争，而是生活的斗争。"[1]对此，福本在《理论斗争》中批评说，按照这种"软弱的规定"开展运动，只会关注"劳动者当前的生活"，最终会陷入"经验性现实主义"。这种为"当前的生活"所累的状态，无法创造历史，只能跟着历史的发展随波逐流。因此，必须改变"多数劳动者那种以粗糙、极其狭隘的眼界来认识世界的倾向"。

生活本身并不具有斗争性，只有给予潜在于生活中的能量以一定方向时，方可使行为具有观念性方向。从理论上说，生活斗争是"否定观念的斗争，而狭小的生活经验只能导致狭隘的世界认知"。显然，"松弛的规定"就是这样产生的。在这种情形下，行为只是当下生活的重复。然而我们必须要有超越当下生活的观念体系。

在福本看来，马克思主义无疑是从世界人民的诸多经验中抽象出来的唯一正确的理论，因此必须刻苦学习。一旦掌握马克思主义原理，就能创造改变历史的正确观念和能量。这种学习不是单纯的知识会聚，而是把握主体，不仅知道阶级的存在，

---

① 赤松克麿：《我国无产阶级当前的任务》。

九一八事变后日本社会的思想转向

而且必须 "保持阶级意识"。于是，经过不断的学习，福本主义便逐渐与日本社会隔绝，使自己成为超越现实的存在，以至于日本劳动组合评议会内部的马克思主义斗士们在"组合成员被解雇"的情况下，仍然对罢工置若罔闻，继续醉心于理论斗争之中[①]。

通过学习而"进化"的路线，或许是福本以日本教育制度的"进化"为原型创造出来的。现代日本的理论家几乎都期望后辈沿着自己走过的路，学习自己所学的理论，进而在形式和内容上都成为与自己相同的理论家，福本应该也会有这种心理。

福本在《革命不亦乐乎》中，毫不掩饰地炫耀自己是学校的优秀生，显然他很认同自己的成长之路。其从"原产地"直接进口的马克思主义是最全面、唯一正确理论的观念，恐怕也是出于这种心理。然而这种心理倾向恰好暴露了试图在理论上超越日本社会现实的福本主义自相矛盾的根本破绽。与超越自己的"狭窄生活"相反，福本自己实际上就是"狭窄生活"者。不过，与"多数的劳动者"不同，他不觉得自己的生活"狭窄"。这可谓是不能超越自我的日本超越论。福本主义存在着超越日本而不超越自身的似是而非的思想，这种思想在很多现代日本理论家中同样存在，而福本最为典型。优等生是生活的样板，是现实的榜样，日本社会的领导秩序几乎都是以具体的人为榜样，进而形成具体的模范阶层。在此，领导者只有躬身实践，才能称得上领导者。但是当"领导者亲自践行倾向"占支配地位时，就无法认识自己是部分而非整体，无法规定守备范围和打击顺序，无法集中力量，因此也就无法创造民主主义的秩序。

如果没有分工意识，就会产生部分侵蚀整体的宗派主义。按照前述的"倾向"发展，便是领导者的路线不断为后辈们所继承，不断重复地产生同类人和同类理论，而不会通过相互碰撞产生出不同类型的人和理论。这样一来，一方面"民主讨论"的原则会变成同质事物间空洞的措辞修改，以至于流于形式。另一方面，集团不知不觉地变成了追随者的集团，日本社会也就变成了追随者的社会。追随者也存在着阶层，当追随者面向其下层时，自身就成了领导者，并且会希望固化这种身份。日本的知识分子虽然没有什么独创性，但却在意并不断强调自己的独创性。因此，这种所谓的独创主义，只能暴露其无法认识自我的自我欺瞒症。在无法超越自我的日本产生超越理论，当然也属此类。现在的日本共产主义运动，领导者的自我形塑倾

---

① 野田律太：《评议会斗争史》。

向也好，宗派主义或追随主义化也罢，都未彻底脱离日本社会的一般倾向。那些体制外的、在福本主义运动中成长起来的知识分子，反而在学院派面前有自卑心理，这与其成长的环境有关，因为他们是受过体制内知识分子的教育和培养的。所以反对现行体制的人情况不尽相同，其态度是不易达到普通标准的。

有鉴于此，我们期待在理论、特别是思想上打倒和改变福本主义的有害一面。

第三，一元论的批判和分裂主义

福本试图通过理论超越现实，从而到达真实的（reality）生活。为了自觉地推进这一过程，就要不断地批评当下的生活形态。他在《理论斗争》中写道："工人阶级要想超越自身的局限，发展并转化成真正的无产阶级意识……首先要站在辩证唯物主义的立场上，批判社会阶级、集团活动及其生活的所有形态。"因此，截至1926 年，福本的所有著作都是猛烈的一元论批判。福本的批判不是针对不同对象而采取不同方法，而是用一个标准严厉地剖析"所有形态"。他就是以这种方式来批判他人，并且从不需要具体理由。他的日本经济史研究也只是提出了问题而已，在经济史的实证考察上毫无建树。然而福本并不认为这是问题，他的一贯立场是，批判最能展示具体的主张，方法比事实重要。因此，福本主义是原论主义，而非各论主义；是适用主义，而非以随机应变为原则的应用主义，而这也是现代许多进步理论家们所共有的态度。

福本的批判主义的最高形态是政治曝光。在他看来，"真正的阶级意识"正在诞生。他说："我们必须在当前的理论斗争中不断地进行政治曝光。"（1926 年 10月）也就是说，除了方法纯化所导致的思想对立外，还要引起运动本身的分裂。当然，日本社会没有精神世界独立的常识，思想分裂的深化很可能引起团体本身的分裂，因此福本提倡的方法纯化在日本只能会导致运动的分裂。理论和政治是两个不同层面的问题，但福本似乎没有意识到这种区别。在他的认知范围内，理论斗争是消极的分离，政治曝光才是更为积极的进攻。

在福本看来，这种能动的分裂运动才是"真正"积极的统一运动。分化是达到更高层次统一的"必然"前提，这是放之四海而皆准的辩证法则。正因如此，1925年劳动总同盟的分裂实为一场潜在的真正统一运动。越是积极开展分裂活动，就越是有利于促进统一事业。结果，在农民运动中，村子里好不容易成立了类似农会的

九一八事变后日本社会的思想转向

组织，马克思主义者马上说那是农民自治，于是展开理论斗争，促使其分裂。[1]我们都知道，很多农民自治组织逐渐为法西斯主义收编，但如果没有福本主义的分裂活动，如果是朝着支持农运的方向发展，那么农本主义的力量就很难与法西斯主义相结合。从战后很多农本主义者向共产主义靠拢的现象看，后一条路线未必就完全行不通。如果这样，日本的法西斯主义也就不会像我们所经历的那样吸食国民的精神力量。

然而这只是我们的哲学思考。在福本主义那里，分裂是现象，扩大和深化分裂才能实现真正的统一。这样一来，旨在超越"常识"的福本主义，最终便落到无视"常识"的地步。"常识"的超越，本来是不断受常识束缚才成为可能的。拿反俗来说，只有在人们都过着世俗生活时，反俗精神才有其意义。也就是说，超越乃是主体的辩证活动，是在被超越客体的长期束缚下产生的。由此说来，福本主义以一元论的方法来把握历史进程中分化与组合的辩证关系，终而丢掉了超越的辩证法。

福本的思维方式在马克思主义者中具有普遍性，志贺义雄在《马克思主义》杂志中也阐述了类似的主张。得出这种奇妙的结论，并非因为理论上错误。这使我想起了汉斯·赖欣巴哈在《科学哲学的兴起》中巧妙运用黑格尔的辩证法来说明问题的案例。他指出，关于宇宙的天文学概念的历史演变，先是出现托勒密的地球中心说和哥白尼的太阳中心说，然后被爱因斯坦"统一"为相对论，这是符合辩证法的。众所周知，相对论认为，地球和太阳的运动都不是绝对的运动，这种解释在理论上毫无破绽。然而爱因斯坦揭示了科学理论形成进程的辩证形态，但却没有为其相对论本身的真理性提供任何证明，他应该以有别于以往科技史的辩证根据来证明其理论的可靠性。福本主义认为，只有历史辩证法才是辩证法，因此也犯了与其相同的错误。

福本主义没有用多元理论来研究复杂对象的意识，不是综合性思维，其思想和理论有缺陷。我们知道，越是想用理论来把握现实，就越会感到理论不足。福本主义的问题在于缺乏综合性思想或理论，但更大的问题则在于没有自知之明，根本看不到自身理论的缺陷。他们认为知识分子应该有知识分子的样子，应该"受人尊敬"，因此"嘲笑那些不参加理论斗争、只知道埋头于工会事务的知识分子是一文不值的

---

[1] 小野阳一：《在脱离共产党之前》。

可怜虫"①。他们无视行动和存在的意义，只相信方式方法是取之不尽的理论宝库。理论是限定的，同时也是清晰的，只有意识到理论不完备，才会承认常识的价值。要想掌握更加强大的理论精神，就应该为弥补理论缺陷，努力吸纳更多有效的理论。有了理论组合的精神，才能与不同类型的人合作。因此，只用一种理论武装自己的福本主义，无法酿造出顽强的理论精神，无法以一己之力开创历史。依靠一种既有理论判断形势时，即使能判断事物的性质，也不能判断决定性因子是什么，因为他们没有现实感。我们可以制定学习及按照长期历史规律度过每一天生活的计划，但却无法预测未来两三年的中期状况。只有事情发生后，人们才会知道实际情况，这时候就是内在的转向期。一般说来，转向源于与外部事件相关联的内在变化，因此试图以某种方法对抗外在日本社会的超越型理论家，终归要回到现实的世界。

二、转向者的心灵解析

马克斯·舍勒在《共感的本质与诸形式》中，曾对共感与单纯情绪的传播、自己与他者之间无界限的情绪融合做了明确区分。他认为，同情共感是主体的能动活动，是怀着爱他人的意志感性地理解他人的感情。这一解释是以欧洲为背景，是展示欧洲市民"共感的存在形态"。然而日本的"共感"结构与此相去甚远。正如田山花袋所言，在日本社会，共感是尚无明确规则、不是按照主体意志发生的感情活动。喜怒哀乐的共享由社会习惯决定，因此是一种模糊、不规范的社会习惯，我们须不断地努力使自己的感情符合这种习惯，以便融入社会，成为普通人。实际上，我们社会的常识（common sense），不过是随波逐流的一起哭或一起笑。自然主义坚决反对的就是这种共感，即所谓的常识。他们为了找到"自我"这一特殊存在的理由，必然要突出感情主体，若能由此产生否定性传播的共感，那正是市民的共感。感性是决定我们行动的根本原因，如果从"感性"角度探讨思想史，那就可以说在自然主义中已经出现划时代飞跃的近代精神。遗憾的是，这条路线中途崩溃，至今也未成功。众所周知，导致崩溃的原因，就是天皇制法西斯主义。天皇制法西斯主义不断发动小规模战争，进而酿成对外危机，强化共同体国家观。这是个逐渐重建国家统治体制的过程，也是抹杀感性的个性和扩大日本式共感的过程，转向就是这

---

① 野田律太:《评议会斗争史》。

九一八事变后日本社会的思想转向

样发生的。在大正末期，赤松克麿等人的"投机式自主"派①看准国家前途，揭开了向国家社会主义转向的序幕。然而他与麻生久等人一样，都是新人会出身的理论传递者，因而未能像西尾末广、松冈驹吉那样，得到大正时代友爱会、总同盟等工人运动组织者的信任。西尾等人的工人运动保持唯物共同体的习惯，创造了劳动者"伙伴共同体"，以"出生""成长""劳苦""职业"为尺度测定共同体成员，强化了命运共同意识。相比之下，赤松等人没有自己的组织据点。东大出身者始终有精英主义情怀，片刻也无法忍受自己失去国民领导者（未必是国家层面）的地位。为了确保在运动中的领导权，他们会调整步调，哪怕是率先迈出一步。他们总是想当国民的领导者，因此绝对不会反对日本的共感。然而想做国民的领导者，又必须从眼前的环境中走出来。也就是说，他们既要顺应日本的大形势，又要超越眼前的小环境。因此，他们往往过度考虑自己如何操控形势，但却没意识到埋没了自己的共感。他们不会彻底地进行自我批判，转向的意识很弱。如前所述，完全适应形势未必导致精神层面的转向，但也不能否定恶用公理的部分案例。

这种形式的转向，绝不是上溯数千年历史而又深虑不久未来的福泽谕吉或战前的羽仁五郎那样的大才子所走的道路。就连为将来获得领导地位而在时下忍辱负重的"变形立身，出人头地"的思想家（部分由共产主义及体制外培养的知识分子）也不会走这样的路。这种转向路线以加藤弘之和德富苏峰为先驱，是近代日本制度转型过程中常见的小秀才的典型生存方式。明治以来日本走马灯式频繁变换的"进步"路线，正是由这些中小秀才推进的。结果，日本人的进步观和自由观发生极大扭曲，从根本上失去了战斗性。因此，体制内的中小秀才即使没有战争责任，至少也应该承担扭曲日本思想的责任。进步不只意味着超越先行者，也意味着发现盲区中隐匿的意义，并使之重获生机，就像最为典型的文艺复兴原理一样。我们为了进步，就应该对过去那些将意义隐匿于盲区的所有结构性或思想性制度，展现出超越意识形态的变革力，当今日本的进步人士应该对过去予以强烈关注。

明治时期福泽谕吉与加藤弘之、德富苏峰之间的关系，昭和时期的羽仁五郎与赤松克麿、麻生久等人的关系，对比性地反映了知识运用的两种类型。在我看来，现代日本知识分子皆应关心的问题，就是自己的责任担当。

赤松等人的转向，是"满洲事变"发生后怀着纯朴的情感加速和扩展的。对此，

---

① 松泽弘阳创造的词汇。

杉山平助以"一个告白"为题写道："面对当时的情形，思想上苦恼、困惑、不知所措的莫过于正直而胆怯的知识分子。坦率地讲，我也一样。在我的本能中，日本人的强烈民族意识已经浸入骨髓。每天早晨摊开报纸，看着士兵们生龙活虎的样子，想着'完了！'的时候，泪水已经啪嗒啪嗒地落下来了。日军大胜的战报像按摩一样，让我全身无比放松。然而，这种怎样都无法伪装的感情，与身为知识分子的我平素抱有的国际和平主义'理念'之间，又怎能和睦相处呢？我在这里特别强调的和平主义'理念'，未必是不带丝毫意志与感情的纯理性的东西。我敢断言，在我心中，无论是中国人、朝鲜人，还是美国人、德国人，他们都是我的同胞。然而我同时也必须承认，我心中的国际友爱本能终究是脆弱、苍白无力的，根本无法与我心中的民族自我保存本能正面较量。"①

共产主义者是以党员及其支持者为基础，在封闭的集团生活中锤炼其理论信仰的。相比之下，在大正民主运动中接受了进步思想的知识分子，其进步不在于单纯地还原人的本真，并进而探求创造新社会的原理，而是温和感性的人文主义。因此，当看到附有照片的"满洲事变"中日军胜利的报道时，我们就像在电视里看到日本选手取得国际比赛胜利一样高兴，内心没有什么不爽。战争有"按摩"功能，可以打开许多文化教养上受到世界主义浸润的知识分子的思想结节，从而回归日本人的感觉。其中，也会产生比"按摩"还要激烈的冲击下回归的人，他们的回归实际是改变了世界观。正如保田与重郎所说，坦率地讲，"满洲事变"是"世界观的洗涤"，"震撼了心灵"，"不是以转向的形式，而是在不受任何政治影响的形式下，被新世界观的表现所触动"。日本的世界观，不是在破坏一切形式、同时通过算计和骗术来一味追求实际能量的过程中诞生的，而是在从理性的智慧之中谋求解放、追求"率直而纯洁"美感的过程中诞生，因此没有逐步完善世界观的积累性工作所需的内在持续力。平时，日本人的世界观如空气一般淡漠，于存在与非存在之间徘徊，然而一旦外部发生了事件，日本人就会"被新世界观的表现所触动"。开始注意世界观自身的存在。保田等人的"新的决意"就是在这时产生的。这种决断不过是面对状况而被动作出的快速反应，而非置身于状况作出的决断。所以这种世界观是宣扬"国家的命运"。突破对象束缚的浪漫主义之美，本来是在超越历史时间的以及由历史

---

① 冰川烈：《斩春风》。文中的着重号为藤田所加。

九一八事变后日本社会的思想转向

决定的自我生活空间，自由奔放地放飞自我而产生的。然而保田一边高唱浪漫主义，一边被"国家"和"满洲事变"所束缚。甘于没落，不可能创造出高级美。

当间歇性、感性的世界观被重新唤醒时，当事人会深有实感。但从外部看，这不过是对日本社会的共感，是由此完成的非正式融入日本社会的仪式。这里，实感的意义显然已经转换，实感与共感已不是对立关系。因此，此际回归的共感，与个体实感的否定性传播不是对立关系，这是一种国家共同体指向的情感。如果说近代精神是指"分裂的意识"，是以自家的发电装置创造能源，那么这一共感结构就绝不是支撑近代精神的感性结构，倒不如说正是它破坏了近代精神。这里，实感等同于共感，丝毫没有内心与外部世界的分裂意识。共产主义者中属于农本主义的大众思想家便属于这种类型，他们是被弹压和下狱而发生转向的。借用小林杜人的话说，他们"从感情的角度批判过去"，承认家庭亲情的绝对性，"作为现在的日本国民，虽然经济上是无产者，但仅此就与苏维埃俄国持相同立场吗？身为日本人的国家意识难道不是更强吗？"这就是向共感即日本的"常识"回归，也是向事实（actuality）的屈服。这意味着不再对身为日本人的"我们存在的事实"进行自我批判。当然，每个人的转向过程都很激烈，内心会很矛盾，因此其转向的思想过程和结果才值得研究。这里不妨以小林杜人为案例，根据他的著述、小野阳一的《到脱离共产党为止》、小林杜人编写的《转向者的思想与生活》以及《槃涧学寮思想犯转向者座谈会记录》中的有关文章和谈话来进行探讨。

小林杜人出身于长野县下层自耕农兼佃农家庭，昭和初年参加共产主义运动，在镇压共产党的三一五事件中被捕入狱，于"满洲事变"前的1929年开始了"清算和方向转换"。不过，当时导致其转向的主要思想因素是，父母、兄弟等家人毫不介意他给家庭带来的精神和物质上的麻烦，对他不离不弃倾注了爱，使他"充满歉意"，产生负罪感，感到"血缘关系太亲密了，以前没怎么体会到父母和弟妹的这种爱，但在狱中冷静思考后，深切体会到了这一点"。静坐在与世隔绝的单身牢房中，不禁浮想联翩，或是担心"上了年纪的父亲还在拉车，会不会坠入悬崖"，或是"面容憔悴、泪眼咪蒙的母亲"就在眼前。正是这种强烈不安的乡愁，换来了他的反省。

"小野，即小林自己，为了开展农民运动而外出，家里人手少了，还得花钱请人帮忙。对一个佃农家庭来说，这在经济上是不堪重负的。家里有一个弟弟，妹妹们在制丝厂工作。小野外出后，家庭重担全部压在父亲肩上。由于小野投身农会事业，下田劳作的父亲就更加辛苦。一介寒酸的农夫，一点也不怪罪动不动外出的儿子，默默地在田间耕耘，一想到这些，狱中的我便泪流满面。"

不仅如此，这种状况现在尤甚。"小野入狱后，父亲忙不过来家里的事，只好把妹妹从制丝厂叫回来帮忙。"这一切的责任全都"在我"，"小野的身体不应只属于小野个人！"自己高喊为无产阶级服务的空洞口号，但对身边最亲近的穷人却漠不关心，这是必须补偿的。事到如今，为了家人"牺牲一切也无怨无悔"，因为家是"什么宝贝都换不来的"。

从感情的角度出发批评过去，使亲情绝对化，从而产生美的幻觉。记忆因乡愁而美化，会引起类似记忆错误的现象，而不是激发进步的想象力。于是，在单身牢房中一边追忆过去、一边看"故乡的山"的小林，便进入了这样一种精神状态：

"山孕育了梦境。漫步群山之中，该是多么快乐！山孕育了美，群山的崇高之美，给小野的内心带来美感。如此一来，山就代表了一种精神。山孕育了乌托邦，使如今身在狱中的他远离充满烦闷与争斗的世界，将他带入宁静的群山之中，带入一个又一个幻想之中，在人迹罕至的荒野中开垦，该有多么惬意！先从三町步开始，再逐步扩大。日出而作，日落而息，这才是创造性农业、艺术性农业，是回归乡土的生活。"

这里描述的生活形态，并非是法西斯主义肆虐情况下的防身策略，而是与自身经历自然融为一体后产生的美感，所以才会出现最美的生活就是在"村"里"烧着洗澡水"，"为疲惫的父母清洗身体，以老农为伴"的感受。这里的美与斗争无关，甚至是矛盾的。他否认生活就是斗争，就是在斗争中发挥想象力，进而发现有趣的生机和美感。站在这种美学主义的立场上，不转向是不可能的。他在入狱前认为必须要改变的"贫苦"生活形态，如今已被绝对美化了。

然而对他来说，如此的转向表白也面临着一个巨大的困境。"被同志斥为背叛者是无比痛苦的。""自己在法庭上宣布放弃共产主义实在是羞于启口……简直要精神分裂。"以亲情为杠杆的感情是绝对的，同志之间的友情也很宝贵，但同志不会承认与转向者保持友情，因此这是个两难问题。为此，小林患上了神经病，他通过

九一八事变后日本社会的思想转向

白隐禅师流派的静坐法和亲鸾主义，把自己从分裂中解救出来。通过念佛，放下了"执拗于自力之心"。竭力把两种方向矛盾的感情联结在一起，这种行为本身也是一种"自负"，是让自己彻底"无知"，是要除掉哪怕是一点点的傲慢。至此，他已完成了思想上的转向。不过，从小林杜人的这种思想转向中，我们还应该注意探讨较其转向前的思想结构和政治观念更深层次的内涵。如果说转向是信念的转换，那么从外部看，转向等于变节；从内部看，转向是忏悔。这里拟从内部观点出发，探讨影响小林转向的精神态度。

小林 19 岁成为禁酒主义者，参加了救世军。当时，他同情身边受歧视的部落民，开展"同仁会"运动，与水平社的人们关系密切。接着"作为佃农之友"开展农会运动，从而成了共产主义者。转向之后，在御用团体"帝国更新会"中担任核心成员（主事），该会由东京检察院检察长宫城长五郎担任会长，目的是促进转向，向转向者提供思想及社会的"救济"，在准战时和战争时期，小林为"完成转向"运动可谓竭尽全力。从这些经历中大致可以推定，他在双重意义上说都是诚实的运动家，是具有代表性的日本大众的领导型思想家（次级）。他不是从抽象的原理出发，而是完全根据切身体验提出问题，试图站在新的立场上解决问题，并把这种新的"正确的"立场展示给他人。

小林在生活中能够不断地自我反思。发起"同仁会"运动时，他在创立大会上谈到上小学时与其他同学一起欺负部落出身的同学时，"哭着说"，"诸位，请原谅我，我错了"，在"同仁"面前深深地垂下了头。对此，无论何人，都会认为这是一种诚恳的态度。但是小林的悔过不只是在这个时候，他在开始任何一件新事务之前，也就是自己要步入生活的新阶段时，都要对过往的经历进行反思，哪怕是细小的问题也不会放过。并且这种反思，不只是在内心里进行，还要在公众面前悔过、"清算"，否则就无法前行。这个悔过过程就是迈向新阶段的运动。他的目标是将自我厌恶的污点尽数抹去，达到洁白无瑕的心境，而在到达这一境界之前，反思、悔过、运动，片刻也不能停息。这种生活无非是反思与展示反思之间的无缝衔接，外部世界与内部世界直接连通，因此他始终是真实的存在，是不存在伪转向、或半途而废转向的问题的。小林是以感性为核心的日本诚实主义的典型，狡黠的策略在其心灵深处没有位置。

　　如此说来，不难发现小林行为的思想基础。小林被检举后说过很多话，如"做过的事就是做过了，应该全部承认，痛痛快快地接受法律审判"；"隐瞒做过的事情，不主动坦白，连自己都觉得卑鄙怯懦"；对一起参加运动而被捕的友人"怀有歉意"，想自己一个人承担责任。小林在转向之后也说，"转向只有通过真实生活才能具体化"，因此为了在"社会生活"中"完成转向"，就必须全力以赴地参加更新会运动，但"已经转向的人又跑去参加运动，则是不分敌友，更不值得尊敬"。这是一种激进的正直主义，绝对不许说谎，要言行一致，表里如一。

　　小林杜人的思想，与封建世家、资产阶级和近代劳动者的精神都不一样，具有以笃农即农民中间层为主干的农本主义特征。诚实能够把个人和社会联结在一起，这种观念从底部支撑着明治以来的日本社会，并在危机来临时提供重建的能量。所以此类思想家加入共产主义运动本身，就反映了最深刻的日本社会危机。大正末期与昭和初期是战前日本最大的转换期，然而革命阵营中既不存在吸收这种方向转换的能量进而实现社会方向转换的政治条件，也不存在政治领导者。相反，在法西斯主义阵营中，却存在着"革新官僚"。查阅日本共产主义运动史上任何领导者的任何文件，都找不到一点儿与小林思想的接触点。相反，他们只是批判农本主义在历史上是天皇制的基础，是统治体制的意识形态。为了我们和日本的将来，我们要打破那种私人体验、认知与社会观念、行动自然联通的观念。如果说变革是一个把应该变革的对象作为与变革的目的相反的存在来把握，然后将其编入当下形态不同的组织，从而有意识地完成变形的过程，那就可以说战前日本的社会革命运动不是农本主义，而是由其他势力主导的（战前劳动者的组织率最高时也只有大约 8%）。从历史上看，支持天皇制就是唯一的、永久不变的理由，这种解释或许也符合唯物史观。这里，根本看不到革命性，既不存在阻挡历史潮流的抵抗精神，也不存在改变其流向的变革精神。日本的马克思主义者大多没有反历史精神，以为接受了马克思学说、掌握了马克思理论，就在思想上成了马克思主义者。如此看来，马克思主义无法在思想上把握农本主义，这一弱点与现代日本知识分子的一般精神状况有很深的关联。

　　不过，革命阵营未能把握的农本主义，却被革新官僚吸纳到产业合作运动中。后者排斥靠"学历"在城市中发迹或依靠"门第"过着寄生生活的态度，欢迎"有思想有能力的真正的农民"，以及"有组织能力"人物。1932 年，内相后藤文夫在议会上说，正是这种人才能承担产业合作经营的重任。农林省也认为，这种人物才是"农民的表率"①。小林的精神恰好符合这些要求。的确，小林自己也认为"共产主义的转向者最适合作为'农民组织者'来培养"。于是，在国家推行的农村更生运动中，这种精神支撑了产业合作，"通过国家组织"实现了"农民的觉醒"，也即"完成转向"。这的确是"来自下层的能量"与来自上层政治组织的完美契合的构想。当然，随着总体战体制的推行，这种构想因国家机构的异常膨胀而归于失败，但在"满洲事变"至翼赞运动期间的日本国内，对农本主义型的转向者还是极有吸引力的。因此，正像山口隼郎和角田守平那样，转向后"为了解决同乡人的穷困，从下层发起社会运动，组织部落一族以及利益相关者共同经营"的案例并不鲜见。他们的核心理念是"社会连带意识决定共存共荣"，组织方针是"比起斗争，合作的力量更具建设性"②。农本主义者反对黑社会式的破坏秩序，因为其本来就喜欢建设。日本法西斯主义形成期的目标，就是以农村的"表率"组织为样板，在全社会推广，于是一些真诚的转向者在城市里也成了大众的"表率"。由于"修养不足"，劳动大众在"时间观念""卫生思想"和"整理整顿"能力等方面，达不到国定修身教科书的要求，于是提出"劳动者的进步始于工场一隅！"的口号，"真心实意地""从打扫厕所开始"，培养有"节制"的生活习惯，从中发现了很多思想过硬的改革者③。这样，在准战时体制到中日全面战争爆发期间，日本法西斯主义建立了基础。

三、佐野学和锅山贞亲的转向及其影响

佐野学和锅山贞亲的转向，是以日本社会思想结构的转向为前提，试图以前卫党的立场来承认转向。他们认为："在劳苦大众心中，存在着皇室是民族统一中心的社会感情，我们应该如实地把握这种真实感情。"同时宣称，他们现在依然"和

---

① 据《第六十三回非常时期临时议会议事录》以及农林省经济更生部《关于农山渔村培养骨干人物设施的调查》。
② 《转向者的思想与生活》。
③ 《转向者的思想与生活》。小野义次的例子。

过去完全一样，没有发生任何变化"，"继续骄傲地率领无产阶级前卫党赴死前行"①。赤松克麿和麻生久根据时局变化，重新认识了自己在日本国内政治中的作用；保田与重郎等人放弃了马克思主义理论；小林等次级领导人物改变自身的思想立场，投身于日本式共鸣。佐野学和锅山贞亲认为，转向是前卫党应该采取的正确路线，因此他们的转向不是单纯个人思想转向。他们说："我们提出问题的出发点，与阅历尚浅的个别党员单纯的心境变化完全不同。"的确，他们是从日本共产党的角度提出党的路线转向的，而这种转向无疑与翼赞体制密切相关。他们的转向开启了"转向时代"，并在思想上形塑了日本的转向概念。换句话说，正是因为规定了"转向标准"，才确定了大量转向。于是一说转向，马上会想到佐野学和锅山贞亲。在原本的共产国际运动中，《赤旗》是捍卫共产党的舆论阵地，因此必然猛烈批判佐野学和锅山贞亲。日本的知识分子把共产国际领导的共产党视为反对权力的榜样，因此"转向"一词如同给佐野学和锅山贞亲贴上了特有的人格标签，意味着背叛正统思想或偏离正道。在佐野学和锅山贞亲转向以前，转向还只被视为个人的失败和掉队，还不至于招致如此恶评。

那么我们能从佐野学和锅山贞亲的转向中发现什么问题呢？问题之一是共产国际运动中产生的大国主义的逆机能问题。锅山贞亲说："入狱至今的数年间，一直收集各种信息，努力了解各种形势"，最后发现了以下"值得注意"的问题。

"随着世界形势的变化，尤其是苏联五年计划的成功，以及苏联强化对资本主义社会的独立性，共产国际自身也发生了变化。换言之，近年来，世界政治与共产国际之间的矛盾，在世界的所有资本主义国家都表现出来，在势力极其微弱的日本则表现得更加惨烈。"②

在所有国家停止国际联合运动时，各国运动团体之间能够保持国际平等。但是当一国的运动团体掌握统治权力，进而成为强国，并与其他种类的统治体制展开对抗时，这种新权力便有了作为世界运动堡垒的重要意义，同时也会在运动团体中获得更多特权。结果，各国运动团体便往往会陷入一种窘境，即新权力基于国家理性所采用的国际政治策略，往往不再是策略，而是基于运动理念。锅山贞亲等人在狱中意识到"党正成为单纯拥护苏联的舆论机关"③，因此主张日本共产党应该重新

---

① 《改造》，1933 年 7 月号。
②③ 锅山贞亲：《小资产阶级在左翼运动中的泛滥》，《中央公论》1933 年 8 月号。

九一八事变后日本社会的思想转向

掌握运动的自主性，脱离共产国际的领导，"根据日本的条件探寻实现社会主义"的路线。所谓日本民族的特殊条件，就是强烈的"万国无比国体"观。至少在大众的心中是这种认识。锅山等人的结论是：狂热的"打倒君主论"，不过是小资产阶级自由主义或无政府主义的立场，天皇制社会主义才是大众路线。

日本共产党作为苏维埃俄国阵营的一员，也应该制定国际政治策略，但国内的政治运动经常遭受挫折。20 世纪 30 年代，在苏联不断走向强大的同时，共产国际内部的矛盾也在发展。苏联的国际政治策略，体现了国家自我保护法则和国家理性，显示了国家的健全性。正如弗里德里希·迈内克所言，第一次世界大战是 20 世纪帝国主义国家的危机，它并非因国家理性的高扬而起，而是因国家理性的丧失以及国民理性的昂奋所致。也就是说，第一次世界大战意味着帝国主义国家的衰落，在文艺复兴以来近代国家的勃兴期，这些国家都是通过巧妙的策划和计算发展起来的。20 世纪苏联的兴起，也是基于同样的道理。摩根索在批判当今的美国执政者时也指出，他们的外交政策很粗糙，漫无计划随性而动。这种批判简直比说美国违背正义的批判还要深刻，因为这里提出了其不具备国家应有能力的问题。如果承认这一观点，那么从正义的角度去拥护苏联时，也会从革命运动的理性出发来测度苏联政策本身的正义性，进而主动地予以配合。充分发挥自主性，这种运动理性应该是革命家具备的素质。

但是佐野学和锅山贞亲只是从理论认识上拥护苏联，一旦理论对日本大众没有说服力，那么拥护苏联本身也就错了。他们的理论至上主义随机应变，以至于会破坏理论本身，进而走上最恶劣的转向路线。锅山等人在转向之前讨论世界形势时，基本的思考方式是现实决定态度。但是看似现实主义，实则是恰好相反的机会主义。现实主义有不变的立足点，而机会主义根本没有立足点，机会主义与儒教或西欧自然法思想中的现实主义不是一回事。日本未转向的共产主义者，大多认同这种原理外溢论，从而在思想上与佐野学等人的机会主义划清了界限。

世界和日本的形势共同构成了决定佐野学和锅山贞亲态度的"现状"。在前述的农本主义状况下，现状是指动作相对迟钝、个人性格强烈的家庭和村落共同体，因此其转向过程未免有些迟缓。但是佐野学等人任何时候都是以"先锋"领袖自居，他们在剧烈变动的政治问题上，只关心"世界和日本"。既然是劳动大众的先锋，那就要按照大众的意愿改造日本，于是佐野等人基于现状的机会主义便表现为大众主义。

　　他们公开说明的转向理由之一，是认为日本共产党"已经脱离了主要的劳动者阶层"，因此必须转换方向重新联合。在统治阶级中经常有"不肖子"成为赤色分子，小资产阶级中也出现了许多左倾分子。时代的剧变会引起人们的"惊愕"或"共鸣"，但是"工农阶层……与社会上层的惊愕相反，完全是漫着不关心的冷淡"。① 实际上，国际关系（苏联的强大和中国革命运动的发展）的变化和"不肖子"的赤化，虽然导致日本统治阶级的极度恐惧，但是日本国内的运动却很落后。那么应该怎么认识现实的大众呢？佐野学和锅山贞亲认为，大众观是统一的，不能有相互对立的二重大众观。党"是无产阶级的先锋"，当前必须让大众重新"关心健全的政治"。因此，声明书阐明的纲领是"我们要忠于大众本能体现的民族意识"。在"满洲事变"后的准战时体制下，这种纲领表明他们支持战争。"不要说我国应该战败这种话"，"难道不战败，就没有反对侵略战争的途径吗？"于是想出了以日本帝国主义为盟主的亚洲社会主义路线②。

　　佐野学等人鼓吹大众主义，变成了排除小资产阶级主义者。他们对共产国际和共产党的批判，表现为彻底地排除小资产阶级。他们认为，激进的反天皇制和反战主义，以及作为共产国际日本支部的党的机关官僚化等，无不有违现实要求，是小资产阶级的表现，由此日本共产党越来像小资产阶级政党。锅山认为，党已失去了大众，无论是日本劳动工会全国协议会，还是全国农民工会全国会议派，所有大众运动都脱离了与党的关系。

　　在多数知识分子看来，佐野学和锅山贞亲是日本共产党的代表人物，其转向意味着"日本共产党的失败"。正如河合荣次郎所言，1932 年以后入学的高中生，很少受到马克思主义影响，虚无主义泛化③，这种倾向在佐野学和锅山贞亲转向后更加明显。佐野学等人的转向，从内部打击了反体制的风气，故司法当局目睹佐野学等人的转向后，认为这"完全胜过修改《治安维持法》的作用"④。相比于运用法律，日本统治者更倾向采用教化和悔过方式来维持秩序，佐野学和锅山贞亲的转向，正好符合这种强化统治的思路。

　　1933 年后的 4 年中，知识分子在讨论近年社会思想变迁时，已不再讨论"主

---

① 锅山贞亲：《小资产阶级在左翼运动中的泛滥》，《中央公论》1933 年 8 月号。
② 锅山贞亲：《我放弃共产党》。
③ 1937 年《寄语教育者》《时局和自由主义》。
④ 中野澄男：《佐野·锅山转向的真相》，《改造》1933 年 7 月号。

九一八事变后日本社会的思想转向

义"的问题，其主要原因是：在近代日本，只有马克思主义具有理论上系统解释现状的能力，马克思主义运动团体的失败，也容易被视为马克思主义一般原理的失败，由此产生的虚无主义，并使一种原理的丧失感替换成所有原理的丧失感，如同初恋失败可能会导致否定恋爱本身。从主义中解放出来，奉行多元主义的"自由主义"，可以遏制政治权力的膨胀倾向，但却无法扩大社会内部自由。没有新的理念，终究是无法否定天皇制理念的。

从 1933 年开始的数年里，人们曾期待"自由主义"成为对抗法西斯主义的堡垒。当时的一位评论家写道："1933 年发生的一个现象是，随着马克思主义阵营在实践上和舆论上雪崩般地破灭，那些本已退居二线或被打入预备役且总是被斥为反动知识分子的自由主义者，在最前线的马克思主义者的鼓动下，再次冲上第一线。"[1]

自由主义是法西斯主义称霸道路上最后的思想上的敌人。这和运动层面上的自主结社属于平行关系。马克思主义是法西斯主义的最大敌人，但其毕竟是按照一元原理构成的思想，对于法西斯主义而言，其思想某种程度上是可以被理解的，在镇压马克思主义的同时，还能在意识形态上模仿马克思主义，从而创造出伪社会主义。总之，法西斯主义者很容易制定出对付马克思主义的战略和战术。相比之下，法西斯主义对付自由主义有很多困难。自由主义不是单一的原理，而是根据现状使用多种原理，并且也不清楚其中哪种原理最为重要。法西斯主义要求所有集团和个人必须是权力的驯服工具，自由主义则出于相反的目的，强调必须从各种价值观的束缚下解放出来，即"培养敌人"。因此，如果允许自由主义存在，那么不仅马克思主义会自由泛滥，能动的虚无主义者也将成为敌人并开展活动。所以日本法西斯主义原则上不能允许任何自由主义存在。对此，奥图·柯尔罗伊特不无羡慕地说：明治时期以来，日本的自由主义弱小，体制的原理一贯否定自由，故法西斯主义者与自由主义的冲突并不激烈。1933 年后，在勇敢的自由主义者引领下，自由主义一度高涨，横田喜三郎一面抨击日本政府退出国际联盟的行为，一面呼吁各国以"不侵略精神"确保和平[2]；美浓部达吉坚持在宪法框架内扩大自由的方向；宫泽俊义批评独裁制度，展示了反法西斯主义的态度；河合荣次郎一贯倡导自由主义，并为此

---

[1] 杉山平助：《自由主义教授论》，《改造》，1935 年 4 月号。

[2] 《改造》，1935 年 1 月号。

展开组织性运作。当时，这些人物还都是马克思主义者，比起以沉默方式对抗法西斯主义的人，他们显然更优秀。但是最活跃的自由主义者，几乎都是国家内部地位很高的帝国大学教授，这也反映出这个国家自由主义的式微。不仅如此，他们的多数弟子实际上也顺从命运的安排，进入日本社会统治阶层，从而使自由主义运动的基础变得更加薄弱。河合荣次郎所感叹的正是这种现象，即虚无自由主义破坏了自由主义的基础。自由主义似同流行读物，实践上并无多少成果。1934 年发生天皇机关说事件时，美浓部达吉孤立无助。当时也有批评"自由主义者"的声音，如"帝大法学部的同事应该站出来说话呀！"，美浓部的弟子、帝大出身的官僚和议员应该声援呀！"学者怎么一言不发呀！"[1]尽管如此，在虚无自由主义者团体和"学者"之间，依然没有出现大的举动。对此，大森讽刺说："关于自由主义者和马克思主义者的合作问题"，"这种松散合作，能给马克思主义带来什么利益呢？近来，有很多人极力主张原则上与自由主义合作。这种主张是否正确姑且不论，其议论本身就迂腐滑稽而不切实际"。[2]自由主义的抵抗力是统一战线的前提条件，但是这种抵抗力不是以集团的形式存在的。评论家指出，马克思主义溃败后，自由主义者的活动"如同混凝土表皮剥落后露出的黏土，根本无法抵御敌人的子弹。"[3]此后，每当马克思主义者看到这种状态，就会批判自由主义者散漫；而自由主义者则会攻击马克思主义搞派性。除了河合荣次郎以外，自由主义者大多选择沉默，并秘密地继续抵抗。其他如长谷川如是闲，他坚持反德意志和反纳粹的原则，但又是站在日本主义的立场上反对的，因此思想上已明显退步。

天皇制虚无自由主义的群体是向翼赞体制靠拢的，以此为基础的统治体制，通过天皇制虚无自由主义的"重臣"来组建政府，并追随形势走向战争。因此，所谓现代日本的自由主义时代，也是重臣时代。在马克思主义者中，虽然存在"唯物论研究会"之类的学习团体，但其思想上采取统一行动的意识淡薄。这种工作不是由集体完成，而是靠羽仁五郎等少数重量级人物进行。羽仁是马克思主义者，他在记述历史时，透过现象看本质，提出了"人民大众"概念；同时作为自由主义者，在

---

① 大森义太郎:《自由主义在现代的效用和局限》,《改造》, 1935 年 5 月号。
② 大森前引文。
③ 杉山平助前引文。

九一八事变后日本社会的思想转向

解释神话学时，又指出在 20 世纪这一"神话时代"更应该强调自由的理性。①从某种意义上说，清水几太郎以及山川均和青野季吉等，也程度不同地与羽仁五郎有所相似，但这里不拟展开论述。

（作者：藤田省三；译者：李佳乐、杨舒文，南开大学日本研究院硕士研究生；王振涛，南开大学日本研究院博士研究生；校对：宋爽，天津财经大学珠江学院讲师；总编译：杨栋梁，南开大学日本研究院教授）

---

① 1940 年，羽仁在《中央公论》上发表《明治维新》。这一著述体现了马克思主义学者羽仁五郎与自由主义学者羽仁五郎的完美统一。羽仁五郎没有像通常的马克思主义者那样将自由主义视为特定历史阶段的产物而一笔带过，而是始终肯定自由主义的永恒价值。在《幕末的伦理思想》《都市》《马基雅维利》《米开朗琪罗》等论文中，羽仁五郎均以同样态度处理了两种"主义"关系。可以说，这一学术贡献在日本思想史上具有永恒的价值。

书 评

日本公司治理多元化——读《日本公司法与公司治理》有感

王尔诺 刘 云

日本公司治理分别经历了"日本本土型""与西方趋同""多元化"三个阶段，相关内容历史跨度大、细节烦琐微妙，上与国家政治、经济、外交密不可分，下与市场、企业、个人紧密相连，是日本经济研究的深水区。天津社会科学院日本研究所平力群研究员 10 余年潜心积累、沉淀，著有《日本公司法与公司治理》一书。该书清晰梳理了日本公司法与公司治理改革实践的脉络，从"日本现象"提炼、升华，提出具有颠覆性创新意义的公司治理理论，为经济理论研究者、政策制定决策者、市场企业掌舵人拓展思路、创新发展提供了不可多得的借鉴参考。拜读完平力群研究员专著，笔者思考颇多，选一隅有感而发。"百年未有之大变局"下，一叶知秋、见微知著，微观即是宏观，小处即是大趋势，公司治理多元化趋势代表着日本在国家治理上从借鉴西方回归东方智慧，这正是"百年未有之大变局"下全球治理变革的一个缩影。

一、多元化趋势

平成年代开始，为了适应国际金融自由化的进程，日本公司治理不断进行制度创新，试图为企业经营者提供更大选择空间。平力群研究员不仅关注日本公司法与公司治理具体制度安排——"是什么"，而且关注隐藏在这些具体制度安排背后的逻辑——"为什么"，试图在更大的学术空间内阐释现代日本经济体制的微观基础，[1]其认为日本的公司治理制度在不断试错中得到调整，在多元化发展中寻求到一种平衡。

监督机制上，实现董事会结构多元化。日本传统上实行监事会设置公司，后来在改革中引入欧美的委员会设置公司（三委员会公司）。尽管三委员会公司制度为公司建立起完善的监督体制，但由于三委员会公司对独立董事人数要求过于严格、指名委员会有权决定董事候选人和报酬委员会对董事的报酬有决定权等原因，三委员会公司在实践中并没有得到广泛的应用，[2]与此同时，日本商法、公司法导入设置委员会的公司董事会制度时，规定公司可以根据自身实际情况自主选择是设置监事会还是设置委员会，形成监事会设置公司和委员会设置公司并存的局面。

---

① 平力群：《日本公司法和公司治理》，社会科学文献出版社，2021 年，第 11 页。
② 坂本三郎编著『一问一答・平成 26 年改正会社法』商事法务、2015 年、18 页。

日本公司治理多元化——读《日本公司法与公司治理》有感

改制为委员会设置公司的董事会独立性较差，董事成员大多来自企业内部，与企业成员形成上下级关系，外部董事在 3 个委员会中交叉任职，"委员会制"形同虚设，很难发挥作用。^①在这种情况下，2014 年的《新公司法》对独立董事任职提出更为严格的要求，并创设了单委员会公司，"作为监事会设置公司和三委员会公司的中间形态"，^②截至 2021 年 8 月 1 日，在东京证交所的东证一部证券交易市场中，单委员会公司占上市公司比重已从 2015 年 5.9% 上升至 34.2%。^③在《新公司法》改革后，日本市场上同时存在监事会设置公司、单委员会公司和三委员会公司 3 种类型的上市公司。

金融结构上，"市场主导"和"银行主导"共存。"主银行制度"和"法人相互持股"构成了日本"关系型"公司治理模式，对日本经济高速增长发挥了重要作用。日本在 1955 年前后形成了银行为主导的间接金融体系，它是战时经济体系和市场经济体系的混合，在企业资本来源不足、外部资本市场欠发达的情况下，银行作为政府政策的执行者，与企业结成长期多重关系，成为主要的公司治理者。^④与市场主导制相比，银行主导制下的企业有主银行的支持和保护，破产压力较小，经营者创新动力不足。20 世纪 70 年代末期开始，日本出现资金过剩，此时主银行制度下银行与企业之间的联系开始倒挂，企业拥有越来越多的话语权，原本的互相监督变为了银行对企业过分依赖和纵容，商业银行经营决策的独立性受到了巨大的干扰。^⑤主银行制所导致的信息不对称、监管不力、公平竞争缺失对 90 年代发生的大企业欺骗投资者事件难辞其咎。

泡沫经济崩溃后，银行产生大量不良资产，自身问题频发，无暇兼顾企业监管，银企之间的相互持股开始减少，企业的金融结构出现两种趋势：大企业纷纷脱离银行而转向资本市场寻求更广泛的资金支持，更多采用债券、股票等市场化融资方式，外国资本注入并直接参与企业治理，提升企业竞争力，形成"债权人治理模式"；

---

① 王传彬：《从东芝财务丑闻看日本公司治理改革存在的问题及出路》，《现代日本经济》，2016 年第 3 期，第 54 页。

② 郭远：《日本公司法改革和实施效果的经验与启示》，《现代日本经济》，2019 年第 4 期，第 69 页。

③ 日本取缔役协会「上場企業のコーポレート・ガバナンス調査」、2021 年 8 月 1 日、https://www.jacd.jp/news/opinion/cgreport.pdf。

④ 李博：《日本公司改革中的政企关系调整》，《辽宁大学学报》（哲学社会科学版），2015 年第 5 期，第 188 页。

⑤ 黄星月：《二战后日本金融制度的变迁及对中国的启示》，《长春金融高等专科学校学报》，2016 年第 1 期，第 48 页。

中小企业保留了对主银行制的路径依赖，"关系型"融资有利于中小企业获得稳定融资，分散企业经营风险，并帮助它们更早地进入证券市场。日本财务省 2005 年的调查显示，大企业的自有资本比率(36.1%)高于其银行贷款比率(23.5%)，而小企业的自有资本比率(27.3%)则低于其银行贷款比率(40.7%)。①宫岛英昭等人通过考察1990—2013 年日本公司高管更替与公司绩效之间的关系发现，对高管更替敏感的业绩指标已经从 ROA（资产回报率）转变为反映股东权益的 ROE（净资产收益率），"这种结果可以解释机构投资者已经取代了主银行系统，开始发挥约束管理作用……但对于贷款高度依赖银行且接受主要银行派遣董事的公司，银行继续在管理方面发挥一定作用"②。

雇佣制度上，出现二重雇佣结构。日本雇佣制度多元化的特征是在企业内部发生的，并在企业内部出现了对核心员工的终身雇佣与对边缘劳动力的非正式雇佣的二重雇佣结构。③长期以来，日本传统企业制度中的终身雇佣制度、年功序列制度和管理者兼任董事为维持"内部人控制"提供了保障。战后初期，日本急于摆脱严峻的经济形势，随着生产规模的扩大、生产力水平的提高和技术复杂程度加深，促使企业尽可能长期留用专业人员，此外，自大正末期至昭和初期工人运动的频繁展开也是促使企业倾向对员工"长期雇用"的一大要因。④长期的雇佣关系使企业内部相对稳定，赋予了类似"命运共同体"的社会功能，但也容易纵容经营层权力的扩张。随着日本经济趋于成熟化，上述制度愈发促成封闭的劳动力市场，不仅限制人才流动，还造成管理层的老龄化和组织的僵化，严重拉低公司治理效率。

泡沫经济崩溃后的 1995 年，日本经团联在《新时代的日本经营》中明确提出"分层雇佣"的方针。⑤1997 年和 2002 年商法的修订，日本又先后对股票期权全面解禁，改革薪酬制度。此后，日本企业逐渐扩展雇佣形式，增加了非正式雇佣的数量，薪酬方面也以"年薪制"取代了原来的"年功序列工资制"，引入股票期权制度。1992—2007 年间，日本公司中长期雇员的比重从 78.3%减到 64.4%，临时雇

---

① 财务省财务综合政策研究所「年次別法人企业统计调查」、2007 年 10 月。

② Hideaki Miyajimaa, Ryo Ogawaa, Takuji Saito, "Changes in corporate governance and top executive turnover: The evidence from Japan", *Journal of The Japanese and International Economies*, 2018(47), p.31.

③ 平力群:《日本公司法和公司治理》，社会科学文献出版社，2021 年，第 319 页。

④ 戴晓芙、郭定平主编:《东亚发展模式与区域合作》，复旦大学出版社，2005 年，第 3 页。

⑤ "分层雇佣"将员工分为 3 类:长期积蓄能力型、高度专业能力型和灵活雇佣型，第一种将继续采用终身雇佣制，第二种采用合同雇佣制，第三种采用临时工、钟点工和派遣工等雇佣形式。

日本公司治理多元化——读《日本公司法与公司治理》有感

员的比重从 21.7% 增加到 35.6%。^①虽然终身雇佣制有被组合雇佣制替代的趋势，但由于日本外部经理人市场尚未充分形成，独立董事制度远不及欧美的水平，公司对核心员工仍继续采取终身雇佣制度。

二、东西融合

平力群研究员阐述了日本公司治理政策范式中"重视股东的表面原则"与"重视企业的真实原则"的两面性，提出了"信念体系—制度安排—社会实践"的内在逻辑。^②从亚历山大·温特的建构主义视角看，社会共有观念构成"文化"，以"文化"为基础的建构主义理论对社会行为具有独到解释力，尤其是"制度如何得以建构"这一问题。日本作为东方国家，又深受西方影响，其文化环境虽然复杂且充满制度建构的冲突矛盾，但并没有改变制度建构底色的东方式"发展主义"，体现在公司治理上即为"重视企业的真实原则"与"重视股东的表面原则"始终支配着日本公司治理的制度安排。

明治维新开始，日本长时间处于民族生存的危机感中，在一次次与西方列强的对垒中，想要快速赶上西方工业国家的压力塑造了其发展主义文化。发展主义的重要原则之一就是在企业管理活动中的反利润原则与重视生产率的观念。^③于是，相应的自我利益被界定为"不断提高生产力以增加财富"，在自我利益驱使下，公司治理实际成为国家发展战略的一部分，不再仅仅是单纯的自治行为，并在战后 30 年内日本工业化进程中持续发挥作用。野口悠纪雄在《战后日本经济史》一书中指出，应战争需要所形成的战时统制经济体制在战后得以延续，这种"1940 年体制"包括实施高占比的间接融资、从企业内部选拔管理者等，通过间接融资，政府经银行间接控制民间企业，企业管理者内生性促进了企业的长期战略。大型企业垂直一体化的管理方式提高生产效率，帮助日本工业产品迅速占领发达国家市场，这些制度也成为日本战后经济体制的重要组成部分。

二战结束后，麦克阿瑟以"驻日盟军总司令"名义在东京建立盟军最高司令官总司令部（GHQ），目标是"把日本改造成为同美国一样的国家"，其中就包括以美

① 张政军：《日本公司治理新趋势》，《董事会》，2011 年第 1 期，第 68～71 页。
② 平力群：《日本公司法和公司治理》，社会科学文献出版社，2021 年，第 2 页。
③ 高柏：《经济意识形态与日本产业政策：1931—1965 年的发展主义》，安佳译，上海人民出版社，2008 年，第 45 页。

国为模式对日本企业制度进行重新设计。①但是美国金融模式在移植过程中受到市场条件和原生路径的阻碍，尤其是 1950 年前后的商法改革，日本在很长一段时间内只是形式化地加以执行，并未走出传统的治理实践。究其原因，除了客观条件的约束，是日本对美式资本结构的质疑。GHQ 设计的公司治理机制指导思想是广泛的所有权，②试图改变原先日本公司的产权结构，将所有权从大股东分散到个人，实现财产权和经营权分离，促进市场对公司的监督作用，但由于日本在战后很长一段时间内仍然信奉发展主义，对股权开放和外来注资不信任，便维持了发展导向的企业制度。

随着日本融入国际贸易体系，成功跻身全球价值供应链，日本的自我利益和认同都发生了变化。1993 年泡沫经济破灭后，日本意识到低水平公司治理对企业竞争力和经济发展造成不利影响，同时在日美贸易摩擦背景下，日本越来越认可自己为西方一员，对美国奉行的"国际标准"产生认同，也有意向国际社会发出这一信号。美国在新经济推动下经济绩效向好，并以自身为范本将"标准股东中心模式"的公司治理理念向其他地区传播，英国的公司治理改革和后来的经合组织《公司治理准则》都对日本社会产生极大触动。1990 年的日美结构问题调整协议（日美协议）为日本公司治理改革制造了机会，"美方指出日本企业集团内部之间互相持股不仅强化了企业间的关系……甚至可以达到维持和操纵股价的目的"③，日方在最终报告中回应将对系列化和互相持股问题进行调查，排除不公正的交易关系。借此，日本开始通过《商法》修订和《公司法》法典化来支持"符合国际标准"的公司治理改革。此次改革既是日本对 80 年代以来泡沫经济的自救，亦是日本在加入西方阵营后适应国际金融体系的努力。

平力群研究员以"重视企业的真实原则"与"重视股东的表面原则"来描述日本公司治理改革的内在矛盾，文化理论尝试用日本社会上同时存在的"新自由主义"和"集团主义"加以解释，二者在制度上表现为"金融自由化"和"经营权力集中化"。受其影响，日本公司治理实践一面加大对经营者监督，一面又提升经营者的控制权。在"新自由主义"文化影响下，1998 年日本公司治理论坛公布了《公司

---

① 平力群：《日本公司法和公司治理》，社会科学文献出版社，2021 年，第 109 页。

② 宫岛英昭「産業政策と企業統治の経済史：日本経済発展のミクロ分析」有斐閣 2004 年、375 頁。

③ 赵放：《日美结构问题调整协议及其背景分析》，《现代日本经济》1990 年第 3 期，第 10 页。

日本公司治理多元化——读《日本公司法与公司治理》有感

治理原则》，首次参照美国模式引入公司治理国际标准，2002 年再次修改《商法》，引入委员会制治理结构。委员会设置公司特点是废除监事会制度，在董事会内设置提名、审计和薪酬 3 个委员会，增强了董事会的独立性，对公司的业务和监督实现制度上的分离，强化对公司经营者的监督。随着海外机构投资者影响力的进一步增强，日本越来越多的公司选任独立董事，日本国内的机构投资和投资人受海外投资者影响也趋于积极，推动日本公司治理看向"盎格鲁—撒克逊"模式。

但是日本公司治理仍然保留着 20 世纪重工业发展时期的"集团主义"观念，并在后来演变为"亲劳工远资本"的"内部人控制"偏好。日本商法、公司法通过法律规定直接缩小股东投票权限、赋予经营者主动调整股权结构和投票权结构的权力，2001 年商法修订建立起种类股体系，让经营者能够向不同投资主体安排投票权，新公司法进一步放宽自己股份取得制度，赋予经营者调整股权结构的权力，保障其对公司的控制权。2008 年金融危机的爆发也让日本重新审视"盎格鲁—撒克逊"模式，一味对经营者加强监督的做法受到质疑，股东主权公司治理模式遭到冲击。美国次贷危机下的社会思潮的变化，出现了有利于内部人控制存在的社会舆论和思潮。[①]

任何一种制度安排都有其赖以生存的文化环境，如果一种制度存在的合法性得不到特定文化的认同，该制度是不可能真正建立起来的。[②]上述种种治理实践反映了日本在公司治理改革中对东西方不同经济治理理念的吸收、转化、调整，尽管时常表现出矛盾性，但也促进了日本公司治理的多元化发展。

三、全球变革缩影

平力群研究员用"重视股东的表面原则"与"重视企业的真实原则"高度概括了日本公司法与公司治理的关系。"重视股东"的表面原则代表了西方资本主义市场的核心，而"重视企业"的真实原则代表了日本传统的集团主义核心，二者之间微妙的平衡反映出资本市场"外部治理"与集团主义"内部治理"的对碰。该书对日本公司治理改革和实践的清晰梳理，无疑为各国完善公司治理制度提供了宝贵的

---

① 平力群：《日本公司法和公司治理》，社会科学文献出版社，2021 年，第 318 页。
② 尹小平：《集团主义文化与日本公司治理结构的内部化制度变迁》，《现代日本经济》，2014 年第 6 期，第 61 页。

经验和启发。日本的公司治理实践在东西方文化交融中呈现出折中主义的多元化趋势，这种多元化进一步反映出"百年未有之大变局"如何在微观层面展现出的治理实践变化。

青木昌彦指出，制度就是每个人都认为是理所当然的、可以接受的一种自我约束的规则，产生新制度不仅意味着关于游戏规则的"共识"的崩溃，也意味着形成新的观念。①日本公司治理自战后以来分别经历了"日本本土型""与西方趋同""多元化"三个阶段，随着国际环境变化，成为日本乃至东亚地区战后政治和社会发展的剪影。日本公司治理模式展现了"百年未有之大变局"下，一国的经济制度为适应东西文化融合所做出的选择，其主要表现为"委托人"和"代理人"间的权力对比、"外部人治理"和"内部人控制"间的博弈，以及"个人主义"原则和"集团主义"原则间的较量。不同文化造就不同的路径依赖，"从世界上几个主要国家的公司治理机制演进的历史看，路径依赖是制度演化的重要规则"。②

平力群研究员对公司治理的研究，为观察东西文明交融和全球治理变迁提供了启示。如果以文化视角考察制度演变，不仅能够理解日本公司治理改革历程，也许更能够观察到大变局下全球治理实践的变化。在全球层面，战后初期先工业化国家率先发展出完善的管理制度，对发展中和后工业化国家进行一种制度渗透，东亚和东南亚国家在很长一段时间内以学习和移植西方经验为主要发展路径，以此换取融入国际贸易体系的机会，这一进程在步入 21 世纪后开始放缓，部分国家发现西方模式进入本土后发生"水土不服"，东西方无论是社会意识、文化传统还是市场条件都大不相同。在经历西方化失败案例和金融危机后，一些国家的国内治理开始尝试东西融合的多元化模式。在新冠肺炎疫情冲击下，创新治理模式愈发迫切，单一的治理路径不再适应日益复杂的全球形势，需要各种文化取长补短、相互合作探索出有"韧性"的多元化道路。

（作者：王尔诺，南京大学国际关系研究院硕士研究生；刘云，中国现代国际关系研究院副研究员、时事出版社副社长）

---

① 青木昌彦「制度の大転換推進を」、『日本経済新聞』、2002 年 1 月 4 日。
② 宁向东：《公司治理理论》，中国发展出版社，2006 年，第 375～376 页。

附　录

《日本研究论集》与《南开日本研究》
总目录（1996—2021）

《日本研究论集》1~5

南开大学日本研究中心编：《日本研究论集 1》，总第 1 集，南开大学出版社 1996 年版（杨栋梁主编，李卓、高宁副主编）

前言，第 1~2 页。

万峰：《论日本近代天皇制的政党政治》，第 1~29 页。

王金林：《日本古代天皇制的精神构造》，第 30~45 页。

石井宽治：《日本近代经济史研究的现状与问题》，杨栋梁、杜小军译，第 46~75 页。

米庆余：《古代中琉疆界纪实》，第 76~89 页。

俞辛焞：《孙日关系研究方法论》，第 90~127 页。

宋志勇：《1935 年"中日亲善"评析》，第 128~139 页。

王振锁：《〈政治资金规正法〉述论》，第 140~153 页。

余干生：《日本暴力团及其政治参与》，第 154~168 页。

杨栋梁：《日本的产业合理化及其理论分析》，第 169~184 页。

张健：《"入关"前后日本的经济外交》，第 185~201 页。

薛敬孝：《日本泡沫经济分析》，第 202~221 页。

傅春寰：《综合商社在日本外贸发展中的作用》，第 222~239 页。

李卓：《略论日本古代的氏族政治及其历史影响》，第 240~254 页。

姜文清：《"物哀"论考》，第 255~269 页。

赵德宇：《兰学述论》，第 270~284 页。

武安隆：《一位近代教育先驱者的日本考察实录——〈严修东游日记〉序》，第 285~288 页。

孙雪梅：《基督教在战后日本的传播》，第 289~305 页。

吴爱莲：《略谈日语口译》，第 306~318 页。

高宁：《论译者的主体性地位——兼论翻译标准的设立原则》，第 319~330 页。

刘桂敏：《日本人的姓名观》，第 331~338 页。

王健宜：《日本人的"人间"观——"人间""世间""人"三词刍议》，第 339 ~ 355 页。

南开大学日本研究中心成员科研成果目录，第 356 ~ 411 页。

南开大学日本研究中心编：《日本研究论集 2》，总第 2 集，南开大学出版社 1998 年版（杨栋梁主编，李卓、高宁副主编）

"日本历史与现状再探讨"学术研讨会召开，第 1 ~ 2 页。

俞辛焞：《"日本历史与现状再探讨"学术研讨会开幕词》，第 3 ~ 6 页。

小熊旭：《日中文化交流的现状与课题——以日本研究为中心》，孙雪梅译，第 7 ~ 17 页。

米庆余：《"日本历史与现状再探讨"综述之一——日本政治外交研究》，第 18 ~ 29 页。

杨栋梁：《"日本历史与现状再探讨"综述之二——日本经济研究》，第 30 ~ 39 页。

赵建民：《"日本历史与现状再探讨"综述之三——日本文化研究》，第 40 ~ 51 页。

桥本寿朗：《现代日本经济史研究的焦点——以日本企业体系形成史的研究动向为中心》，杨栋梁译，第 52 ~ 82 页。

管宁：《大阪纺织株式会社与松本重太郎》，第 83 ~ 90 页。

白成琦：《日本经济计划四十年》，第 91 ~ 103 页。

莽景石：《均衡增长与政策选择——战后日本经济高速增长的一个考察》，第 104 ~ 119 页。

杨栋梁：《战后日本的产业合理化与通产行政》，第 120 ~ 143 页。

杜小军：《战后日本"计划造船"述论》，第 144 ~ 158 页。

刘昌黎：《战后日本对外直接投资的历史回顾与展望》，第 159 ~ 178 页。

王新生：《日本利益主导型对外政策的制定过程——以日美纤维贸易纠纷为中心》，第 179 ~ 191 页。

米庆余：《琉球王国的确立及其对外关系》，第 192 ~ 216 页。

沈仁安：《德川家康对外政策述论》，第 217～235 页。

俞辛焞：《日本决定对孙政策诸因素探析》，第 236～255 页。

李广民：《中日两国围绕李顿调查团外交对策之比较》，第 256～273 页。

祁建民：《关东军的"内蒙工作"》，第 274～284 页。

宋志勇：《宋子文的美欧之行与九一八事变后的中日外交》，第 285～300 页。

徐勇：《论日本在二战中的北、南进战略抉择》，第 301～319 页。

孙仁宗：《日本战时"举国一致"与国民心态》，第 320～337 页。

萧世泽：《日本战后史的缺课与隐患》，第 338～348 页。

潘昌龙：《原始信仰在日本文化史中的地位》，第 349～361 页。

李卓：《略论日本人的祖先崇拜传统》，第 362～375 页。

赵建民：《大阪兰学始祖：桥本宗吉的生平和业绩》，第 376～387 页。

高增杰：《"脱亚论"的形成——福泽谕吉国际政治思想变化轨迹》，第 388～406 页。

余干生：《京都的寺院文化》，第 407～419 页。

汤重南：《中日教育交流史上的三次留学热潮》，第 420～429 页。

孙承：《近代日本的中国语教育和中国学研究》，第 430～442 页。

赵德宇：《战后日本文化论流变》，第 443～455 页。

徐静波：《明治时期日本翻译文学述论》，第 456～468 页。

刘宗和：《由一种境界到另一种境界——试论日本作家自杀现象的文化心理》，第 469～475 页。

李树果、拙劣之：《〈古今和歌集〉两序小议》，第 476～489 页。

王健宜：《日本人之"情"说》，第 490～497 页。

刘桂敏：《日语表达方式中的角色关系》，第 498～509 页。

张秀华、李树果：《中日两国数字观浅探》，第 510～521 页。

南开大学日本研究中心编：《日本研究论集 3》，总第 3 集，南开大学出版社 1999 年版（杨栋梁主编，李卓、高宁副主编）

"中国日本学研究的现状与展望"学术信息交流会召开，第 1～3 页。

《日本研究论集》与《南开日本研究》总目录（1996—2021）

陈洪：《在"中国日本学研究的现状与展望"学术信息交流会上的讲话》,第 4～5 页。

蒋立峰：《近年我国日本研究的初步分析》,第 6～10 页。

杨栋梁：《南开日研的日本研究》,第 11～16 页。

李玉：《北京大学日本研究中心的十年》,第 17～30 页。

严安生：《狭义日本学和广义日本学》,第 31～37 页。

陈建安：《进一步深化中国的日本研究》,第 38～47 页。

汤重南：《虚心学习、潜心研究,为振兴中华尽心竭力——"日本历史与文化研究中心"的过去、现在与将来》,第 48～53 页。

张玉柯：《面向 21 世纪,把有地方特色的日本学研究推向新阶段》,第 54～61 页。

王宝平：《扬长避短,开展有特色的日本学研究——杭州大学日本文化研究所介绍》,第 62～71 页。

李志坚、程绍海：《面向 21 世纪的现代日本研究》,第 72～80 页。

鲁义：《加强队伍建设,提高学术水平,把日本研究推向新阶段》,第 81～85 页。

徐冰：《东北师范大学的日本研究》,第 86～89 页。

莽景石：《中国日本学研究的制约因素与进步条件》,第 90～96 页。

张健：《对建设有中国特色日本学研究的一些想法》,第 97～101 页。

立石信雄：《东亚经济的现状与日本的对华投资》,雷鸣、杨栋梁译,第 102～120 页。

杨栋梁：《论战后日本的产行业合理化计划》,第 121～144 页。

傅春寰：《日本、韩国综合商社之比较——兼谈组建中国的综合商社》,第 145～163 页。

何孝荣：《明代的中日文化交流》,第 164～182 页。

米庆余：《近代日本强行占有琉球》,第 183～205 页。

依田憙家：《日本的殖民地统治——形成及其作用》,王振锁译,第 206～247 页。

李广民：《日本对外缔结三国同盟时期的中国外交》,第 248～263 页。

熊沛彪：《论日本发动九一八事变的战略意图》,第 264～280 页。

安成日：《论佐藤荣作执政初期的中日关系》，第 281～300 页。

肖伟：《以经济为主的战略选择——80 年代日本综合安全保障战略侧论》，第 301～318 页。

余干生：《试论日本暴力团的财富聚敛及其新动向》，第 319～332 页。

李卓：《日本孝道浅论》，第 333～349 页。

刘雨珍：《黄遵宪〈日本杂事诗〉源流述论》，第 350～369 页。

杜勤：《老庄的"无"与中空构造论》，第 370～383 页。

武安隆：《"把姐妹二人都娶了"——北村透谷论两难处境下的文化选择》，第 384～389 页。

高宁：《论日本短篇作品中小动物形象的文学意义》，第 390～402 页。

石云艳：《日语近义词研究——以"養う""育てる"和"知る""分かる"为例》，第 403～410 页。

张秀华：《论日中数字语言心理之异同》，第 411～426 页。

刘桂敏：《浅析移动动词补语的形式》，第 427～434 页。

王健宜：《日语"目"字例说》，第 435～445 页。

汤薇薇：《译途迷津小议》，第 446～457 页。

余干生：《近年加拿大的日本研究》，第 458～469 页。

南开大学日本研究中心编：《日本研究论集 4》，总第 4 集，南开大学出版社 1999 年版（李卓主编，赵德宇、刘雨珍副主编）

王振锁：《自民党派阀初探》，第 1～16 页。

张健：《日美同盟的由来与演变》，第 17～34 页。

桥本寿朗：《日本企业体制论》，赵微译，第 35～68 页。

杨栋梁：《转型期的日本经济及其经济政策》，第 69～78 页。

杜佳：《日本金融市场发展前瞻》，第 79～88 页。

白雪洁：《自主出口限制的效果再探讨——以日美汽车贸易为中心》，第 89～99 页。

王家骅：《日本儒学的二重性与现代日本社会》，第 100～111 页。

《日本研究论集》与《南开日本研究》总目录（1996—2021）

姜文清：《儒家思想与日本审美意识——中日审美意识宏观比较》，第 112～132 页。

韩立红：《石田梅岩与陆象山的学问观与方法论比较》，第 133～143 页。

王中田：《池田大作的人学思想论要》，第 144～153 页。

王健宜：《只言片语话扶桑——由"扶桑·日本·天皇·平成"诸词说开去》，第 154～162 页。

李卓：《古代日本的五等亲制与中国的五服制》，第 163～175 页。

钟放：《试论医学在兰学中的核心地位及其原因》，第 176～185 页。

武安隆：《大正至昭和初年日本大众文化的形成与生活方式的演变》，第 186～201 页。

孙雪梅：《清末中国人的日本司法观》，第 202～217 页。

聂长顺：《试论山县有朋策定〈教育敕语〉的意图》，第 218～232 页。

陈秀武：《论大正时代新中间阶层的政治意识》，第 233～247 页。

李广民：《小村寿太郎与日英同盟》，第 248～260 页。

熊沛彪：《东亚国际体制的动荡与日本"东亚新秩序"政策的出笼》，第 261～275 页。

管宁：《〈从军日记〉——历史的见证》，第 276～284 页。

徐思伟、姚静：《第一次吉田内阁媾和及安保政策史论》，第 285～300 页。

程永明：《中国学者关于日本江户时代史的研究》，第 301～320 页。

南开大学日本研究中心成员科研成果目录(2)，第 321～335 页。

南开大学日本研究中心编：《日本研究论集 5》，总第 5 集，南开大学出版社 2001 年版（李卓主编，赵德宇、刘雨珍副主编）

姜春明：《日本就业制度的变革与展望》，第 1～12 页。

杜佳：《日本股价暴跌对美国信贷市场波及效应简析》，第 13～19 页。

徐显芬：《日美经济摩擦与通商法》，第 20～42 页。

山田辰雄：《鸦片战争以来的中日关系——山田辰雄先生演讲录（附座谈纪要）》，第 43～65 页。

刘雨珍：《黄遵宪致宫岛诚一郎书柬辑录》，第 460 ~ 479 页。

《日本研究论集》2001—2008

南开大学日本研究中心编：《日本研究论集 2001》，总第 6 集，天津人民出版社 2001 年版（赵德宇主编，刘雨珍副主编）

樱井毅：《"美国控制下的和平"的形成、衰退及复活》，雷鸣译，第 1 ~ 20 页。

三和良一：《资本主义经济缘何能快速增长》，张玉来译，第 21 ~ 50 页。

张玉来：《明治初期的"代金纸币"政策》，第 51 ~ 69 页。

张杰军：《日本反垄断制度定型思想背景研究》，第 70 ~ 85 页。

程永明：《日本终身雇佣制的过去、现状及今后的发展趋势》，第 86 ~ 100 页。

姜春明：《日本对外经济关系的现状与调整》，第 101 ~ 119 页。

刘素正：《日本与东北亚区域经济合作》，第 120 ~ 137 页。

张耀武：《试论日本近代大陆政策与当代亚洲战略》，第 138 ~ 150 页。

徐万胜：《世纪之交日本军事战略的调整与亚太安全》，第 151 ~ 162 页。

岩下哲典：《黑田长溥对海外情报的收集、分析及运用——情报近代化的意义》，杨晓峰译，第 163 ~ 181 页。

马一虹：《9 世纪渤海国与日本关系——东亚贸易圈中的两国贸易》，第 182 ~ 198 页。

班玮：《明治国粹主义思想家的"国民性论"》，第 199 ~ 221 页。

刘雨珍：《黄遵宪〈日本国志〉述论(上)》，第 222 ~ 239 页。

陈秀武：《德富苏峰其人及其"皇室中心主义"》，第 240 ~ 255 页。

李凡：《日本与远东共和国》，第 256 ~ 271 页。

米庆余：《走向"九一八"的历程——日本对华政策史的考察》，第 272 ~ 292 页。

杨薇：《日本深层文化五题》，第 293 ~ 310 页。

王健宜：《从祭祀活动看日本人的原始信仰》，第 311 ~ 319 页。

何孝荣：《清代的中日文化交流》，第 320 ~ 342 页。

杨晓峰：《康熙与德川吉宗文教政策之比较》，第 343～356 页。

勾艳军：《上田秋成小说观浅析》，第 357～370 页。

孙政：《从奥姆真理教看转型期困惑的日本社会》，第 371～386 页。

宋志勇：《战后以来日本教育改革述评》，第 387～401 页。

赵永东：《日本企业教育与企业的人才观》，第 402～415 页。

金春美、张玉娇：《韩国的日本研究现状及展望》，第 416～425 页。

南开大学日本研究中心编：《日本研究论集 2002》，总第 7 集，天津人民出版社 2002 年版（赵德宇主编，刘雨珍副主编）

臧佩红：《日本明治初年的东亚战略》，第 1～11 页。

安成日：《第七次日韩会谈与"日韩条约"的签订》，第 12～30 页。

乔林生：《20 世纪 70 年代初期日本的东盟外交》，第 31～45 页。

赵学功：《合作与纷争：20 世纪 70 年代的美日关系》，第 46～64 页。

马玉珍：《战后中日交往及两国关系鸟瞰》，第 65～80 页。

孙政：《中曾根〈新的保守理论〉中新国家主义思想评析》，第 81～93 页。

殷燕军：《日本社会保守化与外交政策》，第 94～118 页。

华桂萍：《宪法第九条与日本的重整军备》，第 119～133 页。

陈友华：《战后日本军事大国之路》，第 134～150 页。

雷鸣：《日本战时统制经济时期的产业组织化》，第 151～169 页。

白雪洁：《日本企业系列组织的市场准入壁垒作用研究》，第 170～184 页。

南炳文：《南明政权对日通好求助政策的两种表现》，第 185～200 页。

米庆余、刘雨珍：《日本〈通航一览〉中的琉球》，第 201～212 页。

刘雨珍：《黄遵宪〈日本国志〉述论(下)》，第 213～231 页。

石云艳：《梁启超流亡日本经过和日本方面的态度》，第 232～247 页。

孙耀珠：《山县有朋与日本对中国的侵略》，第 248～259 页。

杜小军：《近代日本的海权意识》，第 260～272 页。

米镇波、孟宪科、胡筱华：《试论周恩来的日本观——从半个世纪的中日关系角度》，第 273～298 页。

赵德宇：《洋学史研究概要》，第 299～311 页。

关根秀治：《试论儒家思想对茶道文化的影响——茶道与易经》，第 312～344 页。

王中田：《古代日本伦理思想发展论纲》，第 345～354 页。

龚颖：《林罗山的孙吴兵法观——与朱熹及南宋事功派比较》，第 355～387 页。

韩立红：《石田梅岩的"俭约"思想》，第 388～401 页。

钟放：《清末中日文化交流中的历史学》，第 402～410 页。

祝淑春：《儒家德治思想在日本的影响与变异》，第 411～428 页。

刘桂敏：《解读"躾"的含义》，第 429～434 页。

王晓葵：《明治启蒙思想中的儒学传统与现代——重评西村茂树的〈日本道德论〉》，第 435～453 页。

南开大学日本研究院编：《日本研究论集 2003》，总第 8 集，天津人民出版社 2003 年版（李卓主编，宋志勇副主编）

臧佩红：《南开大学日本研究中心举办"日本近现代史的再探讨"——庆贺江口圭一、俞辛焞教授七十华诞学术讨论会》，第 476～479 页。

杨栋梁：《日本〈21 世纪 COE 计划〉述要》，第 1～16 页。

王振锁：《战前日本政党的兴亡》，第 17～40 页。

徐万胜：《派阀政治与政党体制——以"55 年体制"时期自民、社会两党的比较为中心》，第 41～60 页。

刘迪瑞：《铃木、中曾根内阁与"临调行革"》，第 61～76 页。

陈友华：《冷战结束后日本军事发展在法律上所取得的突破》，第 77～94 页。

安成日：《战后在朝鲜北方日本人的遣返及其财产处理问题》，第 95～103 页。

赵学功：《试论里根政府的对日政策与美日关系》，第 104～117 页。

张玉来：《"无债经营"：丰田公司市场制胜的关键》，第 118～132 页。

乔林生：《日本与东盟贸易关系的新变化》，第 133～147 页。

王金林：《试论渤海国非高句丽继承国——以日本典籍记载为中心》，第 148～162 页。

南开大学日本研究院编：《日本研究论集 2004》，总第 9 集，天津人民出版社 2004 年版（李卓主编，赵德宇副主编）

《日本研究论集》与《南开日本研究》总目录（1996—2021）

赵德宇：《浅谈日本摄取外来文化的特性》，第 402～408 页。

李翠莲：《民国时期留日学生与译书活动》，第 409～421 页。

刘雨珍：《黄遵宪与宫岛诚一郎交友考——以〈宫岛诚一郎文书〉中的笔谈资料为中心》，第 422～439 页。

张玉姣：《浅论日本的教育行政改革》，第 440～454 页。

王慧荣：《〈蛇性之淫〉与〈白娘子永镇雷峰塔〉异同之比较》，第 455～471 页。

钟放：《〈我是猫〉的幽默与讽刺手法》，第 472～480 页。

武安隆：《莫把弘文"时间割"误作"一小"课程表》，第 481～487 页。

许岩：《福泽谕吉研究的新挑战——安川寿之辅及其新著〈福泽谕吉的亚洲认识〉》，第 488～501 页。

杨栋梁、张杰军：《新制度经济学视角下的日本股份公司制研究——评刘毅〈日本股份制变革研究〉》，第 502～508 页。

南开大学日本研究院编：《日本研究论集 2005》，总第 10 集，天津人民出版社 2005 年版（李卓主编，赵德宇副主编）

杨栋梁：《新型中日关系的构筑与思考》，第 1～8 页。

米庆余：《读日本〈应与美中两国合作〉一文有感》，第 9～15 页。

孙政：《自由主义史观及日本新民族主义思潮》，第 16～28 页。

连会新：《试论 20 世纪 70 年代日本的安理会常任理事国战略》，第 29～41 页。

田庆立：《冲绳归还交涉中的日本对美外交》，第 42～53 页。

乔林生：《20 世纪 80 年代日本对东盟的外交政策》，第 54～65 页。

李凡：《1917—1945 年的日苏渔业纠纷》，第 66～80 页。

潘德昌：《战后日本文化外交理念的演变》，第 81～92 页。

陈秀武：《冷战后日本政治思潮研究概述》，第 93～100 页。

伊藤诚：《日本经济的结构困难——景气为什么不能恢复？》，刘轩译，第 101～115 页。

张光：《中日经济兴衰财政政策成因论》，第 116～130 页。

石其宝：《近年来日本的双边经济合作政策》，第 131～144 页。

《日本研究论集》与《南开日本研究》总目录（1996—2021）

南开大学日本研究院编：《日本研究论集 2006》，总第 11 集，天津人民出版社 2006 年版（赵德宇主编）

《日本研究论集》与《南开日本研究》总目录（1996—2021）

胡澎：《日本对外侵略战争中的军国主义妇女团体》，第 326~339 页。

孙继强：《侵华战争期间日本报界的"转向"》，第 340~350 页。

李卓：《家的父权家长制——论日本父权家长制的特征》，第 351~365 页。

程永明：《日本商家的祖先崇拜传统及其评价》，第 366~378 页。

向卿：《论 17 世纪的日本主义思潮》，第 379~392 页。

淳于淼泠：《论福泽谕吉对西方民主思想的选择》，第 393~405 页。

臧佩红：《近代日本教育行政的"敕令主义"》，第 406~418 页。

王慧荣：《试论明治初期的"贤母论"教育思想》，第 419~431 页。

王中田：《物灵结合的企业伦理——从宗教信仰透析日本企业之公益性》，尚爻译，第 432~445 页。

于荣胜：《远藤周作的〈海与毒药〉与日本人》，第 446~460 页。

勾艳军：《劝善惩恶主义小说观在日本》，第 461~474 页。

张秀强：《金钱与爱情的争锋——〈金色夜叉〉小论》，第 475~485 页。

南开大学日本研究院编：《日本研究论集 2007》，总第 12 集，天津人民出版社 2007 年版（赵德宇主编，乔林生副主编）

和田守：《近代日本的亚洲认识——连带论与盟主论》，王美平译，第 1~30 页。

王美平：《日本太平洋国际学会剖析》，第 31~42 页。

田庆立：《战后初期日本国家战略的转变及其原因》，第 43~54 页。

连会新：《战后初期日本的联合国外交与日苏关系》，第 55~70 页。

张耀武：《中日复交谈判中的台湾问题》，第 71~84 页。

赵永东：《安倍内阁修改〈教育基本法〉问题探析》，第 85~95 页。

秋吉久纪夫：《东海再次燃起日中问题》，晓义译，第 96~118 页。

郑蔚：《日本农业的构造变革与农业金融》，第 119~132 页。

王志红：《日本成本管理模式的运行环境研究》，第 133~147 页。

雷鸣：《幕藩体制下市场经济发展的比较经济史考察》，第 148~161 页。

石艳春：《中国东北日本移民的开拓行政机构》，第 162~174 页。

刘文雄：《试析抗日战争时期的中日金融战》，第 175~185 页。

刘迪瑞：《日本国有铁路经营恶化与国家交通政策的关系》，第 186 ~ 197 页。

刘轩：《日本国有企业民营化政策分析》，第 198 ~ 209 页。

管宁：《鉴真和尚与西戒坛院》，第 210 ~ 222 页。

井上亘：《日本古代官僚制的本质(上)》，王美平译，第 223 ~ 238 页。

吴佩军：《德川时代初期朱印船贸易的历史考察》，第 239 ~ 252 页。

郭丽：《福泽谕吉的亚洲霸权论解读》，第 253 ~ 264 页。

任钧华：《明治时期的社会主义者与汉学塾教育——以片山潜和幸德秋水为中心》，第 265 ~ 276 页。

周建高：《斯宾塞对近代日本影响管窥》，第 277 ~ 289 页。

李卓：《家族国家观及其实践——谈日本发动侵略战争的社会基础》，第 290 ~ 304 页。

李文明：《试论日本的南蛮医学》，第 305 ~ 316 页。

许译兮：《日本武家家训所见之伦理》，第 317 ~ 329 页。

朱玲莉：《〈叶隐〉的武士道思想》，第 330 ~ 343 页。

吴艳：《歌舞伎的传承与未来发展》，第 344 ~ 356 页。

程永明：《日本企业社训的基本精神及其意义》，第 357 ~ 369 页。

瞿亮：《试论日本文化大国发展战略》，第 370 ~ 384 页。

刘姗：《"东亚一体化的发展趋势与区域合作"会议纪要》，第 385 ~ 394 页。

南开大学日本研究院编：《日本研究论集 2008》，总第 13 集，天津人民出版社 2008 年版（赵德宇主编，乔林生副主编）

李卓：《二十年的历程——纪念"南开日研"成立二十周年》，第 1 ~ 9 页。

杨栋梁：《敬业与创新："南开日研"的发展之魂》，第 10 ~ 12 页。

王振锁：《南开大学日本研究中心的创建》，第 13 ~ 18 页。

臧运祜：《从"七七"到"八一三"——日本对华政策的演变》，第 19 ~ 46 页。

徐思伟：《明治外交传统的形成及其影响》，第 47 ~ 64 页。

曲静：《近代以来日本外交战略的转变及其原因》，第 65 ~ 73 页。

王旭：《试析日本"创造"的政治地理名词"满蒙"》，第 74 ~ 88 页。

《日本研究论集》与《南开日本研究》总目录（1996—2021）

《南开日本研究》2010—2021 年

南开大学日本研究院主办：《南开日本研究 2010》，总第 14 集，世界知识出版社 2010 年版（莽景石主编）

中日关系研究

刘江永：《论系统唯物主义与国际关系的研究方法——以中日关系研究为中心》，第 1～23 页。

林晓光、周彦：《"吉田书简"：日台和约与中日关系》，第 24～43 页。

日本经济研究

关权：《越过刘易斯转折点：日本的经验及其启示》，第 44～58 页。

陈建安：《日本市场经济体制：改革及其方向》，第 59～68 页。

日本历史研究

周颂伦：《近代日本的"满蒙危机"意识——由所谓近代国家体系论楔入》，第 69～84 页。

冯玮：《论甲午战争对日本产业结构和经济体制的影响》，第 85～105 页。

王新生：《战后初期的"日教组"：体制性抗争及其影响》，第 106～120 页。

海外专稿

入江昭、王凯：《20 世纪东亚国际关系：现在与未来》，第 121～150 页。

田中明彦、王凯：《民主党政权与亚洲政策》，第 151～160 页。

专集：近十年来中国的日本研究(1997—2008)

杨栋梁：《中国的日本研究新动态》，第 161～173 页。

徐万胜：《日本政治、外交研究》，第 174～204 页。

莽景石：《日本经济研究》，第 205～230 页。

宋成有：《日本史研究》，第 231～251 页。

李卓：《日本文化、社会研究》，第 252～268 页。

王晓平：《日本文学研究》，第 269～285 页。

论文

马场公彦、杨星:《日本综合杂志上反映的中国形象(1945—1972) 》, 第 286 ~ 301 页。

于华:《为女性而诞生的杂志:青鞜》, 第 302 ~ 316 页。

李宗伯:《国际问题恳谈会研讨些什么:观察日本的对印核政策》, 第 317 ~ 331 页。

田庆立:《日本新生代政治家的国际观、中国观与历史观》, 第 332 ~ 345 页。

日本学人物志

杨栋梁:《坎坷人生路,文途武道始为伊——记史学大家吴廷璆先生》, 第 346 ~ 359 页。

南开大学日本研究院主办：《南开日本研究 2011》，总第 15 集，世界知识出版社 2011 年版（莽景石主编）

比较视窗

莽景石:《日本与中国: "奇迹"的政治经济学》, 第 1 ~ 25 页。

张光、汤金旭:《纸币与白银——明治维新后日本与明清中国货币体制之比较》, 第 26 ~ 56 页。

日本经济研究

关权:《专利制度与日本经济的发展》, 第 57 ~ 73 页。

日本历史研究

李小白、吴玲:《西田哲学和津田史学的文化观比较》, 第 74 ~ 89 页。

海外专稿

笠谷和比古、周志国、杨士敏:《武士道概念的历史沿革》, 第 90 ~ 128 页。

崔官、李飞宏:《韩国的日本研究》, 第 129 ~ 135 页。

岛善高、白春岩:《近代日本的天皇制度——以其制度性特征为中心》, 第 136 ~ 150 页。

专集:近代以来日本的对华认识

赵德宇:《近世:日本知识界的中国观》, 第 151 ~ 168 页。

刘岳兵:《幕末:中国观从臆测到实证的演变》, 第 169 ~ 184 页。

王美平：《甲午战争后："中国亡国观"的形成与发展》，第 185 ~ 207 页。

宋志勇：《从九一八事变到七七事变:日本军方的对华认识与侵华战争》，第 208 ~ 221 页。

王振锁：《邦交正常化之前:日本政府的对华认识与行动》，第 222 ~ 244 页。

田庆立：《邦交正常化之后:从"友好伙伴"向"竞争对手"演进的谱系》，第 245 ~ 271 页。

论文

李守爱：《北宋时期日本僧侣入宋及其对中日文化交流的作用——以奝然、寂照、成寻为中心》，第 272 ~ 287 页。

吴鹏、武内义雄：《宫崎市定:日本近代〈论语〉研究备忘录》，第 288 ~ 303 页。

白春岩：《1873 年日使觐见同治帝的礼仪之争——李鸿章与副岛种臣的外交交涉》，第 304 ~ 320 页。

日本学人物志

宋成有：《周一良先生的为学与为人》，第 321 ~ 352 页。

南开大学日本研究院主办：《南开日本研究 2012》，总第 16 集，世界知识出版社 2013 年版（莽景石主编）

日本历史研究

杨栋梁：《日本近代蔑视型中国观的形成》，第 1 ~ 41 页。

日本社会研究

胡澎：《非营利组织在日本社会发展中的作用》，第 42 ~ 80 页。

日本哲学研究

黄文宏：《西田几多郎论"逻辑的理解与数理的理解"》，第 81 ~ 106 页。

廖钦彬：《近代日本的宗教哲学——真宗大谷派的清泽满之与京都学派的田边元》，第 107 ~ 120 页。

日本女性研究

李卓：《女性社会角色的变迁与日本的现代化》，第 121 ~ 140 页。

臧佩红：《试论战后日本的女子教育》，第 141 ~ 155 页。

周萍萍：《日本女子学校之发展考究》，第 156～165 页。

海外专稿

米原谦、刁迎春：《日本民族主义中的"美国身影"》，第 166～188 页。

桂岛宣弘、张博：《"跨越国境的历史"与东亚——从日韩思想史的视域思考》，第 189～204 页。

论文

郑蔚：《政府温和干预、金融约束与市场体系重建——战后日本的金融发展与金融深化》，第 205～219 页。

平力群：《交易成本与公司治理——以日本股东代表诉讼制度改革为中心》，第 220～240 页。

吴光辉：《作为"历史的现实"的田边哲学》，第 241～259 页。

日本研究学术史

刘岳兵：《中国日本思想史研究的方法论问题——一种学术史的回顾与展望》，第 260～309 页。

日本学人物志

周颂伦：《邹有恒先生学问人生评传》，第 310～327 页。

南开大学日本研究院主办：《南开日本研究 2013》，总第 17 集，世界知识出版社 2013 年版（李卓主编）

中日关系研究

王新生：《中国的改革开放与大平正芳——以第一次日元贷款为中心》，第 1～19 页。

张耀武：《中日关系中的政治文件与两国关系的发展》，第 20～32 页。

田庆立：《试析中日复交以来日本各界对华认识的主要特征》，第 33～50 页。

赖正维：《关于中琉关系历史遗迹调查与研究》，第 51～71 页。

日本政治、外交研究

安成日、李金波：《试论二战后日本在领土处理问题上的态度与美国托管冲绳》，第 72～94 页。

王金林：《六十年来中国日本史研究的回顾》，第 353~371 页。

南开大学日本研究院、教育部国别和区域研究基地南开大学日本研究中心主办：《南开日本研究 2014》，总第 18 集，天津人民出版社 2014 年版（李卓主编）

日本政治与外交研究

梁云祥：《日本政治右倾化评析》，第 3~12 页。

刘云：《安倍政权的继承与选择》，第 13~26 页。

田庆立：《日本对华援助战略意图的嬗变及绩效分析》，第 27~39 页。

王蕾：《“东亚共同体”与日本外交》，第 40~56 页。

李广民、陈洪连：《日本行政评价监察制度述评》，第 57~69 页。

中日文化交流研究

王敏：《以相互理解为视角的日本研究——对中日比较文化研究方法论的几点探索》，第 73~90 页。

刘恒武：《旅日宋人的活跃与浙东石刻艺术的东渐》，第 91~104 页。

熊达云：《松冈义正与京师法律学堂的民法学教育》，第 105~144 页。

日本经济与金融研究

杨栋梁、刘轩：《世纪之交日本的经济体制改革》，第 47~161 页。

刘昌黎：《日本国民生活的现状与国际比较》，第 162~177 页。

平力群：《日本立国战略的实施与国家软实力的提升》，第 78~189 页。

薮下史郎、郑蔚：《金球化、金融危机与日本金融体系变迁》，第 190~204 页。

郑蔚：《金融结构、制度转型与日本多层次复合型资本市场的构建》，第 205~219 页。

曹华：《金融危机后的国际金融监管新变化及特征分析——兼论日本金融市场新动向》，第 220~233 页。

日本历史与社会研究

王凯：《从邪马台国到大和朝廷的变迁——三角缘神兽镜的铸造和前方后圆坟的营建》，第 237~246 页。

马伟：《加藤完治的农业殖民教育思想及实践》，第 247～261 页。

龚娜：《昭和天皇与卢沟桥事变》，第 262～271 页。

师艳荣：《社会变迁背景下的青少年消极避世问题——以蛰居现象为中心》，第 272～283 页。

专题研究

张玉来、陈欢：《"3·11"大地震与日本产业复兴的新趋势》，第 287～304 页。

王玉玲：《浅谈日本"3·11"震后灾害救助问题》，第 305～314 页。

海外专稿

星野富一、武石桥：《安倍经济学与日本经济的走向》，第 317～326 页。

鲁成焕、李敏：《被丰臣秀吉祭祀的耳冢的灵魂》，第 327～352 页。

书评

尹晓亮：《从日本风险投资产业透视制度的价值——读平力群的新著〈日本风险投资研究——制度选择与组织行为〉》，第 355～356 页。

南开大学日本研究院、教育部国别和区域研究基地南开大学日本研究中心主办：《南开日本研究 2015》，总第 19 集，天津人民出版社 2015 年版（李卓主编）

纪念中国人民抗日战争暨世界反法西斯战争胜利 70 周年专题

汤重南：《日本帝国的国家战略与军事战略》，第 3～14 页。

郑毅：《东亚社会的战争"记忆"与记忆间的"战争"》，第 15～27 页。

鲁义：《战后 70 年：关于处理日遗化武问题的若干思考》，第 28～35 页。

徐静波：《日本近代民族国家意识的形成与缺陷》，第 36～44 页。

日本经济研究

伊藤诚、田正：《日本战后现代化过程中的改革与社会经济变动》，第 47～58 页。

郑蔚、平力群：《日本的长期萧条、金融危机与安倍新一轮货币宽松：一个理论探讨》，第 59～69 页。

祝曙光：《近代铁路技术向日本的转移——兼与中国铁路技术引进的比较》，第

70～85 页。

日本政治研究

徐万胜、梁宝卫：《日本现代化过程中政军关系的演变》，第 89～111 页。

乔林生：《日本政权更替机制析论》，第 112～127 页。

毕世鸿：《日本对东南亚的军政统治到经济重返》，第 128～140 页。

淳于淼泠、冯箫籁、周兴艳：《治理视域下的日本行政改革——以日本地方分权改革为中心》，第 141～150 页。

田庆立：《冷战结束后日本社会"中国威胁论"的形成》，第 151～160 页。

日本历史研究

田以仁：《中日关系史中的"倭"》，第 163～179 页。

管宁：《阿苏神社与阿苏十二神考》，第 180～195 页。

李凡：《1855 年前的日俄两国关系》，第 196～208

臧佩红：《试析日本近代教育改革的起点》，第 209～217

周雨霏：《战时平野义太郎的中国研究》，第 218～230 页。

日本社会研究

周萍萍：《中日韩女子教育——女教育家与女子学校的考察》，第 233～240 页。

刘轩：《日本网络内容的治理模式及其现实困境》，第 241～251 页。

田香兰：《日本国家创新系统支撑下的护理产业研究》，第 252～265 页。

国家社科基金重大项目《新编日本史》专题:中国日本史研究综述

王凯：《日本古代史研究综述》，第 269～281 页。

王玉玲：《日本中世史研究综述》，第 282～293 页。

赵德宇：《新世纪以来中国学者日本近世史研究著作便览》，第 294～312 页。

刘轩：《明治维新与日本近代化转型研究的现代视野》，第 313～325 页。

臧佩红：《日本战后史研究综述》，第 326～339 页。

海外专稿

三谷博、李敏:《超越 20 世纪——日本的未来与近代的经验》，第 343～353 页。

岛善高、白春岩：《副岛种臣的亚洲观》，第 354～367 页。

日本学人物志

李卓：《王家骅先生印象》，第 371～379 页。

南开大学日本研究院、教育部国别和区域研究基地南开大学日本研究中心主办:《南开日本研究 2016》,总第 20 集,天津人民出版社 2016 年版(李卓主编)

"战后改革与现代日本"学术研讨会专题

武寅:《从宪法的角度看日本战后政治改革》,第 3~13 页。

宋志勇:《日本战后改革与美国的战争犯罪处理政策》,第 14~24 页。

臧佩红:《战后初期对日本战前教育的认识》,第 25~40 页。

乌兰图雅:《浅析日本内阁支持率》,第 41~52 页。

程蕴:《"战后改革与现代日本"学术研讨会综述》,第 53~60 页。

日本对外侵略研究

宋成有:《侵华战争:日本法西斯化的加速器》,第 63~80 页。

杨栋梁:《侵华罪行的证言——日本关东宪兵队〈邮政检阅月报〉的研究价值》,第 81~96 页。

娄贵书:《武士与"布皇威于四方"的国家目标》,第 97~111 页。

日本经济研究

平力群:《浅析 TPP 对日本企业经营国际化的影响》,第 115~122 页。

张玉来:《东亚生产网络与 TPP 冲击》,第 123~130 页。

刘云:《TPP 与中日经贸合作》,第 131~136 页。

日本历史研究

李广志:《日本遣唐使宁波航线考论》,第 139~152 页。

孙宝山:《关于日本黄檗宗的考察研究》,第 153~162 页。

日本社会研究

魏淑丽:《社会、学校、家庭三位一体的日本创造性人才培育特质》,第 165~172 页。

田香兰:《日本医疗护理制度改革与社区综合护理体系建设》,第 173~182 页。

史学理论研究

真边将之、周晓霞:《日本近代史研究的动向与若干问题》,第 185~197 页。

《日本研究论集》与《南开日本研究》总目录（1996—2021）

南开大学日本研究院、教育部国别和区域研究基地南开大学日本研究中心主办：《南开日本研究 2017》，总第 21 集，天津人民出版社 2017 年版（刘岳兵主编）

刘岳兵：《南开大学日本研究院 2017 年访美纪事》，第 407～416 页。

南开大学日本研究院、教育部国别和区域研究基地南开大学日本研究中心主办：《南开日本研究 2018》，总第 22 集，天津人民出版社 2018 年版（宋志勇主编）

明治维新与近代世界

武寅：《明治维新给世界双重震撼》，第 3～9 页。

宋成有：《国家神道:明治维新伦理精神探析》，第 10～32 页。

北冈伸一：《王耀振：明治维新的意义》，第 33～45 页。

三谷博、刘晓军：《明治维新论——通说批判与革命比较》，第 46～57 页。

清水唯一郎、周志国：《明治维新:人才录用的革命》，第 58～68 页。

Robert Hellyer、孙继强：《从中国学习,向西洋兜售——文明开化中的中国技术》，第 69～77 页。

张东：《天皇制立宪主义试论》，第 78～94 页。

刘轩：《明治维新 150 年再探讨——"明治维新与近代世界"国际学术研讨会综述》，第 95～102 页。

东亚日本研究

孙歌：《竹内好的亚洲观及其时代脉络》，第 105～117 页。

浅田次郎、刘志强：《近代中国与日本》，第 118～125 页。

徐兴庆：《水户藩与日本的近代化——德川齐昭与明治维新的关联性》，第 126～144 页。

中国改革开放 40 年与日本

曲德林：《中国改革开放与我的留日 40 周年》，第 147～157 页。

郭循春：《中国改革开放 40 年来的日本研究——基于"大数据"统计的分析》，第 158～188 页。

中日关系·日本政治研究

吕克俭：《抓住新机遇,拓宽中日合作新领域》，第 191～203 页。

田庆立：《记忆与遗忘:论日本的历史认识如何形塑国家认同》，第 204～220 页。

张帆：《二战后日本现实主义国际政治思想的崛起——以 20 世纪 60 年代为中心》，第 221～235 页。

历史研究

彭程、李福兴：《论"新民主义"的形成》，第 239～251 页。

金寅斌：《近卫文麿国际秩序论的演变》，第 252～265 页。

三和元、龚娜：《第一次世界大战后日本铝产业的发展》，第 266～277 页。

王美平：《南开经济研究所与太平洋国际学会》，第 278～290 页。

评论与研究

管宁：《吉野裕子古代文化理论批判》，第 293～304 页。

王玉玲、曹亚坤：《日本主流媒体视域下的中国环境问题——以〈朝日新闻〉为中心》，第 305～316 页。

许益菲：《日本"自中心化"历程背后的隐秘逻辑——读〈从"请封"到"自封"〉》，第 317～327 页。

国别和区域研究(日本)

乔林生：《二战后日本核政策的形成、特点和趋势》，第 331～341 页。

刘轩：《房地产泡沫与日本经验教训的借鉴》，第 342～348 页。

刘云：《周边国家金融状况与人民币走出去战略研究》，第 349～364 页。

南开大学日本研究院、教育部国别和区域研究基地南开大学日本研究中心主办：《南开日本研究 2019》，总第 23 集，天津人民出版社 2019 年版（宋志勇主编）

新中国 70 年南开的日本研究

吴廷璆：《明治维新和维新政权》，第 3～43 页。

俞辛焞：《巴黎和会与五四运动》，第 44～57 页。

杨栋梁：《日本近代经济史研究焦点问题论争》，第 58～69 页。

李卓：《近代日本华族制度的确立》，第 70～94 页。

赵德宇：《"江户三学"中所见中国认识辨析》，第 95～113 页。

莽景石：《东北亚一体化:政治成本与演进路径》，第 114～126 页。

《日本研究论集》与《南开日本研究》总目录（1996—2021）

南开大学日本研究院、教育部国别和区域研究基地南开大学日本研究中心主办：《南开日本研究 2020》，总第 24 集，天津人民出版社 2020 年版（宋志勇主编）

政治与外交

赵宏伟：《"一带一路"倡议与全球治理模式的新发展》，第 17～30 页。

丁诺舟：《日本个人编号（My Number）制度:体系构想、推行状况与启示》，第 31～43 页。

中日文化交流史

王慧荣：《儒家女训在日本中世的传播与影响——以〈十训抄〉中的女德故事为例》，第 47～57 页。

中村春作、于君：《江户时期日本儒教的趣味性——以荻生徂徕为中心》，第 58～76 页。

李广志：《新见唐〈李训墓志〉之"日本国朝臣备"解析》，第 77～91 页。

吴留营：《明治初期日本来华外交官的文化交际透视——以竹添光鸿为中心的考察》，第 92～108 页。

谢忠强：《民间交流与国家关系视域下 1925 年东亚佛教大会探析》，第 109～119 页。

郝禹：《中国公学运营中的日本因素》，第 120～131 页。

日本政治史

宋兆辉：《8 世纪日本御葬司初探——兼论唐日之异同》，第 135～151 页。

杨立影：《日本近世武家双官制并行辨析》，第 152～167 页。

瞿亮、李佳乐：《近代以来日本的文明论与国家走向——文明论视域下的"东洋"与"西洋"》，第 168～183 页。

李征：《权威的构建——明治天皇巡幸研究》，第 184～208 页。

文春美：《近代日本两党合作与零和博弈:浅析"宪政常道"的政权更迭惯例》，第 209～225 页。

陈刚：《从复国到自治:明治时期琉球自立思想的演变》，第 226～242 页。

韩亮：《"总体战"构想下日本的兵役制度改革——以 1927 年〈兵役法〉的成

《日本研究论集》与《南开日本研究》总目录（1996—2021）

程永明：《臻于至善　精益致远——李卓先生日本社会文化史研究述评》，第 384～396 页。

瞿亮：《放眼世界：究东瀛历史之变　立足中国探日本文化之基——赵德宇教授与日本文化史研究》，第 397～411 页。

书评·综述

龚娜：《探析思想资源与日本国家认同建构关系的有益探索———评田庆立的〈战后日本国家认同建构〉》，第 415～419 页。

程永明：《"中国日本史学会 2021 年会暨两次世界大战期间日本的内外矛盾及其政策选择学术研讨会"会议综述》，第 420～435 页。